好家庭 好家教 好家风

好父母成就孩子一生

姚鸿昌 郭文玲 编著

中国妇女出版社

图书在版编目（CIP）数据

好家庭　好家教　好家风　：好父母成就孩子一生　/
姚鸿昌，郭文玲编著. -- 北京　：中国妇女出版社，
2024.1（2025.4重印）
ISBN 978-7-5127-2275-0

Ⅰ.①好…　Ⅱ.①姚…　②郭…　Ⅲ.①家庭教育
Ⅳ.①G78

中国国家版本馆CIP数据核字（2023）第092724号

项目统筹：万立正
责任编辑：耿　剑
封面设计：李　甦
责任印制：李志国

出版发行：中国妇女出版社
地　　址：北京市东城区史家胡同甲24号　　邮政编码：100010
电　　话：（010）65133160（发行部）　　65133161（邮购）
网　　址：www.womenbooks.cn
邮　　箱：zgfncbs@womenbooks.cn
法律顾问：北京市道可特律师事务所
经　　销：各地新华书店
印　　刷：小森印刷（北京）有限公司

开　　本：170mm×240mm　1/16
印　　张：18
字　　数：240千字
版　　次：2024年1月第1版　　2025年4月第3次印刷
定　　价：68.00元

如有印装错误，请与发行部联系

谨以本书献给从“家”出发，追寻幸福人生的人。

读书虽不能使人生变长，却可以使人生变宽；

成长虽不能让幸福速来，却可以让幸福变厚。

前言

幸福人生始于家

每个孩子的心灵都是一片充满美好理想和催生道德萌芽的沃土。家庭教育的意义就在于创建和谐的家境，唤醒孩子的智慧心灵，构建孩子的幸福人生，让孩子成为有理想信念、有坚强意志、有终生学习兴趣和学习能力，能正确处理好复杂的人际关系，经历成功和挫折的考验能不断奋斗的人。这既是一个通过陪伴“玩”而激活情（自然情趣、人文情感、心灵情操），鼓励“做”而唤醒爱（爱心、爱好、爱学），引导“知”而学会合（合道而行、合德而为、知行合一）的健康成长、幸福发展过程，也是一个陪伴孩子一起唤醒梦、建好家、走好路的幸福人生过程。

孩子是在试错与顿悟中成长的，家长需要给孩子机会，用充满“错误”的正确行动去为兴趣和梦想快乐“表演”。正是这样一个过程，让孩子学会了做人、学会了做事、学会了相处、学会了认知和创新，并成为德智体美劳全面发展的人。他们会在茁壮成长中绽放生命中的精彩，呈现其特有的优势和特长，并依靠强大的自我反省系统不断调整偏差，纠正错误，实现奋力前行。

幸福人生始于家，好家庭是所好学校，好家教培养好孩子，好家风创造好人生。

在教育方面，如何坚持立德树人，培养德智体美劳全面发展的社会主义新人，如何培养出有情、懂爱、知合的时代创新型人才，如何帮助孩子实现全生命周期的健康成长与幸福发展，成为全社会关注的热点。

人们发现，家庭教育和家风建设如此之重要，却缺乏这方面的系统理论研究和实践经验总结。如何以中国传统文化智慧为底蕴，融合现代科学教育理念，在包容差异、取长补短、智慧整合中创建中国式家庭教育体系，成为全社会共同关注的问题。

一、为什么要重视家庭教育

家庭教育不仅是配合学校督促孩子学好知识，而且是为孩子一生发展奠定好人格基础，是立德树人，帮助孩子自立自强，走上学习化生存、智慧化生活、意义化生命的幸福人生道路。

家长承担着重要的家庭教育责任，通过家庭教育和家风传承，把孩子培养成有生存能力、有文化修养的人。自古以来，家庭这个培养人如何做人、如何做事、如何与他人相处的责任一直没有中断过。评判好家庭的标准之一就是有一个好环境。因此，办好家庭这所“学校”，是需要家长和孩子共同参与的一项家庭建设系统工程。

二、什么是家庭教育

从教育的内涵上讲，家庭教育包括道德品质、身体素质、生活技能、文化修养、行为习惯等诸多方面。

所谓道德品质，不是简单的道德说教，而是一种人生求真、求善、求美的追求，集中体现在能替他人着想的善良、主动求进取的自觉、乐于接受约束、创新求发展的主动。

身体素质并非单纯的指体育成绩高低，而是人生的健康状态。身体素质是人体在运动、劳动和日常活动中，在中枢神经调节下，各器官系统功能的综合表现，体现为力量、耐力、速度、灵敏、柔韧等机体能力。

生活技能也并非指某种技巧，而是自我料理的能力，是通过“做中学”、“学中做”培养出的一种学习化生存能力、智慧化生活状态。

文化修养并非单纯的知识积累，而是一个人的品格和素养。文化修养是一个人融入社会环境所要具备的一种人文精神和能力。孩子的文化修养来源于常阅读、做手工、提问题的成长过程。一个人的气质里藏着他所阅读过的书，也藏着他所走过的路，这些内容一起构成了一个人的精神品格，也决定着一个人对幸福的感知能力。在现实生活中，一个人的一举一动、一言一行，都展现其文化修养。

行为习惯并非靠家长督促孩子被动做事来养成，而是一种从自觉到自然的习性。行为习惯的培养是陪伴孩子学会做人、学会做事、学会相处、学会认知、学会创新的过程。

从教育方法上讲，家庭教育是一个培育、影响和引导的过程。

培育不是一个急功近利、揠苗助长的功利化过程，而是一个创建和谐家境，让孩子在环境中被熏陶，在心灵阳光引导下激活智慧、唤醒心灵的过程。

影响不是整天说教孩子“听话，好好学习”，也不是天天让孩子和考试成绩比自己高的学生比、说教孩子向“别人家的孩子”学习的过程，而是为人父母者以自身的主动学习和成长为孩子做好人生榜样。

引导不是单纯让孩子追求分数，而是一个用良好家风和家文化引导孩子成长的过程。立德树人，引导孩子实现德智体美劳全面发展，为孩子自主学习、自立自强奠定好人格基础，并根据孩子人生成长发展的规律，对孩子在不同的人生阶段实施不同内容的引导和帮助。

三、提升家庭发展能力，重视全生命周期的成长与发展

家庭教育的内涵决定了家庭教育的主要特点是创建和谐的家庭环境，实现全家人共同学习、共同成长。家庭教育不同于学校教育，家庭教育的全面性、复杂性、生活性、传承性等特点，决定了家庭教育是一项系统工程，不能用简单的说教来解决。

家庭教育是一项服务全生命周期的健康成长与幸福发展的系统工程，需要人生中的春夏秋冬都实现成长。家庭成员中，老少三代甚至四代人都需要融入时代环境，不断学习，不断成长。这是一个终生快乐学习、终生健康成长的人生发展过程，这一过程将大大提升家庭发展能力。

正像大自然有春夏秋冬一样，人生其实也可以被看作一个四季变化的成长过程。

《周易》乾卦中的卦辞“元亨利贞”可引申为“春夏秋冬”四季，从“初九：潜龙勿用”到“用九：见，群龙无首吉”，是以“龙”喻人，呈现人生成长发展规律。显然，人生也可以看作春夏秋冬一年四季变化的学习过程：春木有根，植根有“师”；夏火有情，燃情有“家”；秋金有慧，增慧有“悟”；冬水有福，享福有“心”。

人生之春的孩子们成长的关键字是“师”。这个“师”是能对孩子的道德品质、身体素质、生活技能、文化修养、生活习惯等诸多方面起培育、引导和影响作用的“导师”。为人父母者要为孩子做好陪伴导师，用创建和谐的家境、陪伴孩子一起成长的行动引导和影响孩子，帮助孩子为一生幸福奠定良好的人格基础。

人生之夏的家长成长的关键字是“家”。没有一个和谐的家境滋养人的心灵，不仅家长不能“立”起来，也会影响到孩子的健康成长；即使暂时“立”起来，一旦遇到风浪，难免被风吹倒。所以，面对孩子是为

人父母者的第二次成长机会。所谓“成家”，就是创建好家庭，实施好家教，传承好家风的学习、反思、再成长的过程。在家庭中，如果父母能“发现”孩子，肯向孩子学习，和孩子一起成长，就可以提升成长力，人生才会精彩。如果能“发现”爱人，肯向爱人学习，和爱人实现互动成长，就可以在包容差异、优势互补、智慧整合中提升文化力。用文化力创造生活，生活才能幸福。如果能“发现”父母，肯向父母学习，陪伴老人在学习反思中把丰富的人生阅历点石成金，就可以提升生命力。用生命力追寻人生目标，人生才能成功。

人生之秋的中年人成长的关键字是“悟”，是读书和反思。这是一个把丰富的人生阅历点石成金的过程，也是通过成长远离隔代教育尴尬的过程。隔代教育不是“好”或“不好”的问题，隔代教育是家庭教育的重要组成部分，老年人也需要学习和成长。好的家风能否传承，关键是中老年人的学习与反思。

人生之冬的老年人成长的关键字是“心”。拥有一颗乐行、乐思、乐学的心是让老年人健康长寿、幸福安度晚年的精神支撑。

我们从人生四季的感悟中可以发现，生命力的意义就在于让有限的生命灿烂地绽放，让无限的生命得以延续。这是一个家风、家文化传承的过程，也是一个人生四季无处不精彩的全生命周期健康成长、幸福发展的过程。

姚鸿昌

2023 年 11 月 20 日

好家庭是所好学校

好家风创造好人生

好家庭是所好学校

宇宙老人无意创造生命，它只是创造了一个生命环境。生命因境而生，因境而变。改变生命并不难，只要改变生存之环境。

——远之

“生命因境而生，因境而变。改变生命并不难，只要改变生存之环境。”人是家庭环境的创造者与改造者，通过学习和反思，可以适应环境，也可以改善环境。“问题孩子”没问题，有问题的是环境。学会改变环境，“问题孩子”没问题。

好家庭是一个好环境，好家庭是一所好学校。办好家庭这所学校，既可以帮助孩子和家长在和谐的家境中实现健康成长、幸福发展，也会在放大的家文化中促进社会的和谐发展。

第一章
“问题孩子”没问题

第一节　可怜天下“孩子心”

世间父母心最好，亲子照护情最深。殚精竭虑终为子，可怜天下父母心。为人父母者，要想把孩子培养成人，确实是件不容易的事。正所谓“慈母手中线，游子身上衣”“慈父心中情，为子永不移”。父母之爱是在“一针一线”中“缝”出来的，是在“一锤一錾”中“炼”出来的。父母一生的爱是孩子健康成长、幸福发展的生命之源。

然而，在可怜天下父母心的背后，往往不一定是铺满鲜花的幸福之路，一旦爱的本质出现偏差，爱的关系就会“失谐”，“爱”就有可能变成“恨”。无论是“为你好”的“管”和“控”，还是“恨铁不成钢”的“争”和“怼”，都有可能在“爱”的焦虑中，误导或扭曲孩子的心。一旦孩子在荆棘丛生之路上止步不前或走上偏路，父母望子成龙的期望，可能就会变成“望子成虫”的无望；而孩子则有可能在过高的期望、过度的管控、过分的指责、过火的行为中受到伤害或误导，出现厌学、网瘾等就在所难免。

心声：我想有个家

所有的后果，皆有其前因。所有正在发生的和已经发生的都是应该发生和必然发生的。事发于眼前，却往往源于久远。

这是发生在多年前的一个故事，故事的主人公是一个厌学、辍学、陷入网络游戏不能自拔的孩子。

深夜静悄悄，街上已经没了行人。忙碌了一天的人们早已进入了深深的梦乡。月亮在高高的云层中时隐时现。小区一如既往的祥和宁静。

嘭嘭嘭，一阵急促的敲门声把王老师惊醒。她迅速打开床头灯瞄了一眼挂钟，时针指向凌晨两点。

“这夜深人静的是谁来敲门，难道出什么事了？”王老师一骨碌爬了起来。她的爱人也被敲门声惊醒。

王老师走到门前，轻轻地问了一句：“谁呀？”

“王老师，是我啊。我是刘燕。”

王老师听出来了，是她的学生张小芳的妈妈刘燕。刘燕这么晚来敲门，一定有什么急事。她迅速打开房门，只见刘燕和她的爱人张晓勇直愣愣地站在门外。看他俩那副焦急的样子，王老师意识到一定发生了什么事。

“王老师，小芳来过您这儿吗？”刘燕急切地问道。

“没有啊！怎么，小芳不见了？”王老师心里顿时一惊。

“是啊，小芳不见啦……”刘燕说着竟呜呜哭起来。

“怎么回事，你慢慢说，先不要哭。”王老师安慰着她。但刘燕却哭得更厉害了，“这可怎么办啊，这么晚不回来，她会有危险的……”

……

事情还要从一个月前小芳辍学开始。

当时学校刚进行了一次期中考试，小芳的考试成绩虽然不高，但比起之前还是有进步，她还是有些欣慰的。哪想到回到家后，爸爸一见她就气不打一处来，喊道：“你这孩子怎么就这么不争气啊！你说说，你这学是怎么上的？”

小芳一听爸爸没头没脑的训斥，立刻变了脸，迅速推开自己房间的房门钻了进去，砰的一声关上了房门。她把书包狠狠地一扔，趴在床上呜呜哭了起来。

原来，爸爸早已从老师那儿得知了女儿的考试成绩。尽管老师一再说，她学习还是比较努力的，最近还有进步，但当得知大多数同学的考试成绩后，他就坐不住了，憋了一肚子气就等女儿回来准备好好教育她一下。哪想到，他话还没说完，女儿竟然向他甩起了脸子，还躲进自己的房间，把自己“屏蔽”起来。这更让他恼火了。

妈妈刘燕推开了房门，也跟着教育起女儿来：“你爸爸这都是为你好啊，你怎么就这么不听话呢。”

爸爸的气还没撒完，继续对女儿大声喊着：“你知道我们为你上学费了多少心吗，你怎么就不知道珍惜。你对得起谁？”

听爸爸这样说，小芳也气呼呼地回怼过去：“我没好好学，我给你们丢脸了，既然你们不愿意见到我这样，那我就消失好了。”

爸爸似乎没听进女儿一句话，还在喋喋不休地喊着。妈妈也把孩子的话忽视了。

孩子口中的“消失”是什么意思？许多事实表明，当一个孩子失去自信和自尊时，人生就会变得郁闷和无聊起来。对于一个不那么爱学习，又不得不苦苦学习的学生来说，“痛苦”中的挣扎，或许还保留着一份希望，那就是家和父母的爱。一旦这个家的环境恶化，父母这份爱也感受不到，孩子就有可能失去希望；一旦导火线被偶然因素“触发”，离家出走就有可能发生，爱孩子的父母后悔为时已晚。

小芳之所以离家出走，是源于玩游戏一直到深夜。本来学习成绩就不好，回到家里不知道多学点儿功课，却总是迷恋着玩游戏。家长多次好言相劝，可孩子不仅不听劝，而且变得越来越逆反，说起话来一点儿好气都没有，这让小芳的爸爸妈妈十分恼火。刘燕已经是一忍再忍好几天了，当她再次批评女儿时，没想到女儿立刻回怼过来："我的事不用你们管。"说着继续玩游戏。

刘燕也是实在忍无可忍了，气不打一处来，上去就是一巴掌。正是这一巴掌，把女儿打出了家门。

小芳飞也似的推开家门跑了出去，很快就消失在夜色之中。等到刘燕反应过来，慌忙跑出去追赶时，已经看不到女儿的踪影。她急得大哭起来，一个劲儿埋怨着自己不该打女儿。而此时小芳的爸爸晓勇也立刻担心起来。他拿上手电，到周围去寻找。真希望女儿正躲在某个角落，能被他发现。可一切都是徒劳，女儿一点儿踪影也没有。于是，他开始给亲朋好友拨打电话，把小芳可能去的地方都联系了个遍，却得不到一点儿关于小芳的信息。这下他可真急了，拉上刘燕，沿路寻找。跑到一个十字路口时，向哪个方向去寻找呢？这简直像大海捞针。

此时刘燕忽然想到，小芳会不会去王老师家了。因为王老师是她的班主任，当孩子学习上遇到困难时，正是王老师的鼓励让她有了进步。就这样，晓勇和刘燕敲响王老师的家门。

王老师问明情况后，一边劝他们俩别着急，一边提醒刘燕赶快报警。王老师和爱人穿好衣服，四个大人兵分两路，很快就消失在夜色之中。

小芳跑出家门后，就稀里糊涂地钻进了一条小巷，同沿着大路追赶她的家人擦肩而过。七拐八拐重新回到大路上时，也错过了与家人再次相遇的机会。她漫无目的地前行，孤苦伶仃地走在夜色之中。

此时，小芳正坐在运河边的长椅上哭泣。从她冲出家门那一刻起，她就再也不想回家了。但在这漆黑的夜里，她又能去哪儿呢？她不知道。她想过先去小姨家，但是路太远，此时已经没了公交车。她想到去找王老师，毕竟是自己的班主任，每当遇到人生困惑时，是王老师微笑的脸庞、温柔的话语、循循善诱的引导，让她一步步走出人生困境。可此时已是深夜，她不好意思去打扰老师。不知是触景生情，还是恐惧害怕，听着哗哗的流水声，小芳嘤嘤哭了起来。

王老师一家和小芳的父母已经折腾了大半夜，还是没能找到小芳。凌晨时，小芳的父母拖着疲惫的身子回到了家。王老师一再劝他们不要着急，并答应他们天亮再一起去找。刘燕只是哭个没完，晓勇也是一点儿睡意也没有。他开始翻看女儿的抽屉，希望能找到些线索。终于，他在抽屉里的最底下找到了女儿的一个笔记本，在笔记本中夹着一封女儿写的信。

女儿在信中这样写道：

妈妈：

我真烦死了！你从小让我背唐诗，背不下来就打我。我背了一首又一首，你仍然不满足。我越来越觉得没意思，心里很烦。

你让我从小学弹琴，我练不会，你就陪我一起练，手把着手，使劲儿掰我的手指头。我疼哭了，含着泪一遍遍重复着老师教的动作。下课了，你带着我找到老师，求老师多给我加加课。我不敢抬头看老师，只希望老师今天有事，快点儿谢绝你的祈求。

回到家里，我已困得不行，趴在床上睡着了。不知什么时候，你把我喊醒，让我把当天的作业做完。我揉着双眼慢慢爬起来，却不幸挨了你一巴掌，顿时清醒了许多。我写呀写，已经不知道自己写的是什么。

夜里，我着了凉，早晨真不想起，但你还是把我叫醒，催我去上学。

我发烧了，烧得起不了床，我看你真的着了急，天天守护着我。一连三天，我享受了妈妈无微不至的关心和爱护，我懂得了母爱。但是从那儿以后，我再也不喜欢背诗了，也不愿意弹琴了。

看着别人学习成绩一个个超过了我，我很尴尬，也多次向你们保证要好好学习。但不知为什么，我考试成绩一直上不去。这让我心里很烦，烦极了，头都要炸了！

在班里，我的考试成绩总是倒数第几，看着同学们说说笑笑，我没脸和他们凑热闹。老师讲课，我总怕碰到她的目光。我几乎什么兴趣也没有，唯一还有点儿兴趣的是网络游戏。

每天放学回家，除了被催促着参加各种课外培训班，就是没完没了地做功课。我已经意识到，你们最怕的是我空闲下来，总是把我的时间安排得满满的，生怕我浪费了学习的好时光。于是，我只得把自己关在屋里装着样子苦学，心却早已飞到天涯海角。这就是我的学习成绩迟迟得不到提高的原因。

我什么时候才能不再整天看着你们的脸色生活，不再因为你们的冲突而陷入难堪。可我的功课不好，能不能考上大学？心中一点儿底都没有。

上学是为了什么？我已经渐渐长大，可目标还没确定，理想还没实现……

晓勇读着女儿的信，心中充满了不解：我们为她付出了这么多，都是为她好啊。可她不仅不理解，还产生这么多莫名其妙的想法，实在让人不解。

他把信交给了刘燕。刘燕一边看一边哭。为孩子付出这么多，孩子对她一点儿不理解，这既让她感到难堪，也让她感到冤枉。

其实，刘燕早已经意识到女儿对她的误解，知道正面无法和女儿沟通，曾写了一封信想交给女儿，可还没等让女儿看，女儿却离家出走了。此时，她再次把信找出来。

她在信中这样写道：

孩子，我累啊！

我们几乎把一切都给了你，希望你成为有知识、有文化的人。为了让你多学知识，我们给你报了那么多培训班让你学习，希望你能赢在起跑线上。我们把一切家务承担下来，希望你什么都别管，全身心投入学习中去。我们早出晚归，为你奔波，满足着你的一切需要。

我们说你、嚷你，其实都是为你好。但你却让我们很伤心。在教育你的问题上，我们很累很累，尤其是心最累。

你们老师让我多表扬你、鼓励你，我总认为这是在哄小孩。你有缺点，我们指出，这才是对你真正好。你怎么就那么反感呢？有时我们怀疑你简直是在故意和我们作对，我们不让你干什么，你就非要干什么，这样气我们，我们心里承受不了。

你已经大了，尽管你总是埋怨我们从小没有给你真正的爱，其实我们一步步、一天天都在惦记着你的成长。

小芳的离家出走，既让我们看到了“可怜天下父母心”的难堪，也让我们看到了“父母心”背后“可怜天下孩子心”的尴尬。我们整天和孩子在一起，却感觉不到孩子的心声。我们自以为是的“为你好”，在孩子心中却成了煎熬。在孩子心中，家竟然成了没有温暖和亲情的“冷库”、得不到尊严的困境。父母莫名其妙的争吵和互怼，“除了学习，什么也别管”的说教和打骂，构成了孩子的生活环境。孩子在这样的环境中看似生存无忧、生活无虑，却缺乏生命的阳光和灵性。

刘燕和晓勇都是经历过生活磨砺的人。可遗憾的是，他们并没有读懂自己人生健康成长的真正秘密，也没有把自己的好经验传承给孩子，却在盲目中以牺牲孩子自然情趣、人文情感、心灵情操为代价，追求功利化的苦学。

其实，无论是“耕”与“读”结合，还是“工”与“学”结合，都是“虚实平衡”中保障理论与实践相结合的“智”学“慧”思过程。以分数高低作为评价标准的“愚”学“昧”思，不仅不会让孩子爱上学习，还会伤害孩子的自尊和自信。这种“什么也不用管，什么也不用做，只要把功课做好”的说教，伤害了孩子的学习兴趣和能力。聪明的家长都是允许孩子参与到生活实践中，尊重孩子的人格形象，用自己在家庭环境中成长的行动，给孩子作出榜样而引领孩子前进的人。愚昧的家长往往拒绝孩子参与家庭生活实践和体验，把孩子当作宣泄情绪的出气筒。想让孩子爱上学习、学会学习、学业成功，其实很难。

苏联教育家苏霍姆林斯基说："儿童的尊严是人类心灵里最敏感的角落，保护儿童的自尊心就是保护儿童的潜在力量。"

作为妈妈的刘燕，正是情急之下就动手的行为，彻底伤害了孩子的自尊，导致了可怕的后果。

对于小芳来说，除了做功课，没有一点儿自己的生活空间，动不动被训斥和指责的心灵伤害，以考试分数高低作为人品好坏的评价，加上父母间不断发生的争吵，让她感受不到家的幸福与快乐，甚至渐渐从心底里讨厌起这个家。这是她一旦被某个因素触发就可能从家里"消失"的重要原因。

一个在家里没有生活乐趣，在学校学习又遇到困难而难以找到自信的孩子，一旦遇到家长自认为是为她好，却让她难以承受的要求时，就会变得逆反甚至出现破罐破摔的情况。而某一过激行为的出现，有可能在"擦枪走火"中让孩子作出错误的选择。这是十分可怕的。

小芳终于被找了回来。两位警员在夜间巡逻时发现了小芳。

烦恼：天天粮在家

小芳回到家后，刘燕和晓勇悬着的心终于落了下来。他们又是做饭又是洗水果，想给女儿好好补偿一下。然而，小芳却把自己关进屋里，还锁上了门。这可急坏了刘燕。她几次敲门呼唤，女儿权当什么也没听见。随她去吧，毕竟女儿已经回来了。然而，让他们没想到的是，小芳从此不去上学了。辍学在家的小芳又玩起了游戏。晓勇和刘燕担心辍学在家会耽误学业，不断劝女儿回去上学。然而，"为你好"的说教说了

“一大车”，女儿却越听越烦，大声喊着：“别说啦，别说啦！”说着捂起了耳朵。看到她这样，家长也都不敢再劝她了，生怕哪句话说得不合适刺激了女儿再出意外。

晓勇看到女儿这样，急得直跺脚。

刘燕回到家也是脸色越来越难看。就这样，两个人天天围绕着孩子的问题争吵、埋怨。

此时，刘燕想到了王老师——她能否做做孩子的工作，让她去上学？其实，王老师一直惦记着小芳。事情发生后，她不仅陪同家长一起寻找小芳，而且在小芳回来后，也来看过她。意识到问题有些严重，王老师就劝刘燕：“不要着急，慢慢来。孩子的问题也不是一天形成的，要有陪着孩子慢慢走的心态。”她强调，“面对孩子，其实是我们大人的第二次成长。”她建议家长一起参加家长学校学习。

几天后，王老师以自己过生日为由邀请小芳来家做客。小芳知悉是老师过生日，立刻答应下来；只是担心会碰到同学，又拒绝了。直到王老师说“今天就请你一个人来，没有其他同学”，她才在犹豫中走进了王老师的家。

从那天起，小芳似乎有了变化。她开始读书，不总是待在家里玩游戏了。她还经常给王老师打电话，一聊就是一个多小时。王老师成了她的知音。

刘燕和晓勇似乎看到了希望。

幸福人生始于家

家庭教育是一门艺术，陪伴孩子成长离不开家长的学习、反思和成长。当家长面对孩子出现问题手足无措时，极需要实施家庭教育指导。作为教书育人的学校，除了重视孩子学科知识的学习外，如果能不断提升教师的家庭教育指导能力，就会帮助更多的孩子实现健康成长与幸福发展。

刘燕和晓勇满怀期待来到王老师家，拜托王老师帮助他们把孩子教育好。然而没想到的是，王老师却让他们在学习中反思。在王老师眼中，小芳其实“没问题”，有问题的是家境——家长的心理状态和举止言谈，就是孩子的家境。要想改变孩子，关键是家长能够调整心态、改变言行，面对孩子实现人生再成长。

王老师认为，养育孩子的过程就是一个克服焦虑情绪，用真爱陪伴孩子一起成长的过程。爱的本质是帮助你所爱的孩子学会爱，而不是用自以为是的“爱”包办、役使孩子。孩子是在试错与顿悟中实现自我成长的，要接纳和包容孩子用充满“错误”的正确行动为兴趣和梦想快乐表演，这样孩子的爱心、爱好、爱学素养才能被唤醒。爱心是成人者之慧，爱好是成才者之神，爱学是成就者之师。孩子心中的爱一旦被唤醒，就会成为“不用扬鞭自奋蹄”的好孩子。

她特别强调，要信任孩子，用陪伴孩子慢慢走的心态，和孩子一起学习和成长，才可能唤醒孩子内心的“心力”，成为自主学习、自立自强的人。如果我们不相信孩子比别人优秀，如果成绩暂时不如别人就产生焦虑，甚至带着情绪埋怨孩子不努力，如果孩子反驳，就会气不打一处来，甚至动手打孩子，孩子的心灵就会受到伤害。一颗被伤害了的心，再多的道理说教也会成为“正确”的“废话”，出现逆反、厌学也就在所难免。

和谐的亲子关系中，父母的心是宽容的、接纳的，一旦孩子因学业压力大而产生焦虑，父母都会在爱的包容和接纳中为孩子宽心，鼓励孩子轻装上阵，呈现父母越松弛，孩子越优秀的良好互动。

失谐的亲子关系中，父母的心是狭隘的、拒绝的，一旦孩子因学业压力大而产生焦虑，父母就会把自己对孩子不信任、不肯定、不满意的焦虑宣泄到孩子身上，使孩子在焦虑叠加中陷入更难堪的境况。孩子找不到更好的处理情绪的方法，就只能像一只受伤的刺猬那样，将自己蜷缩起来、封闭起来，以此换得一丝安全感。一个封闭起来的心灵，一旦发现虚拟世界的游戏可以减轻痛苦，就很容易陷入其中而难以自拔。对于焦虑中的孩子来说，通过游戏这个渠道可以宣泄情绪，找到自以为正确的自信和自尊。

显然，“问题孩子”没问题，有问题的是“家境”，而家长的成长状态和举止言谈，就成为家庭环境的重要激励源。

在王老师的一步步引导下，刘燕和晓勇终于走进了家长学校开始学习，并在反思中找到了和孩子一起从“家”出发，实现成长的希望之路。

家长参加家长学校的学习到底是为了谁？家长读书反思和成长不仅能让自己活出人生的精彩，也影响到孩子。孩子在大人“做”的榜样中也会爱上学习，成为“不用扬鞭自奋蹄”的主动学习者。

现实生活中人们常常会发现，越是文化素养高的人越谦虚谨慎，他们的孩子越优秀。

想要教育好孩子，家长先要做君子。这是一个通过读书反思“照镜子”，而不断提升自己素养的过程。

什么是反思？反思就是跟在事实后面，对既有经验和现实对象的重新反复思考。

事实是什么？既有经验能否适应健康成长需要？教育的对象到底是谁？

在刘燕和晓勇眼中看到的事实是孩子厌学、陷入网络游戏不能自拔，是逆反，是以离家出走相威胁的言行。他们的既有经验就是，孩子不好好学习是她自己的原因，就要“教育”她，这是为她好。孩子不可理喻，作出不好的行为时，“打是亲，骂是爱”也都是为她好。

爱学习的家长总能从“问题孩子”身上找到自己的原因，并在改变思维模式和在日常言行的自省中找到重新唤醒孩子智慧心灵的起点。

刘燕发现，王老师是这样对待孩子的：她邀请小芳到家里，不但没有说教小芳这也不对、那也不对，还向小芳请教玩游戏问题。她说她工作很忙，紧张工作之余也想玩一会儿游戏。这叫“相似性角色做切入点”，沟通也变得容易起来。小芳之所以和王老师无话不谈，是因为王老师是她的朋友和玩伴。在王老师面前，小芳既有自尊又有自信。当聆听小芳的倾诉时，王老师频频点头表示理解。这让小芳向老师表达内心时没有任何顾虑，把想说的话都痛痛快快地说了出来。王老师也发现了小芳很有表达能力。当小芳把一切想说的都说出来，并得到了王老师的理解后，她的心也放了下来，表示自己是愿意学好功课的，希望王老师指教。而王老师却没有急于给小芳补课，而是给小芳赋责。

她对小芳说：“我看你表达能力这么好，给我做小老师，让我知晓了不少计算机软件知识。今后除了给我做小老师外，如果也能给同学和自己的父母做小老师就更好了。”

小芳说：“我学习不好，没资格给同学当小老师。我的父母都不听我的，我更没有资格给父母做小老师。”

王老师却说：“人人都有特长，对于班里有些同学来说，你掌握的知识比他们多。即使有些人学习成绩比你好，但由于表述不清，这些同学也无法当小老师。如果你能帮助这些同学进步，也算是配合老师做了一项工作。你愿意吗？”

小芳一下子明白了，表示愿意配合老师工作。

是啊，一个人的价值往往体现在利他服务之中。鼓励孩子承担责任，可能是孩子重新爱上学习的新起点。

在王老师的鼓励下，刘燕做了新的人生选择，那就是再学习。她也要像王老师那样，向孩子学习，和孩子一起成长。

在后来的日子里，刘燕不再逼孩子学习，而是拜孩子为师，学习起计算机知识。小芳一边教妈妈计算机知识，一边参与到与客户交流的推广应用活动之中，有不懂的就去请教别人。后来，小芳开始阅读信息技术的相关知识，不仅提升了网络技术能力，还在与客户交流中提升了表达能力和技术实践能力。

正是融入实践的“智”学“慧”思，让小芳扩大了视野，喜欢上知识和技能，不仅很快回到学习上，而且靠主动学习，考上了理想的学校，毕业后，成为一位优秀的 IT 经理人。

在小芳的成长进步过程中我们发现：刘燕的学习反思和自省是重要的一环。

原来所看到的孩子厌学、辍学、迷恋网络游戏的事实，被孩子主动帮助别人学习现代科学知识的事实，以及一旦唤醒了心力，主动刻苦学习的事实所代替。

原来动不动就教育孩子，指出孩子不足的家教经验被重新发现孩子，在孩子的优势方面做优秀引导的经验所代替。

原来的教育对象是孩子，现在的教育对象成了大人。大人的学习反思和改变比对孩子一遍遍苦劝、督促、打骂效果要好得多。

很显然，这种帮助“问题孩子”成长的思路和方法能给人带来启迪和教益。

以相似性角色做切入点，沟通就会变得容易起来。因为人无长幼贵贱，对孩子的尊重和理解是实现有效沟通的重要选择。

以相似性实践做兴趣点，把玩游戏升华为“玩”工作，孩子就可以扩大视野，发现游戏背后更多的知识和信息，就可以在承担责任、学会在利他服务中实现自身价值，并获得新的人生状态。一旦“玩”工作玩出水平，就可以成为一种特长，找回人生自信和自尊，快乐度过美丽青春期。

以相似性联想做迁移点，引导孩子在丰富实践体验基础上学习理论、探索知识，学会自己读书思考，孩子就可以在理论实践相结合的“智”学“慧”思中提升学习境界和效率。一旦延伸到学科知识学习，就可以如虎添翼，不仅会爱上学习、学会学习、提升所掌握知识的含金量，还可以从死记硬背升华为无师自通和融会贯通。

第二节 “问题孩子”没问题

如今，“问题孩子”的问题已引起社会各界广泛关注。厌学、无法沟通、迷恋网络游戏……已成为困扰家长的头疼问题。有的家长使尽浑身解数，仍然解决不好孩子的问题。

为什么“问题孩子”的问题会越来越严重？如何解决好“问题孩子”的问题？其实，“问题孩子”没问题，有问题的是环境。一个失谐的家境，才是造成“问题孩子”的根本原因。

当孩子出现问题时，往往不一定是孩子自身的原因，而是孩子生活的环境出了问题。不解决环境失谐问题，却头痛医头、脚痛医脚地针对孩子说教，不仅不能解决孩子的问题，也会影响全家人的健康成长和幸福发展。

正如作家远之所著的《生命之境》一书所述：宇宙老人无意创造生命，它只是创造了一个生命环境。生命因境而生，因境而变。改变生命并不难，只要改变生存之环境。

孩子是在融入环境的试错与顿悟中实现成长的。要想引导孩子健康成长，幸福发展，就需要创建一个夫妻和睦为中心，尊老爱幼为伦理，平等沟通为心灵智慧，融入时代环境为方向的和谐环境。所有的孩子问题都是成长问题。孩子们需要成长，大人也需要成长。身体需要成长，心理也需要成长。用成长力面对时代环境，用文化力创造和谐氛围，用生命力追寻人生目标，“问题孩子”没问题。办好家庭这所学校，实施智慧的家庭教育，是唤醒“问题孩子”的希望，也是促进民族素质提升的起点。在解决“问题孩子”的问题上，家庭承担着最基本的责任和义务。

显然，面对“问题孩子”，改变孩子并不难，只要改变孩子的生活环境。教育其实就是“创境”和“唤醒”——创建一个和谐的环境，就可以唤醒孩子的智慧心灵，孩子就能走上自立自强、自主成长的人生道路。

于是有了创建好家庭环境的选择，因为好家庭环境才是一所真正的好学校。

我是个“笨小孩”吗

这是发生在多年前的一个案例。

当时，我为家长和孩子们做了一场讲座。课后，一个孩子在爷爷的陪伴下找到我来咨询。孩子趴在我耳边悄悄地问了我一个问题：“老师，我是个‘笨小孩’吗？”

我没想到孩子会提出这样的问题，但我立刻意识到这句话的背后一定有故事。

于是我问他：“你为什么怀疑自己是个‘笨小孩’呢？”

他说他总是算错数，数学成绩不好。

为了打消他的疑虑，我故意对他说要做个测试。测试方法很简单，就是和他玩儿一个神算日历的游戏，看他能不能很快掌握。

没想到他只用了十几分钟时间，就掌握了神算日历的玩法，周围人随便问他几月几日是星期几，他都能对答如流，没出现一个错误。周围人都为他点赞，他一下子有了自信和自尊。

此时我再问他：“你还怀疑自己是个‘笨小孩’吗？”他说：“不怀疑了，我也有一个聪明的大脑。”他还表示，数学很有意思，他一定要学好数学。

现在问题来了，为什么孩子认为自己脑子笨，甚至怀疑自己是个

“笨小孩”呢?

通过和他的老师交流，我们了解到，这个孩子的问题没那么简单。除了有学习障碍外，他还常和同学发生冲突，是一个成长中遇到尴尬的“问题孩子”。进一步的家访和调研，渐渐揭开了造成孩子状况不佳的谜底。

原来，他的妈妈虽然人长得漂亮，但一进家门，脸立刻耷拉下来，脸色也变得难看起来，不是烦儿子不好好学习，就是烦丈夫整天在外边应酬，醉醺醺回到家，不是骂人就是打人，搞得家里鸡犬不宁。孩子挨了打无处宣泄，到了学校一旦和同学发生矛盾，也是拿拳头说话。这让他和同学之间的关系很紧张。

一个孩子整天生活在给“脸色”、乱指责的“难看妈妈”和情急之下就动手的“狠打爸爸”这样的家庭环境中，是很难实现健康成长与幸福发展的。

在家庭中，最让孩子难堪的是，他的妈妈每次看到他的考试成绩就气不打一处来:“你简直是笨死了。”她甚至还补上一句，“和你爸爸一样笨！”虽然知道要好好学习，却让孩子丧失了学好功课的自信心。也就是说，孩子在妈妈的心理暗示性语言和误导中形成了“习得性愚蠢”——孩子一下子就被误导了。

然而，一个神算日历游戏，却让孩子突然找到了自信和自尊。这无非是用趣味数学的方式帮助孩子重新唤醒了智慧心灵，引发其对数学的兴趣，让孩子找到了重新成长的新起点。

显然，“问题孩子”没问题，有问题的是环境，是失谐的家庭环境挫伤了孩子的上进心。

更令人尴尬的是，父母经常为生活问题、孩子问题吵架，吵到激烈时，妈妈讲的最过激的话就是“这日子没法过了，离婚！”，爸爸讲的最无情的话就是“要不是为孩子，我早和你离了”。

自从有了二孩后，老大总是欺负老二，爸爸一生气就是一顿打。孩子受了委屈无处宣泄，在学校里只要和哪个同学发生了矛盾，也是延续着他爸爸“情急之下就动手”的行为习惯。

孩子的爸爸妈妈还有一个解不开的心结，就是认为他们常为老人买这买那、孝敬老人，老人不仅不领情，还总要干涉孙子的事。

孩子的奶奶说：“老大从小是我们带大的，你们不亲我亲。”这让家庭矛盾变得更复杂起来。

然而，孩子的爷爷却说：“这都怪我。儿子小时候我常打他，以为是为他好，哪想到儿子长大结了婚，又有了孩子，却仍然延续我的教育模式，打我的孙子。看来我是自作自受啊。”他似乎突然明白了，需要反思的是自己。平时儿子儿媳工作忙，都是他送孩子上学，多少也听过点儿家庭教育课，脾气不像原来那样差了。他劝儿子儿媳也去听听课，可他们都说没时间。

显然，“问题孩子”没问题，有问题的是家庭环境、语言环境的恶化。家庭关系的失谐和冲突，家长行为习惯的误导，家长自身学习的不主动，才是造成孩子失去自信和自尊、不断出现问题的真正原因。尽管两位家长通过无休止的说教甚至打骂、花钱请人给孩子补课等措施想解决孩子的问题，但因为根本问题是家庭环境问题而不是孩子自身问题，结果所有的努力都在舍本逐末中毫无效果。

家庭环境和谐与否，不仅影响孩子成长，也影响整个家庭的幸福。

我们发现，一些孩子实际上生活在一个“亲子关系为中心，夫妻关系成陪衬，尊老爱幼只重物质，放弃自我成长只逼孩子学习”的失谐环境中。

母亲“说”的误导，引发了孩子的习得性愚蠢，孩子学习成绩不好就成为必然。

父亲“打”的误伤，引发了孩子也像父亲一样情急之下就动手，和同学关系很难处好。

奶奶“爱”的误解，纵容了孩子的心性，让孩子在溺爱中变得更逆反而难管教。

爷爷“学”的反思，让我们看到了孩子成长的新希望。面对孩子，如果父母和爷爷奶奶都能不断学习、反思和成长，一方面让自己获得一次新的“成长”机会，也可以为孩子提供一个和谐的成长空间，孩子就可以找到重新健康成长的新起点。幸福人生有起点，健康成长始于家。

帮助孩子找到“家”

为了帮助孩子找到“家”，解决好孩子的成长问题，我们可以通过三步实施家庭教育指导。

第一步，唤醒孩子，说服父母。

我曾对这位母亲说：“您不是说孩子是笨蛋吗？”

这位母亲不好意思地回复道：“那都是气话，但他就是脑子有点儿笨。”

我告诉她：“您的孩子脑子一点儿也不笨，不信你可以考考他，他可以神算日历。”

这位母亲有点儿不以为意，但碍于面子，还是拿出日历考起了儿子。

她首先翻开日历第一页问道：“一月二日是星期几？”孩子立刻算了出来：“星期三”。

接着她向后翻了两页，又问孩子：“三月四日是星期几？”孩子又算出来了：“星期一”。此时，她似乎对孩子有了信心，竟然翻到了最后一页，问道：“12 月 31 日是星期几？”孩子仍然很有把握地回答道：“星期二。”

看到儿子都答对了，这位母亲也兴奋起来，说道：“看来我的儿子一点儿不笨啊，竟然会神算日历。”孩子受到了鼓励，表示一定要学好数学。接着，我给孩子的父母提出一项建议，这项建议就是“三多三少”

的家文化理念，希望他们对孩子：多些宽容中的接纳，少些狭隘中的拒绝；多些赏识中的发现，少些审视中的挑剔；多些关爱中的陪伴，少些敌对中的争吵。

有了“三多三少”的家文化智慧，不仅能帮助他们协调好亲子关系、夫妻关系、敬老关系，而且可以协调好同学同事关系、朋友邻里关系。

两位家长从孩子身上看到了希望，表示要改变自己，克制自己言行上的不当，并愿意在今后的夫妻相处中多些包容和理解，少些埋怨和争吵；对孩子多些“发现思维”，少些“挑剔思维”，陪伴孩子一起成长。

他们还接受了建议，积极参加家长学校的家长课堂学习。

第二步，改善环境，学会说话。

在家庭建设中，语言环境和谐也是重要的内容。沟通是一门艺术，一句话怎样说，一个意思怎样表达，既是一种修养，也是重要的家庭环境要素。

我们发现，这位母亲其实很不容易，是位“全管妈妈”。做饭洗衣她全包，孩子、丈夫全都不用干活儿。她重视孩子教育，天天督促孩子做作业，可孩子却总是拖拖拉拉，不好好学。她动不动就批评孩子，搞得孩子很逆反，丈夫与她互相埋怨争吵。在家里本来是说一不二，哪想处处遇到顶牛，这让她很郁闷，所以天天在家里板着面孔，动不动发脾气。

有一次孩子回家正在做作业，忽然听到楼道里妈妈和邻居有说有笑，正在交谈。他可算是遇到妈妈高兴的机会，立刻推门走了出去，大喊了一声：“妈妈，你回来啦。”本以为妈妈会高兴地和他说话，哪想到妈妈立刻板起面孔对他说：“这儿没你事，快回去做作业。”

孩子的心一下子凉了下来，悻悻而去。从那天开始，他再不愿意和妈妈打招呼了，也变得越来越逆反。

每天孩子放学回家，一放下书包就去看电视。妈妈立刻耷拉下脸，喊道："你就不知道先去做作业。"其实，孩子刚放学，妈妈忙做饭，爸爸带着孩子去院子里打打球、做做健身，是非常好的亲子成长机会。可爸爸宁可在沙发上躺着，既不帮爱人做饭，也不陪伴孩子玩儿、指导孩子学，这让妈妈十分恼火，把炒菜勺子敲得当当响，说："你什么都不管，全成了我一人的事。你简直是甩手掌柜。"

总是听到妈妈这样怪罪，孩子也变得有些麻木了，仍然继续看电视。妈妈又来催促了："只许看 10 分钟。"孩子一听就不高兴。

看到孩子已经看了 20 分钟电视，妈妈又来气了，说："你怎么说话不算数呢。"说着把电视关掉，逼孩子去做作业。孩子一边做作业一边玩儿，直到妈妈做好饭，他还是没做完作业。妈妈只得去辅导。看到孩子听不懂，她又开始唠叨："这么简单的题都做不出来，你到底怎么听的课。"她接着说道，"要是你做不完作业，就别吃饭啦。"

孩子每天就生活在这样的语言环境中，不仅变得越来越不爱学习，而且十分逆反。爸爸看到孩子不听话，上去就是一巴掌，孩子也开始向他瞪眼。

如何改善家里的语言环境？这位妈妈在参加家长学校时开始反思自己，主动把自己常说的话一一列出来，并分析其危害，还和其他家长一起讨论如何同孩子说话。

比如：看到孩子犯了错，她习惯说："你气死我了！"

反思中她认识到：情绪宣泄中的不当会伤害整个家庭和谐。

于是，她改成这样说："错误发生在你身上，但我们也很伤心，没有及时提醒你。但我们相信你是个好孩子，一定会吸取教训，作出改变，取得进步。"

又如：看到孩子写作业拖沓，她习惯说："你这拖沓的毛病怎么总是改不了？"

反思中她认识到：当孩子意识到自己有些毛病改不了，也就不会改了。

于是，她改成不总盯着孩子写作业拖沓的坏习惯，而是在看到孩子抓紧时间做作业时对孩子说："看到你抓紧时间做作业，我们意识到你的自觉性、主动性提高了。我们为你点赞。"

再如：为了哄孩子好好学习，她有时会虚伪地说："我们儿子是最棒的，一定能超过他们。"

反思中她认识到：孩子在误导中盲目自信，而现实中又差距很大，就会由盲目自信变为极度自卑。

于是，她改为："只要能多向别人学习，你一定会越来越优秀。"这样说，一方面鼓励孩子多向别人学习，另一方面让孩子自己和自己比，有了进步就能得到鼓励。

总之，改善家庭语言环境，需要学会说话与沟通。语言关系和谐了，沟通的效果就会变好。

第三步，和谐关系，实现成长。

从三代人的教子尴尬中我们可以发现，孩子生活在一个"亲子关系为中心，夫妻关系成陪衬，尊老爱幼只重物质，放弃自我成长只逼孩子学习"的失谐家庭中。

家长在阅读远之所著的《生命之境》一书和美国弗洛姆所著的《爱的艺术》一书后，对如何协调好家庭关系有了新的认知和改善。

天下之爱，源自母性。天下至爱，莫过母亲。正因为母性之完美，也表现出生命之欠缺——至为高尚的母性体现出极度之自私，母爱视己出为至爱。由母性之自爱产生出护人类之自短，成人类之痼疾。

如果一个人只爱他的孩子，而对其他人无动于衷，他的爱就不是真爱，而是一种共生有机体的联系，或者是一种更高级意义上的自私。

我们有时说，孩子是自己身上掉下来的肉，把孩子当作自己身体的一部分，形成共生体关系。溺爱也好，控制也好，讨厌也好，恨铁不成钢也好，其实都不是真爱，而是高级自私。

真爱孩子就要懂得“分”。这是通过陪伴玩儿、激活情、鼓励做、唤醒爱，引导孩子实现自立自强、自主成长的过程。

真爱爱人需要懂得“合”。这是一个通过共同学习，在高层次上实现心灵谐振的过程，也是共同提升爱的能力的过程。

真爱父母需要懂得“悟”。这是一个感悟生命智慧，发现家文化内涵，传承良好家风的过程。

真爱家庭需要懂得“和”。这是一个包容差异，优势互补，在智慧整合中提升家庭发展能力的过程。

在家庭中，夫妻关系和谐是家庭关系和谐的核心激励源，亲子关系和谐是家庭关系和谐的高效成长力，敬老关系和谐是家庭关系和谐的文化智慧师。

显然，我们需要创建一个“夫妻和睦为核心，尊老爱幼为伦理，平等沟通为心灵智慧，融入时代环境不断学习和成长为方向”的和谐家庭。这样，不仅能让孩子实现健康成长与幸福发展，为人父母者和隔代老人，也都能实现健康成长和幸福发展。

在一个和谐的家庭中，父母能够学习、反思并实现成长，往往给孩子带来的是融入时代环境的知识和能力。隔代老人的学习、反思和成长，往往给孩子带来的是传承中的家文化智慧。

总之，“问题孩子”没问题，有问题的是环境。创建和谐的家境，孩子就可以找到幸福的起点，就可以实现健康成长，幸福发展。

“神算日历”有启示

自从家庭环境得到改善后，孩子找到了幸福的起点，不仅学习上有了进步，与同学的关系也改善了。

有一次，孩子给我来电话说：“自从学会了神算日历，我就到同学中去‘显摆’，没想到同学们都很喜欢，纷纷向我讨要学习神算日历的方法和秘诀。我想请问老师，我要不要把秘密告诉同学？”

我立刻回复他说：“既然同学们喜欢，你就把秘诀告诉他们吧。”

但他却说：“要是告诉了同学，我就没秘诀了。”

我听出他有点儿犹豫，对他说：“其实，你把你的秘诀分享给同学，也是和同学互相学习的过程，和同学关系也会更友好。”我还答应他，只要和同学分享，我继续送给他一堆学习秘诀。他听后非常高兴。在和同学们分享过程中，他的表达能力提高了，学习数学的兴趣越来越高，学习成绩也有了进步。这说明，兴趣是学习的基础，正是趣味数学的引领，让孩子提升了学习能力。

此时此刻，你一定也想知道如何神算日历，也想获得更多的学习秘诀，提升学习效果。

下面，我就把神算日历的秘密揭开。

关于神算日历，其实是一个简单的数学运算。

我们发现，每个月都可以有一个代号，通过代号和日期的简单运算，就可以实现神算日历，让我们很快算出哪一天是星期几。

现在我们以 2022 年为例，从 1 月份到 12 月份的代号分别是：

月份	1	2	3	4	5	6	7	8	9	10	11	12
代号	5	1	1	4	6	2	4	0	3	5	1	3

只要我们记住这个代号，就可以算出每个月任何一天是星期几了。计算办法是：代号与所问日期之和除以 7，余数是几就是星期几，余数为 0 则为星期日。

（代号 + 所问日期）mod 7 = x（余数）

比如：2022 年 3 月 8 日是星期几？3 月份的代号是 1，所问日期是 8，

1 与 8 相加后等于 9，9 除以 7，余数是 2，则 3 月 8 日是星期二。

又如：2022 年 8 月 26 日是星期几？ 8 月份的代号是 0，所问日期是 26，0 与 26 相加后等于 26，26 除以 7，余数是 5，则 8 月 26 日是星期五。

显然，神算日历的秘密就在于知晓每月的代号。

那么，代号是怎么来的，每年的代号都一样吗？

我和孩子们一起做了探索。

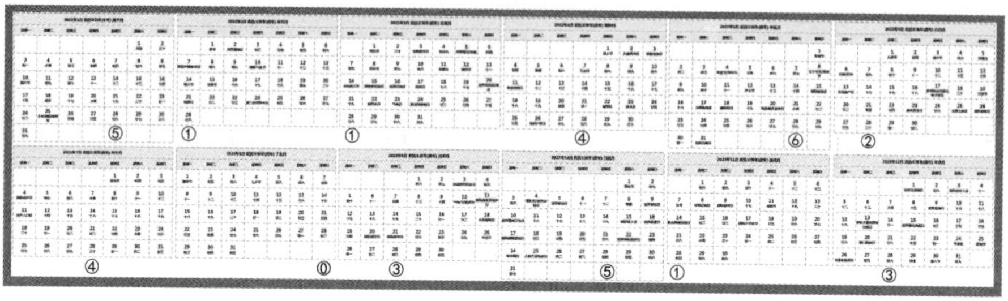

一个孩子发现，2 月 1 日和 3 月 1 日前都空了一个格，代号为 1。所以他说，1 日前空几个格代号就是几。

另一个孩子立刻反驳说，你的结论看似对，但表述不太科学。我认为这样表述更好：每月 1 日的星期数减 1 就是这个月的代号。

大家一致赞成。

于是，同学们按照他的意见算出了 2023 年的代号分别是：

月份	1	2	3	4	5	6	7	8	9	10	11	12
代号	6	2	2	5	0	3	5	1	4	6	2	4

此时，一个同学突然发现，只要把 2022 年的代号加 1，就是 2023 年的代号。

这时一个同学声称，他已经把 2022 到 2025 年的代号都算出来了。让我们一起看看他所算的结果。

月份	1	2	3	4	5	6	7	8	9	10	11	12
2022 年代号	5	1	1	4	6	2	4	0	3	5	1	3
2023 年代号	6	2	2	5	0	3	5	1	4	6	2	4
2024 年代号	0	3	3	6	1	4	6	2	5	0	3	5
2025 年代号	1	4	4	0	2	5	0	3	6	1	4	6

我问他怎么算的，他说下一年在上一年的基础上加 1 即可。

我又问他，你算得对吗？他说对。

我对他说，算得对不对，得用实践来检验。

于是我问他，2024 年 6 月 12 日是星期几？

他根据自己算出的 6 月份代号是 4，加上所问的 12，等于 16，16 除以 7，余数是 2，则 6 月 12 日是星期二。

现在我们翻开 2024 年的日历，6 月 12 日并不是星期二，而是星期三。

为什么算错了呢？同学们开始思考。

结果，一个同学揭开了谜底。他说，2024 年是闰年，2 月是 29 天，所以从 3 月份开始，用加 1 的方法算出的代号是不对的，应当加 2 才对。

最后大家一起得出了这样一个计算代号的规律：

平年进平年，加 1 就是下一年代号。

平年进闰年，1 月、2 月加 1，3 至 12 月加 2 才是下一年的代号。

闰年进平年，1 月、2 月加 2，3 至 12 月加 1 才是下一年的代号。

按照这样的规律算出来的各年代号应该是：

月份	1	2	3	4	5	6	7	8	9	10	11	12
2022 年代号	5	1	1	4	6	2	4	0	3	5	1	3
2023 年代号	6	2	2	5	0	3	5	1	4	6	2	4
2024 年代号	0	3	4	0	2	5	0	3	6	1	4	6
2025 年代号	2	5	5	1	3	6	1	4	0	2	5	0

至此，神算日历的秘密被揭开，大家非常高兴。

其实，神算日历并不是教科书要求学习和研究的内容，但是它引发了孩子对数学的兴趣，在一步步探索过程中，让孩子感受了思维的过程，提升了学习兴趣和能力。把这种“相似性”体验转化到数学学科的学习，也会起到事半功倍的效果。

给家长的陪伴建议

好家庭是所好学校。好学校需要坚持立德树人，全面发展，让孩子成为有理想、有本领、有担当的好孩子。这是一个为孩子创建环境，唤醒心灵的成长过程，也是提升学习能力，走上学习化生存之路的过程。

下面，我就创办好家庭和提升学习能力提几点建议：

1. 鼓励孩子做些“无用”的题，让学习有点儿“趣”。神算日历就是“无用”的题，但它用趣味数学的方式做切入点，引发了孩子的数学思考，提升了学习能力。

做些“无用”的题，还体现在做考试后的错题，而不是一味地追求做“有用”的新题和难题。

一个孩子考试得了 90 分，家长得知后不高兴，说：“人家好几个人都得了 100 分，你怎么就不知道努力向好同学看齐啊。”孩子听了很郁闷，无奈中只得按照家长和老师的要求，多做“有用”的新题和难题，但结果并不如意。旧题的错误不断重犯，新题的要点也没掌握好，渐渐落在了更多人后面。

另一个孩子考试只得了 80 分，他的爸爸看到成绩单后却很高兴，因为他知道孩子努力了。看到两道做错的题，这位爸爸也试着做了做，对孩子说：“这道题还是有点儿难度，等你会做了，也告诉爸爸一下怎么做的。”孩子认真研究了做错的题，还时不时翻书，找到知识点上的差距，并重新把题做了一遍，还给爸爸讲如何做才是正确的。爸爸高兴地聆听他讲解，还给孩子的卷子重新打了个大大的 100 分，并对孩子说：“考后 100 分比考试 100 分更重要。”爸爸的心态影响着孩子的状态，爸爸的行为引导了孩子的自觉。这个平时成绩不太好的孩子，在“考后 100 分”中提升了所掌握知识的含金量，并在帮助其他同学解题中实现了互相学习、互动成长。在一次期末考试中，他名列前茅。

“考后 100 分”对于改变实际得了 80 分的成绩结果是“无用”的，但是“无用”中的学习和反思，却让孩子和父母一起站在了新的制高点——不仅更爱学习了，而且提升了所掌握知识的含金量。

2. 鼓励孩子干些“无用”的事。对于提升孩子学习成绩来说，干家务、喜欢科学实验和小制作，都是“无用”的事。但是从中培养的爱心、爱好和爱学，却能让孩子在承担责任中自立自强，在联系实际学习中提升了学习能力，掌握了知识的含金量。

一个五年级的孩子读了《趣味物理》后，喜欢上了做物理小实验。他的妈妈认为，物理实验上初中才学，与其干这些“无用”的事，不如把时间用到补课上，这样可以让孩子的学习成绩再提高几分，这才是正事。

在听了家庭教育讲座后，妈妈开始反思，是不是自己的思路错了。于是她找老师咨询。

老师对她说：“孩子在阅读中提升了心灵境界，想联系实际做科学实验，是自主学习的开始。如果能给孩子为兴趣和梦想快乐表演的机会，孩子会走上学习化生存的道路。”

妈妈接纳了这个建议，陪伴着孩子一起做实验。虽然占用了一些课余时间，但孩子变得越来越爱学习，不仅以优异成绩考入了重点中学，而且把小学的相似性体验带到了初中，在广博阅读和科技制作中成为卓越发展的孩子。

我们发现，看似孩子干了些“无用”的事，却让孩子走上了学习化生存、智慧化生活的幸福人生道路，成为终生快乐学习、终生创新工作的人。

3. 父母和孩子都要听些“无用”的课。虽然这些“无用”的课提高不了学习成绩，却能引发人生思考，反省我们的教育理念，并帮助父母和孩子在改变思维中活出人生精彩来。

一位妈妈为孩子辍学发了愁。她找到老师求助，希望老师能教育教育她的孩子，好好去上学。孩子一听妈妈找人来教育他，满脸不高兴。但是这位老师却说应该向孩子学习，并邀请孩子和他一起准备一堂给孩子们讲的新课：《明天我拿什么去竞争》。

看到老师平等和他交流，孩子很高兴；当听说老师即将给家长开课时，竟然主动提出要和妈妈一起去听。上课时，他主动承担录像工作，还一边听一边记。

他的妈妈听课后记住了这样几句话：如果你真爱孩子，就要帮助你所爱的孩子学会爱。只有做孩子心中的“好孩子”，孩子才能成为大人眼中的“小大人”。

妈妈决定读书、反思，实现再成长，陪伴孩子一起唤醒梦，找到家，走好路。

孩子回到家后，不仅坚持自己的事情自己做，他人的事情帮助做，不会的事情做中学、学中做，而且参与志愿活动，帮助更多的人一起学习、一起成长。后来，他以优异成绩考上了重点大学，担任学生会干部，帮助更多的同学扬起风帆，走上学习化生存的人生道路。

看到孩子的进步，这位妈妈变得更爱阅读和思考，而且在社区办起了读书会，鼓励更多的家长和孩子一起阅读和成长，让更多的家长和孩子在她所创办的心灵驿站中找到了幸福的起点，找到了家。

好家庭是所好学校，好学校都有好课程，它正帮助越来越多的人爱上阅读，学会自省，活出精彩人生。

4．家长要陪伴孩子一起读些“无用”的书。

一个人的阅读史，就是一个人的心灵成长史。读书，可以让人的心灵有个伴儿。

读书虽不能使人生变长，却可以使人生变宽；读书虽不能改变人生的起点，却可以改变人生的终点。

推荐大家阅读“四部大书”：

第一部是读懂自己心灵这部书。这是阅读、反思、实现心灵成长的“知己”之旅。读书是为提升自己，而不是为说教别人。

第二部是读懂孩子成长这部书。这是一个发现孩子、认识孩子，并和孩子一起成长的“知人”过程。

第三部是读懂家庭文化这部书。这是一个发现文化基因，做好文化传承人，实现和谐发展的“知境”过程。

第四部是读懂人生智慧这部书。这是一个融入时代环境，实现创造性转化和创新性发展的“知世”过程。

知人者智，知己者明，知境者活，知世者达。读懂人生“四部大书”的过程就是实现健康成长、幸福发展的过程。

推荐大家阅读一些对自己的心灵有启发、对成长有帮助的“心”书和“趣”书。

一个孩子阅读了《趣味物理》一书后，喜欢上科学实验，大大提升了学习能力，从优秀走向卓越。一位家长阅读了《家庭教育》一书后，理解了做中学、做中求发展的思路。她陪伴着孩子自己的事情自己做、他人的事情帮助做、不会的事情学中做，从而唤醒了孩子的爱心、爱好与爱学，为一生发展奠定了良好的人格基础。一位家长阅读了《幸福人生“梦－家－路”》一书后写下了她的感悟：

婴儿一出生就要打多种疫苗，如果不打疫苗，会导致抵抗力下降，很容易感染上一些疾病，有些疾病可能还会致命。打疫苗是为了启动自身免疫系统，降低患病的概率。

人们渐渐接受了这样的思想：与其无奈地等待病后乱投医，不如启动自身免疫系统，不得病或少得病，得了病也能很快自愈。

这对我们的读书会是一个不小的启示。面对身体病毒如此，面对心灵“病毒”是不是也该这样呢？

看到一些青春期的孩子出现厌学、网瘾情况，我们非常理解家长万分焦虑的心情。特别是有些孩子因为学习压力大、与父母沟通时发生冲突等情况而出现抑郁时，家长的情绪几乎要崩溃了。

这些孩子如同得了很难治愈的“病”，逼得家长到处找“医生”治疗，但是疗效甚微。一些家长突然明白了，孩子的心灵问题没有什么灵丹妙药能很快治好，重要的是早打“疫苗”，唤醒其自身的学习、反思、自我成长系统。这些较早唤醒了智慧心灵，实现了健康成长、幸福发展的孩子，即使学习压力再大、遇到的挫折再多，甚至身处困境，也能顽强奋斗，走好他们的学习化生存之路。

进入不惑之年后，许多人的人生困惑反而多了起来。家里的事、工作上的事、社会上的事，越来越多得让人看不懂。面对孩子厌学、游戏成瘾、早恋等一系列问题，焦虑、苦闷、无奈时时在困扰着我们，让我们难以自拔。教育竞争如此激烈，孩子的学习压力越来越大，看到自己的孩子掉了队，家长的心一下子提到嗓子眼。为人父母者，孩子是我们的唯一，是家庭的未来。他是我们的最爱和牵挂，是永远不能放弃的明天和希望。

我曾到处请教咨询，希望能找到给孩子治“病”的灵丹妙药。但是我还是有些失望，因为有不少家长面对着和我同样的状况，有的为了解决孩子的“问题”花了很多时间和金钱，但效果不佳，有的甚至不得不选择放弃。

我们也知道，孩子一旦厌恶学习、陷入网络游戏不能自拔，就如同染上“病毒”，是很难医治的。与其到处找人“治疗”孩子的问题，能否创造环境和机会，给孩子“接种”上心灵“疫苗”呢?

心灵之路“学”中走，幸福之人“缘”相随。阅读《幸福人生“梦－家－路”》让我看到了一个陪伴孩子一起唤醒“梦”、找到“家”、走好“路”的新思路。

只要从小陪伴孩子“三玩”，就可以激活孩子的“三情”，从而唤醒孩子的心灵阳光和梦想。

只要鼓励孩子“三做”，就可以培养孩子的“三爱”，帮助孩子找到和谐的家境，获得幸福的起点。

只要引导孩子“三知”，让孩子懂得“三合”，就可以帮助孩子走上主动学习、自主学习的道路。

一个激活了自然情趣、人文情感、心灵情操的孩子，心中有阳光，学习压力再大也不会厌学。

一个唤醒了爱心、爱好、爱学的孩子，生活有智慧，可以把玩游戏升华为在玩中学习，永远远离网瘾的伤害。

一个懂得合道而行、合德而为、合心而美的孩子，生命有思考，人生有奋斗，再多的挫折也不会自暴自弃，而是向着希望的目标奋力前行。

我们都希望找到心灵“疫苗”，防止孩子染上“病毒”，让孩子终生热爱学习、终生创新工作的思路和方法。那就陪伴孩子一起唤醒

“梦”，建好“家”，走好“路”。

母亲说：男人是“梦”，女人是“家”，孩子是“路”。在家庭中，父亲有梦儿有志，母亲懂家儿用心，孩子有路能奋斗。我们正是在一起唤醒梦、找到家、走好路中实现了共同读书学习，实现了新的成长，陪伴孩子重新扬起人生的风帆，远离网瘾和厌学，走上了自主学习的道路。于是有了读书、成长、做好人，幸福人生“梦－家－路”的家庭教育选择和实践。

总之，好家庭是所好学校，好学校必有书香味。和孩子一起阅读一些看似“无用”的书，能够让心灵有个伴儿，并在成长中走上学习化生存、智慧化生活、意义化生命的幸福人生道路。

第三节　家庭和谐，赢在“关系”

当一个人走过了四季，走过了风雨，走过了星辰，走过了日月……双脚踏过的每一寸土地，都被炽热的心烙下了印迹，映射着跳动的光辉——那是记忆深处的家，在召唤……

家，是我们成长的摇篮，是心灵的归宿，是放松心情的港湾，是我们有梦并且梦想成真的地方。

家之所以美好，无疑地，在于它的和谐。这种和谐来源于夫妻关系、亲子关系、敬老关系。搞好夫妻关系要会“合”，这是一个包容差异、优势互补、文化融合的成长爱能力的过程。搞好亲子关系要懂“分”，这是一个在陪伴中引导孩子自立自强，走好人生路的过程。搞好敬老关系要肯“悟”，这是一个陪伴父母在学习、反思中，把丰富的人生阅历点石成金的家风传承过程，也是帮助老人远离隔代教育尴尬的过程。

孩子之所以出问题，往往和家庭关系失谐有关。夫妻关系不会“合”，亲子关系不懂“分”，敬老关系不肯“悟”，就很容易造成家庭关系失谐。

一个亲子关系为中心，夫妻关系成陪衬，尊老爱幼重物质，放弃自我成长、只逼孩子学习的失谐家庭中，出现“问题孩子”就在所难免。

我们发现，失谐家庭正在关系尴尬中“生产”着“问题孩子”和问题家长。和谐家庭却能在激励全家人共同成长中造就时代智慧人。

一个国家需要和谐，一个社会需要和谐，一个家庭需要和谐，一份舒畅愉悦的心情更需要和谐。作为生命的个体，也许我们驾驭不了风，但可以驾驭自己心灵的帆。

在和谐家庭中，夫妻关系和谐是家庭关系和谐的核心激励源，亲子关系和谐是家庭关系和谐的高效成长力，敬老关系和谐是家庭关系和谐的生命智慧师。

夫妻关系和谐——核心激励源

在家庭中，一切都是围绕着孩子这个中心转，于是形成了亲子关系为中心、夫妻关系重依附、居高临下讲顺从的模式，造成了家庭关系的“失谐”。在这种模式下，母子关系重于夫妻关系。也就是说，对于一个妈妈而言，儿子是她最重要的情感寄托，丈夫排在第二位。这样一来，儿子一旦结婚，做妈妈的将失去自己最重要的情感寄托，她们试图在宠爱孙子中得到新的安慰。如果孩子在父母关系和长幼关系失谐中畸形成长，很容易出现问题。

如今时代变了，男女都是平等的，从相识到相知，从相知到相爱，从相爱到婚姻，从婚姻到生育，这是实现家庭和谐的过程，也是奠定一个家庭未来亲子关系、婆媳关系、兄弟姐妹关系的基础。人们往往在结婚前很注意彼此关系的协调，恋爱过程既浪漫又互相包容，既注意个人修养又积极为对方付出爱心。这是一个爱情成长的过程。然而，在不少人心目中，当婚姻关系一旦确立，恋爱过程便停止，爱情也便不再成长，似乎婚姻就是爱情的坟墓。其实，夫妻关系不和谐正是从这一刻开始的。

似乎双方谁都看透了对方，也不再顾及脸面和关系，从习以为常的小吵小闹到日益频繁的大喊大叫，从动不动大打出手到时不时拿离婚做话柄相威胁，爱情不仅没有成长，反而萎缩了。在这种情况下，如果面对的是孩子和长辈，问题就复杂了。孩子是模仿着大人行为在体验下学习、成长的；长辈是在以亲子关系为中心下生活的。当夫妻关系失谐后，一边是被失谐父母关系扭曲着的童心，一边是被伤害着的宠子爱孙的“瞎心”，亲子关系和敬老关系是不可能和谐的。

我们看到，两个不同性格、不同家文化环境背景的人走到一起，性格的碰撞、文化的冲突、道德水平差异、理想信念不同，都可能使走在一起的人分开。

其实，夫妻关系是关键。夫妻关系和谐了，其他关系就随之迎刃而解了。因此，夫妻关系的和谐在于爱情的继续成长。只要爱情能继续成长，婚姻的质量就会不断提升，家庭关系就很容易走向和谐。弗洛姆认为，亲子关系是“分”的关系，夫妻关系是“合”的关系。所谓“分”，就是以真爱帮助孩子走向独立，而不是以爱为理由控制孩子，溺爱孩子，把孩子当成自己的“共生体”。所谓“合”，就是夫妇双方都要提升“爱能力”，在性格色彩搭配和双方家文化融合中实现成长，而不是只想着改变对方或取悦对方。

其实，相爱是一种选择，婚姻是一种责任，爱情是一种超越。这种超越是从爱的欣赏到爱的亲情的升华，需要从婚姻确立、融入双方大家庭、孩子出生就开始的个人修炼和关系调整的学习成长过程。如果说我们各自在原来的家庭都是好孩子的话，结婚之后，是第二次做“好孩子”的过程。显然，以自己的停止成长来换取对方的改变，只能是不切实际的幻想。许多婚姻破裂都是不能在宽容中接纳对方，甚至一味想改变对方中开始的。

夫妻关系和谐的关键是学会“合”。这种“合”的前提是双方都要提升爱的能力。提升爱的能力是婚姻家庭和谐的重要一课。这种提升可以让低层次的冲突升华为一种高境界的心灵“谐振”。这是一种双方性格色彩搭配和双方家文化智慧的融合过程。一个通过学习和成长而提升了爱能力的人，既懂得用完美型性格去做人，用力量型性格去做事，用和平型性格去相处，用活泼型性格去思维，也懂得在包容差异、优势互补、智慧整合中成全对方，成就家庭，实现文化融合的目标。

在家庭中，与其埋怨对方不爱你，不如把自己变得可爱起来。一旦把心思用到提升个人修养上，脾气就会变好，包容心就会变大，举止言谈就会变美，指责和怪罪就会变少，呈现给家人的个人形象便会越来越可爱。

在家庭中，与其动员对方学习爱，不如提升自己爱的能力引发爱。爱是一门需要学习的艺术，是在“求诸己”的学习反思中让自己改变的过程。自己的改变才能得到对方的欣赏和青睐，随之也会在跟进中懂得自省和改变。

在家庭中，与其让对方改缺点，不如发现其优点和特长，帮助和成全其活出人生精彩。每个人都有各自的优势、特长和人生追求，爱人是帮助和成全自己活出人生精彩的最好激励源。以牺牲自己、成就对方的理由放弃自身的学习和成长，不仅会让爱人瞧不起，还会影响自己在孩子心中的形象。忽视对方优势和特长，轻视和冷落对方创造人生精彩的机会，是缺乏爱能力的自私和自负。

在家庭中，不懂爱的人很难会被人爱，懂爱的人常常被人爱。爱不是控制和依附，也不是瞬间的欲望和激情，更不是利益和美色的交换与平衡。爱是一门需要学习的艺术，是在学习、反思和改变中达到的人生境界。一个懂得爱的人，在爱人面前，具有上善若水的“处下”智慧，具有利他服务中实现自身价值的成全智慧，具有自强不息创造人生精彩的进取智慧。

人世间，最亲近的关系莫过于夫妻。父母早晚要离开儿女，儿女早晚要展翅高飞，唯有爱人要和自己厮守一生。夫妇二人如何达到阴阳平衡、心心相印、亲密无间、恩爱一生，就需要了解双方各自的心理需求，从而达到和谐、美满。和谐家庭的第一关系是夫妻关系，而不是亲子关系。夫妻关系和谐是家庭关系和谐的核心激励源。

亲子关系和谐——高效成长力

亲子关系，从法律上讲，父母与子女之间存在着权利与义务的关系；从教育上讲，父母是孩子的第一任老师；从人生的健康成长与幸福发展上讲，父母自身的成长状态与形象、和子女的沟通方式等，都会对孩子的心理健康、性格习惯、人际关系、未来发展等产生十分重要的影响。

值得关注的是，亲子关系也是父母面对孩子时重新唤醒“童心”、实现人生第二次成长的机会。也就是说，亲子关系和谐，不是父母对孩子的单向爱，而是孩子的出生也是为人父母者重新获得爱的启迪、让人生提升成长力、活出人生精彩的机会。从这个意义上讲，孩子不仅是父母的照护对象，也是父母在人生的新阶段遇到了一位陪伴自己再成长的导师。孩子是一位神奇的“大教育家”，他的出现能让我们提升成长活力、成长能力、成长实力、成长潜力。用成长力面对人生，我们会绽放出新的人生精彩。

面对孩子的人生成长状态，父母成为引领孩子健康成长的能量激励源，让孩子成为自立自强、奋进前行的人。真爱孩子的父母，一定是肯向孩子学习、和孩子一起成长的人。

但是，在很多父母心中，孩子是自己爱的对象，因为他是“自己身上掉下来的肉”——你之所以爱他，实际上是爱自己。正是这种狭隘的爱，让爱成为一种对孩子的溺爱和控制，并在爱的错位中让爱变成了恨（恨铁不成钢），于是造成了爱的伤害。在爱的伤害中成长的孩子，很难走向自立自强，很难获得幸福人生。

在弗洛姆看来，如果一个人只爱他的孩子，而对其他人无动于衷，他的爱就不是真爱，而是一种共生有机体的联系，或者是一种更高级意义上的自私。

在远之笔下，天下之爱，源自母性；天下至爱，莫过母亲。正因为母性之完美，也表现出生命之欠缺——至为高尚的母性体现出极度之自私，母爱视己出为至爱。由母性之自爱产生出护人类之自短，成人类之痼疾。

显然，父母如果只是把孩子当作自己身上的“肉”，与孩子形成可以随意控制的共生体关系，并不是真爱，而是自私。这种自私造成的结果是孩子对自己的永远依附和被控制，哪怕结婚生子，也很难独立。一旦孩子有自己的想法，不合父母的行为，就会在“打是亲，骂是爱”的惩罚中宣泄情绪，并在“恨铁不成钢”的怨恨中把孩子逼到更难堪的境地。孩子就很容易出现逆反。

其实，为人父母者应当明白：你的孩子并不是你的“孩子”（可以任意役使的物），他是生命之火的“后代”（延续）。他通过你来到这个世界，整天和你在一起，但他并不属于你，他有他“自己”。我们的照护就是一步步使他和我们“分”，并在“分”中走向独立自强。这种“分”是对独立生命的尊重，是真正爱孩子的选择和智慧。孩子的父母只有懂得和孩子“分”，又会与爱人“合”，才能创造家庭的和谐与幸福。孩子也会在“分”与“合”的感悟中走上自立自强的道路，并成就未来的婚姻幸福与家庭和谐。

亲子关系是家庭关系中最为稳固的关系，如果父母与子女之间不能相互理解、正确相处，亲子关系处理不好，会带来严重的后果。对于孩子来说，家庭是学会具体人际交往形式和技巧的第一个社会群体，父母对他们采取热情、温和、尊重抑或冷漠、急躁、轻视的态度，直接影响到他们今后与人的交往。亲子间不同的交往方式会对孩子的个性、道德行为产生不同的影响。无数的研究结果证明，孩子的道德品质与家庭中的亲子方式有直接的关系，人的许多重要品质，如同情心、自尊心、独立性等，在许多方面都取决于父母与子女之间良好的相互关系。父母与子女之间缺乏爱的关系、缺乏精神上的亲近，常常是孩子心理发育不全或教育缺失的根源。未成年人犯罪问题已经成为全社会关注的问题。为什么这些孩子如此冷漠，如此不珍惜生命。追根溯源时，我们发现，他们的行为往往和原生家庭有关，和他们早期所受到的“爱的伤害”有关。很多未成年人控制不住自己，冷酷地对待他人，一个很重要的原因，是他们无法直面自己有一个“坏父亲”或“坏母亲”的事实——即便父母打骂了他们，也要接受。但是，这种理性上的“接受”不能遏制其情感上的怨恨，所以他们把这怨恨转嫁到他人身上。这种转嫁机制，是很多恶行的基础。这就提醒做父母的，再不能把孩子当作自己的私有财产而由着性子打骂。因为这种父母保护的是野蛮，伤害的是人的心灵，影响的是家庭的和谐。

和谐家庭的亲子教育应当是以人为本的智慧教育。向孩子学习，与孩子共同成长，才是和谐的亲子关系。亲子关系和谐了，就会成为家庭和谐的高效成长剂，促进家庭方方面面关系的和谐。显然，为人父母者要通过学习提升自身的智慧，成为孩子的智慧父母和心灵好友，才会促进家庭关系的和谐发展。中国现代教育家魏书生说过这样一句话：“一个好人的身后，必有一位好长辈给过他终身受益的教诲；一个坏人的背后，也往往有一位不称职的长辈给过他一辈子都难以摆脱的误导。”其实，天下父母都是爱孩子的，但爱是一门需要学习的艺术，如果不能掌握好这门艺术，孩子有可能会在“爱的伤害”中成为“问题孩子”。当孩子出现问题时，如果家长又不能及时唤醒孩子成长的“心力”，“问题孩子”可就真的成了问题孩子了。真爱孩子，就是本着对孩子一生负责的态度，用科学的思路和方法，对孩子实施智慧教育的过程。这绝不是只要做了父母，凭自己本能的爱就可以完成的过程。智慧父母是孩子的心灵导师和成长伴行人。

孩子心灵畅想时，我们帮他展开双翅，在“钻进去，走出来”过程中，与孩子一起实现兴趣迁移；孩子心灵受伤时，我们帮他抚慰调整，在“心灵咨询和服务”过程中，与孩子一起康复；孩子心灵扭曲时，我们帮他唤醒善良，在“多些宽容中的接纳，多些赏识中的发现，多些关爱中的付出”过程中，唤醒童心。做不到最好，但一定要做到更好。

显然，面对孩子是父母第二次成长的新机遇，向孩子学习，和孩子一起成长，是家庭和谐的高效成长力。

敬老关系和谐——生命智慧师

作为生命，从呱呱坠地那一天起，爱就像阳光一样，无时无刻不在普照着我们。生育我们的母亲，用甘甜的乳汁一天天把我们养大，用温暖的怀抱唤醒我们的爱心和情感。父亲用宽厚的肩膀将我们高高地托起，让我们看见外面的世界，像大树一样为我们遮风挡雨。父爱如山，母爱如海。在我们的成长过程中，给予我们最多的是父母的爱，他们对我们的爱是无私的、无畏的、真诚的、伟大的，是不求回报的。因此，我们应该感恩父母，感谢他们给予了我们生命，感谢他们给予了我们人世间最浓的亲情和最深的挂念。一个真爱父母的人就要理解父母心，感恩父母情，并在感悟父母“慧”中让家风、家文化得以传承和延续。

当我们伴随着孩子一天天长大，自己也渐渐步入中年时，我们发现，父母也一天天变老了。

然而，当我们有了孩子之后，我们的关注点就会渐渐地从父母转向孩子。当以孩子为中心的家庭关系一旦形成，对父母的关注就会减少；而一旦孩子出现问题，我们除了怪罪孩子外，情绪宣泄的指向又往往会迁移到父母身上。或者是埋怨父母不懂教育，把孩子管坏，或者是干脆拒绝隔代照护，自己照护孩子。而当自己独立照护的孩子也出现问题时，夫妻之间产生冲突的概率就会大大增加。

其实，对于中老年人来说，人生之秋的关键字是“悟”，即反思。如果我们能创造条件帮助老人继续学习和成长，就可以使他们在“悟”中把丰富的人生阅历点石成金，让好家风代代相传，还可以远离隔代教育的尴尬和难堪。

我们的父母有丰富的照护孩子经验，并在新时代环境中不断反思，形成了富于智慧的家庭教育经验。如果他们能在家庭建设中发挥好文化引领的作用，对家庭和谐，对孩子成长，是有重要意义的。

在家庭中，如果说父母带给孩子的是融入时代环境的知识和能力，而隔代老人带给孩子的是传承中的家文化智慧。一个孩子如果生活在一个老少三代甚至四代互动成长的学习型家庭环境中，其综合素质和创新能力，要远比只由父母配合学校教育的孩子高得多。

从这个意义上讲，隔代老人也是家庭和谐环境中的重要成长激励源。孩子既需要父母的陪伴，也需要从祖父母身上感悟生命力智慧和文化。

为了孩子，父母需要成长，隔代老人也需要成长。这种成长是读书反思中的灵感和顿悟，是把丰富的人生阅历点石成金的总结和提升，是重新唤醒童心，陪伴孙子（女）一起“玩”和“做”的健康状态。

聪明的父母不会因为怕麻烦而回避隔代教育，而是在发现和感悟中学会处理好婆媳关系、翁婿关系，并让隔代照护成为家庭教育的重要组成部分。这对为人父母者也是一个好的成长机会。这种成长，不仅让家庭和谐，家风得到传承，也能让孩子受益。

不要以为老人和我们之间有代沟就不去沟通；不要以为老人只能为儿孙服务而没有自己的幸福人生。当老人进入“悟”的关键期后，继续学习和成长，就可以为家庭和谐，家风、家文化建设作出贡献。好家风的传承，必然会影响老少三代甚至四代人的互动成长和共生发展。而老人乐行、乐思、乐学的人生形象，也必然影响着全家人的幸福成长，促进文化的传承。在孩子成长过程中，父母给予孩子的帮助往往是融入时代环境的知识和能力，而隔代老人给予孩子的帮助往往是文化和生命力智慧。

如何在感谢父母心、感恩父母情的基础之上感悟父母“慧”，不仅是家庭大事，也会对社会的和谐发展产生重要影响。正像大自然有春夏秋冬一样，人生也是一个经历春夏秋冬而不断成长的过程。春木有根，植根有“师”；夏火有情，燃情有“家”；秋金有慧，增慧有“悟”；冬水有福，享福有“心”。协调好家庭文化关系、促进人生成长的过程，就是实现全生命周期健康成长与幸福发展的过程。

人生之春成长的关键字是“师”，这个“师”不是老子天下第一的“老”师，也不是单纯教孩子知识的教师，而是引导孩子健康成长、发展幸福人生的导师。

人生之夏成长的关键字是“家”，这个“家”是家风、家文化的“家”，好的家风、家文化是所有家人幸福成长的基础。

人生之秋成长的关键字是“悟”，是读书反思、顿悟人生。中年人继续学习和成长，就可以在悟的反思中让丰富的人生阅历点石成金。这不仅可以避免隔代教育的尴尬，也可以让好的家文化得以传承。

人生之冬成长的关键字是“心”，是一颗乐行、乐思、乐学的心。在终生快乐学习、终生快乐工作、终生快乐生活的道路上，耄耋老人不仅可以远离疾病，还可以成为传承智慧的幸福激励源。

总之，家庭关系和谐需要懂“分”、会“合”、肯“悟”。在家庭中，夫妻关系和谐是家庭文化关系和谐的核心激励源，亲子关系和谐是家庭文化关系和谐的高效成长力，敬老关系和谐是家庭文化关系和谐的生命智慧师。

一个以夫妻和睦为核心、尊老爱幼为伦理、平等沟通为心灵智慧、融入时代环境互动成长为方向的和谐之家，是造就一生幸福的源泉和动力。

一个人走过了四季，走过了风雨，走过了星辰，走过了日月……双脚踏过的每一寸土地，都被炽热的心烙下印记，映射着跳动的光辉。那是记忆深处的家，在召唤。

我们一直在寻觅，哪里是我们的精神家园，哪里是孩子们的精神家园？离开城市的喧嚣和吵闹，我们融入大自然。在与大自然和谐相处中度过金色年华，在用神话编织的梦中升华情感……我们好像回到了为兴趣和梦想快乐表演的童年。这里是善待生命的起点，这里是造就我们和孩子一生幸福的源泉。

第二章

好家庭是所好学校

第一节　你活明白了吗

你活明白了吗？这是永续的人生问题。谁都希望活得明明白白，然而谁都有无数的“不明白”。明白了什么是“不明白”的人在反省自己中实现成长，获得了健康成长、幸福发展的机会；不明白什么是“明白”的人自以为什么都明白，在自以为是的“说教”中误导着孩子，也输掉了自己。

好家庭是所好学校。好学校启发人读懂自己，活得明白，于是有了“爱国爱家，相亲相爱、向上向善，共建共享”的好家庭氛围。

据说在很久以前，沙漠中有个古老的游牧部落，长期迁徙，居无定所。但他们有一个坚持不懈的习惯，那就是每行走两天，必须停下来休息一天。这一天，他们载歌载舞，又唱又跳，好不快乐。外人不解地问：“你们为什么不抓紧时间赶路，却在这儿耽误时间呢？”部落首领回答说：“我们的脚步走得太快，而我们的心灵走得太慢。我们要等一等我们的心灵，让心灵跟上来。”

今天，我们在追求物质极大丰富的道路上走得实在太快了，然而，我们的心灵成长的步伐却大大滞后了，以致我们不知道心灵家园在哪里。

哲学家说：人是生理人，也是头脑人，更是灵魂人。这使人能走向自然，走向社会，走向神圣。人不仅需要有物质生活，更需要有一种心智生活，这是人之为人的本质。

人的成长过程既是身体成长的过程，也是心理成长的过程。一个和谐的家庭不仅是富裕的生活，更是家庭成员心灵成长的精神乐园。这个精神乐园是与自然和谐的，是与人类社会和谐的，是与人的心灵和谐的。

人生如棋，棋如人生，一局围棋就像一个人的漫漫一生。人生的过程，其实就是一个学会生存与生活的过程，也是一个在环境中试错与顿悟的不断成长进步的过程。正是这样一个历经风险、战胜困难、磨炼意志、实现生命价值和意义的过程，让人生变得富有诗意，更有价值和意义。

漫漫人生独自行，历尽沧桑到如今。一个幸福的人，就是走好人生这步棋，让人生变得更美的人。生命力的意义，就在于让有限的生命灿烂地活，让无限的生命得到延续。

人活着，无非是两个问题：为什么活？如何活？

“为什么活”是个信仰问题，它是人生的目标和归宿，也是人类成长与发展的原动力和精神支柱。无论你所追求的目标是学业目标、职业目标，还是创业成功的事业目标，最终都离不开对幸福人生的追求。幸福人生有起点，寻找起点需要有回“家”的智慧。

“如何活”是个理性问题。每一个普通人都可以活出属于自己的幸福人生，关键是如何活。活法不一样，人生也会大不一样。人生学是帮助人从“家”出发，活出人生精彩，活出人生尊严，活出幸福人生的点石成金方法。

中国人自古讲究家和万事兴。家文化环境是人类生存的基础环境，一个人的家文化素养高低，直接影响着其人生的发展和未来。无论是我们自己，还是家中的老人和孩子，当人生遇到尴尬时，只要有回“家”

的智慧，就可以重新扬起风帆，让人生绽放出绚丽的光彩。幸福人生有起点，出彩人生从“家”开始。

从“求诸人”到“求诸己”

积极参加学习到底是为了谁？许多家长认为，学习是为提升自己，读书反思和成长不仅能让自己活出人生的精彩，也影响到孩子。孩子在大人“做”的榜样中也会爱上学习，成为“不用扬鞭自奋蹄”的主动学习者。但是也有不少家长认为，学习是孩子的事。这种自身不爱学习的家长，不仅自己难以得到素养的提升，而且总是自以为是地批判、指责别人。孩子在这样的家长影响下，也会变得逆反、厌学和自以为是。

“君子求诸己，小人求诸人”，是指具有君子品行的人，遇到问题先从自身找原因；而小人，出现麻烦总是想方设法推卸责任，撇清自己，从不会去反思自己，从自身找原因。

要想教育好孩子，需要做君子，而不要做小人。这是一个通过读书反思、“照镜子”，不断提升自身素养的过程。

什么是反思？反思就是跟在事实后面，对既有经验和现实对象的重新反复思考。

事实是什么？既有经验能否适应健康成长需要？教育的对象到底是谁？

在家长眼中所看到的事实就是孩子厌学、辍学、陷入网络游戏不能自拔，是逆反、是以离家出走相威胁的言行。

他们的既有经验就是孩子不好好学习是他自己不好，就要“教育”他。他有缺点就要指出，这是为他好。孩子不可理喻，作出不好的行为时，“打是亲，骂是爱”，也都是为他好。教育的对象是孩子而不是家长，家长是需要对孩子施教的教育者。

然而，一个肯于读书反思“照镜子”的家长会在反思中发现新的事实，形成新的经验，并在把自己作为成长对象中获得人生出彩的新机会，也给孩子带来健康成长、幸福发展的机会。

有一位家长在阅读了《爱的教育》《有一种美，叫教育》《给教师的建议》等书后，发现了许多原来自己不懂的道理。用这些书中的思想给自己“照镜子”，发现了自己的问题，并以自己为教育“对象”实现人生再成长，不仅改善了自己的思维模式和心理状态，也在新的形象中影响了孩子，孩子也在健康成长中有了进步。

一是懂得了任何人如果不能教育自己，也就不能教育别人。孩子是在家长“做”的行动中模仿着成长的，孩子不好，往往是家长不好造成的。

比如，孩子总看电视，还经常把电视遥控器藏起来，就是不主动做作业，一旦批评他，他就大声与妈妈顶嘴。在阅读思考中，妈妈发现自己在孩子心中的形象是：一个不爱学习，却整天逼孩子学习的人；一个除了做饭买菜，就是用电视剧打发时光的人；一个容不得孩子不做功课和观看儿童电视节目，整天带着烦恼的面容宣泄情绪，指责孩子的嗓门还特别高的人。一开始吓得孩子不敢吱声，后来孩子和她顶嘴，她反而不说话了。

学习后，妈妈终于明白了，是自己不爱学习，靠看电视节目和玩手机游戏打发时光的消极状态和行为让孩子找到了“榜样”，使孩子在被误导中有理由对督促学习的“口是心非”者说“不”，也变得不爱学习，还陷入了一场与妈妈争夺电视控制权和手机控制权的斗争。而自己将糟糕的情绪像“垃圾”一样倾倒给孩子时，孩子也在反感中作出逆反的互怼行动，成了像妈妈一样倾倒“垃圾”情绪、与妈妈作对的人。特别是在孩子被误导后成了不断发脾气，故意和妈妈作对的“坏孩子”后，妈妈意识到“对付”不了孩子了，选择了默不作声的忍让和放弃，进一步助长了孩子的不可一世。“问题孩子”正是这样在一步步的误导中被“打造”成的。

在这种情况下，这位妈妈一开始只是求助老师和教育专家帮助教育孩子，甚至给孩子报许多“班”，却不承想孩子的问题不仅一直得不到解决，也让自己的人生状态变得越来越难堪。

读书反思，让她对“事实”“经验”“对象”有了重新认识。

原来看到的事实是孩子不爱学习，整天看电视、打游戏，动不动和自己顶嘴；现在看到的事实是自己正在用不爱学习、无聊中整天看电视打发时光、动不动宣泄情绪的言行一步步把孩子误导成像自己一样不爱学习、整天看电视，在逆反中与她互怼的厌学人。

原来自己的经验就是给孩子讲道理，用“为你好”的说教和整天“挑毛病”的管教方式督促孩子学好功课。现在获得的经验是，自己好好学习，孩子才可能天天向上；自己调整心态，改善情绪，孩子才可能心有阳光健康成长；自己学会和孩子平等沟通不发脾气，孩子才可能变得有礼貌、懂事理。

原来认为成长的对象是孩子，现在终于懂得了成长的对象是自己。一个热爱学习、肯于读书、能和孩子平等沟通、愿意和孩子一起成长的家长，一定会有一个热爱学习、肯于读书、懂得在反思中实现成长的优秀孩子。

二是要培养好孩子需要改变思维模式，由挑剔型思维变为发现型思维。

蜜蜂采蜜是一个发现和储存甜美的过程，蜜蜂在采蜜过程中身上沾满了花粉，在四处飞行中传播了生命信息。如果我们也能像蜜蜂一样，用寻找传播甜蜜的“发现思维”对待孩子，孩子的心灵美也就很快会被唤醒。

每个孩子心中都有三对“纠缠”：“善神”与“恶魔”；“智神”与“愚魔”；“乐神”与“苦魔”。教育就是唤醒孩子心中的“善神”（善良）、“智神”（智慧）、“乐神”（快乐），让孩子有能力在扬善中抑制心中的“恶魔”（邪恶），在明智中战胜“愚魔”（愚昧），在唤醒心灵阳光中远离“苦魔”（痛苦），孩子就会心有阳光人有梦，目中有人心有家，自强不息行有路。

作为家长，是发现孩子身上的亮点，在优势方面做优秀的引导，还是挑剔孩子身上的毛病，在劣势方面做拙劣的误导，将决定孩子实现卓越发展，还是平庸厌学、不求上进。

正是思维模式的改变，妈妈在孩子心中的形象也发生了改变。原来对孩子的作业是鸡蛋里挑骨头，考试前警告，考试后怪罪。现在改成从作文中挑出好句子予以肯定，考试前陪伴，做好服务，考试后，即使成绩不理想，也鼓励孩子总结经验教训，做到“有进步”就点赞。正是家长包容差异，接纳孩子充满“错误”的正确行动，孩子也成为目中有人的善良人、自动自发的好学人、阳光心态的幸福人。

是“育人”还是“造器”

家这所“学校”承载了中华文化的精髓，家是一所传承文明和智慧的学校。家庭这个培养人如何做人、如何做事、如何相处、如何创新的责任一直没有中断。一个没有家教的人、一个没有家文化底蕴的人，即使掌握再多的知识，也很难造福人类，也不会有人生的成功和幸福。办好家庭这所学校，一直是需要全社会关注、家庭成员全员参与的一项系统工程。

要解决育人问题，首先要解决家庭环境问题。放弃家庭这所学校的环境建设，就很容易让孩子迷失方向，未来竞争力将会大大降低。

在家庭教育中，以“什么也不干，只把功课做好”的功利化育才思路，一旦失去育人的目标，将会舍本逐末，孩子出现厌学、网瘾就在所难免。

一个孩子在给老师的一封信中这样写道：

我从小在妈妈的羽翼下生活，几乎没什么生活能力可言。她包办了一切家务，让我难有参与的机会。即使主动端盘子、夹菜、擦地、洗碗，也在妈妈温柔的拒绝中失去机会。妈妈忙家务时，我只有电视陪伴，电视就像可爱的“保姆”，陪伴我度过课余时光。渐渐地，我成了除了看电视，对什么也不感兴趣的人。即使作业再多，我也不情愿离开电视画面，我成了不断被人督促学习的人。（远离家务生活体验，电视成了心灵“保姆”）

尽管父母有时带我出去玩，我却认为景点再美也不过是照几张照片而已；商场再大，也不过买几件玩具而已。照片被扔到一边没人看，玩具只玩了几天就进入储藏间。早教班又是学琴，又是英语，我开始厌烦爸爸掰着我的手指练琴，厌烦天天重复的读写训练。渐渐地，我成了对什么也不感兴趣，什么也不会干的大婴孩。（缺乏自然情趣、人文情感的“玩”成了没意思的苦“学”）

爸爸妈妈又在为我的事吵架。爸爸指责妈妈只知道溺爱，不会教育，我的学习成绩越来越差。妈妈埋怨爸爸整天忙工作、忙应酬，不和她一起管教孩子，即使偶尔管教也是暴躁的“戾爱”。

爸爸去开家长会，听到老师说我成绩差，回来就训斥。越训斥越逆反，终于有一天他恼羞成怒打了我一拳。他情急之下就动手的行动让我特没脸面，也变得脾气暴躁起来。我不知道我会不会作出不该做的傻事来。（“溺爱”“戾爱”都不是真爱，逆反便成为必然）

进入初中后让我感到更难堪。我害怕老师提问，讨厌同学异样的目光，最终在一次次故技重演的“肚子疼”中又一次逃学在家。

我挨打挨骂，谁也不怨，我知道大人都是为我好。可我实在不想上学，不仅功课跟不上，而且找不到任何自信和自尊。

都说父母望子成龙，我却根本成不了龙。不做作业，我不知道该做些什么事。

救救孩子，需要父母成长自己，不再“误导”。

什么都别管，剥夺了孩子玩中激活“情”，做时唤醒“爱”的机会；一旦弱化了生存能力，学习也变得枯燥起来。

补课看似增加了学习时间和机会，实际上超出接受能力的“加负”只能把孩子逼得越来越不爱学习，也降低了所学知识的含金量。一个除了做功课，什么生活能力也没有的孩子很难找到自信与自尊。

焦虑中的说教和打骂，只能使孩子在逆反中变得心更烦、手更懒、学习能力更差。

脱离现实生活体验的“愚”学“昧”思，很容易把孩子逼进虚拟世界而难以自拔，陷入网瘾就成为必然。

面对厌学、网瘾的孩子，提升家庭文化素养，发展美好幸福人生。

是“创境”还是“寻方”

一位家长向朋友请教教育孩子的方法。这位朋友在倾听了她的诉说后，给她开了个“良方”。

一是“闭嘴”，不要再用唠叨和指责宣泄情绪。坏情绪会在“传染”中让家人受到伤害。尽管她以为说的都是对的，而且是为孩子好。可在孩子心中，所有的“说教”都成了“正确的废话”。这种居高临下的情绪宣泄难道不应当停止吗?

二是重视家庭环境的建设。家庭关系和谐了，即使孩子“受伤”，也容易康复。夫妻整天争吵，父母对孩子的认识没有共识，管教方法又发生冲突，孩子在家庭中得不到心灵的慰藉与唤醒，想重新扬起风帆就变得困难起来。

三是在陪伴孩子“玩”中激活孩子的自然情趣、人文情感、心灵情操；在鼓励孩子“做”中帮助孩子在现实世界中找到兴趣源和成长机会。一个在“玩”中激活了“情”，“做”中唤醒了“爱”的孩子会走上学习化生存、智慧化生活、意义化生命的幸福人生道路。即使受到某种因素影响而出现厌学倾向，也很容易在自省中实现自我纠正。

这位家长明白了其中的道理后，不再整天指责孩子，而是平等和孩子沟通；在孩子所能见到的一切场合不再发生夫妻争吵。她开始用陪着孩子慢慢走的心态给孩子创造了一个个成长机会，还主动和孩子的好朋友平等交流。

孩子也在陪妈妈做饭、给妈妈当“小老师”、一起做志愿者、教小弟弟小妹妹“玩中学”中渐渐开始“苏醒”。妈妈也根据他的认知水平，挖掘孩子的特长，在不强求最好、鼓励更好中让孩子对自己的人生越来越有自信，并一步步取得好成绩。

我们发现，过高的期望往往带来的是失望。在宽容中接纳、赏识中发现、关爱中陪伴，能让孩子在“更好”中重新扬起风帆，也避免了“更坏”的结果。

生命因境而生，因境而变。改变生命并不难，只要改变生存之环境。

当孩子出现问题时，很少有人从孩子的生活环境中找原因，而是到处讨要解决问题的“良方”。其实“踏破铁鞋无觅处，得来全不费工夫”，解决孩子问题的“良方”就在“家”中。

一个生态和谐、关系和谐、身心和谐的家境，是孩子幸福人生的起点，也是唤醒孩子智慧心灵，重新扬起人生风帆的动力之所在。

对于家长来说，面对“问题孩子”，往往是绞尽脑汁，到处寻找解决问题的“良方”。从训斥、打骂、限制到找亲朋好友“教育”，但效果微乎其微。

家庭教育指导，就是帮助家长明白“面对孩子是自己第二次成长”，建立关系和谐、充满书香味的家庭环境。让缺乏生活体验的孩子重新走上学习化生存的道路。要引导孩子融入社会实践，让孩子拥有大视野、观察大环境、建立宏观思维的意识，让孩子重新爱上学习，让孩子在

“情”和“爱”的引导下走上学习化生存、智慧化生活、意义化生命的幸福人生道路。

教育其实就是“创境”和“唤醒”。

第二节　家有书香人自贵

读书虽不能使人生变长，却可以让人生变宽；读书虽不能改变人生的起点，却可以改变人生的终点。好家庭是所好学校，我们要获得学习化生存、智慧化生活、意义化生命的幸福人生，离不开读书与思考。

坚持阅读和思考，可以提升人生的维度，活出人生的精彩，让有限的生命灿烂地活，让无限的生命得到延续。

孤独前行中的幸福陪伴

我们一直在寻觅，哪里是我们的精神家园，哪里是孩子们的精神家园？离开城市的喧嚣和吵闹，摆脱了“当一天和尚撞一天钟”的烦恼，让我们回归自然。这里是善待生命的起点，这里是造就我们和孩子一生幸福的源泉。观察可以让我们树立宏观思维意识，我们就会在“站得高，望得远”的人生中活出更精彩的人生。阅读，让我们有了“登高望远”的智慧，我们正是在阅读和思考中唤醒了“梦”，找到了“家”，走好了“路”，让人生绽放出更美丽的光彩，让幸福时时与我们和孩子相伴。

一个缺乏书香的家，即使富可敌国，心灵也是孤独的、无聊的。

我们每天穿梭于城市之中，忙碌于紧张的工作，被人群包围，可仍然有苦无人诉，有乐无人享，我们感到孤独。看似其乐融融的家却冲突不断，难有和谐相容；抑或看似平和无争的家，却难觅心灵的知音。

婚姻中的孤独来自爱情之树的枯萎与停止成长。当欲望之火燃起的“性爱”不能升华为包容差异、不忍伤害、文化融合的“情爱”和“慧爱”时，婚姻双方就很容易陷入孤独和尴尬。

成长中的孤独来自家境的失谐。当一个家庭陷入冲突和冷战时，亲情依恋的人就会形同陌路。爱的陪伴就会成为自以为是的管控，源于内心的渴望就会得不到理解和回应，看似靠亲情维系的家还在，却逃脱不了内心的孤独和寂寞。一个看似热热闹闹的家，心灵的孤独让每一个家人都生活在难堪和尴尬之中难以自拔，处于弱势的孩子往往在孤立无援中选择逃避。

幸福人生始于家，摆脱孤独始于心。一颗在“家境”中养育出的善良、智慧、快乐的心才是支撑起人生幸福的根基。于是有了“行有不得，反求诸己”的智慧选择。子曰：“君子求诸己，小人求诸人。”家庭教育的意义在于为自己健康成长而“正心”。这是幸福的秘密之所在，也是远离孤独的明智选择。

人们都追求美好幸福的生活，这是生命意志使然，也是摆脱孤独的动力之所在。

叔本华认为，生命意志是主宰世界运作的力量。也就是说，这个世界是一个生命意志“参与”的世界。你可以这样理解：你是什么样的人，世界就是什么样。你是什么样的父母，就会造就什么样的孩子。

人们喜欢蜜蜂，是因为蜜蜂到处寻觅，发现甜美，采集花蜜，传播花粉，使植物通过授粉，生命得到延续。蜜蜂与植物实现了生态和谐中的共生与前行。

具有蜜蜂思维的人能在发现美中远离孤独，而善于发现美的人能幸福前行。

尽管每个人都不希望自己孤独，却不得不学会接受孤独。我们发现，心灵的陪伴才是远离孤独的秘密之所在。

正是“孤独”中的阅读和思考，让人们获得了心灵陪伴，也获得了心灵的升华。一颗得到滋养的心灵，会获得越来越大的生命能量，并在生命能量谐振中找到最美的“另一半”。

叔本华认为，想要幸福，首先要保持身体健康。然而，快乐的心情和幸福的人生并不完全依赖于身体健康。因为一个人也许身体健康，但精神上却可能忧郁悲哀，心情低落沮丧。这样的人不会幸福。

在做事的时候，心理不健康的人即使十次有九次成功也不会高兴，永远会为其中的一次失败而耿耿于怀。他们对孩子也是这样。孩子身上有许多亮点，他们却不以为意，只要孩子有一次做得不理想，就会抓住不放，自称眼里揉不进沙子，不惜在伤害中让孩子的心灵受伤，也不会停止自己的宣泄行为，以致离幸福越来越远，毁掉了孩子的人生。

相处的时候，心理不健康的人只要有一点儿不合己意，就会愤愤不平，非要争出个子丑寅卯、谁高谁低来。他们对孩子也是这样。自身水平不高，却总是居高临下管教孩子，而自己却不爱学习。他们挂在嘴边的话是“没时间陪孩子，对不起孩子”“没时间学习，工作太忙了”，可真的有了时间，却是身陪心不陪，只“说教”孩子学，自己却不学，整天因为管教孩子搞得家里鸡飞狗跳，冲突不断，家庭关系也越来越紧张。我们发现，那些缺乏人文素养，动不动吵架，情急之下就动手的人，心理往往不健康，也会在孤独中远离幸福人生。

认知的时候，心理不健康的人容不得别人比自己高，即使明知自己错了，也要千方百计找借口，指不定什么时候还会抓住对方的短处好好奚落一番。他们对孩子也是这样，总认为“我吃过的盐比你吃过的饭还多”“你不懂，只有我教育你，你敢不听我的话”。认知上的自以为是，往往在孤独中到处碰壁，也远离了幸福的光临。

有些人常说自己命运不好。其实不是命运不好，而是没有读懂自己。

他们不懂得反思和觉醒，不懂得“行有不得，反求诸己”的智慧，于是前行的路越走越难。

只有读书、反思、正心、顿悟，方能找到走上幸福人生的起点。于是有了“路之遥”的思考。读书，成长，做好人，幸福人生“梦－家－路”。这是走上学习化生存、智慧化生活、意义化生命的幸福人生道路的明智选择。

叔本华认为，痛苦和无聊是人类幸福的两大天敌。

不善于自省的人总是处在痛苦和无聊之中无法摆脱。在为生存的奔波中，他们不得不整天在“痛苦”中挣扎，为生计劳碌。为什么思想狭隘的人容易受到无聊的袭击，其原因在于他们的思想纯粹服务于自我欲意，成了欲意的工具。而读书反思的“学而思”过程，其实正是“欲意我”升华为“精神我”的过程。一个有精神世界的人面对闲暇不仅不会感到无聊，而且会充分利用这一机会享受自己应有的精神生活。于是，他们开始创造更多的闲暇，去展现自己所能，并在这种展现中享受到一种他人享受不到的幸福和快乐。

人生的幸福不仅取决于物质极大丰富，更取决于精神的富有。精神越富有，留给无聊的空间就越小。这样，人的思想活力就会奔腾不息、永不枯竭。他们总是乐于寻找每一种新鲜的素材，并愿意将它们加以重新组合，获得真知——这些会让人兴奋、精力充沛，绝不会陷入无聊之中。

学习和思考是通向人生幸福的途径。学而不思则罔，思而不学则殆。

人们正是在阅读、反思中实现成长和发展，走上学习化生存、智慧化生活、意义化生命的幸福人生道路。

一个人的阅读史，就是一个人的心灵成长史。读书虽不能使人生变长，却可以使人生变宽。读书虽不能改变人生的起点，却可以改变人生的终点。阅读能让人生远离孤独，思考会让灵魂绽放光彩。

一个人的气质里不仅藏着他读过的书，也藏着他的人文情怀。这些内容构成了一个人的精神品格，也决定着一个人对幸福的感知能力。

世界上有两种东西是无限的：一个是我们置身其中的浩瀚无垠的宇宙，一个是我们的心灵世界。一个人的阅读史就是一个人的心灵成长史，远离孤独，获得幸福，最重要的是读书、思考、实现健康成长。

我们发现，生命力的意义其实就在于让有限的生命在心灵谐振中灿烂地活，让无限的生命在心灵谐振中得以延续。

重建我们的精神家园

人类社会是一个从野蛮过渡到文明，从无序走向有序的过程。良好的自然环境是人类赖以生存的基础。随着人类对自然环境的破坏，人类在追求文明发展的同时，也制造着许多麻烦。人类所遭遇的难题——环境污染、生态失衡、资源匮乏、文明冲突等危机越来越严重。

我们曾以为物质文明的昌盛和科学技术的发展会使人类生活得更自由、更快乐。然而，现代工业和现代科技在给人们带来便利的同时，并没有使我们感觉到更快乐、更自由。我们发现，物质文明不断进步的同时，我们的精神家园却日渐荒芜。网络技术使地球变成了一个村庄，足不出户就可以了解世界上发生的一切，就可以和地球上任何一个角落的人聊天；但我们却感到寻找一个心心相印的朋友是那么困难，我们的心被孤独和寂寞所蚕食。

现代经济借助现代科技的发展，创造了大量的物质财富，然而我们并没有感到身心的解放，却感到“经济暴力”的恐怖。

现代社会的娱乐方式比任何一个时代都丰富多彩，现代人的精神世界却日益贫乏，很多人丧失了自省意识。

在许多人眼里，挣钱成了生活的目的，人成了金钱的奴隶。他们即使衣食无忧，却无法从工作中得到乐趣，而是感到无聊。因为工作的唯一目的是挣钱，当他们无所事事时，不知道该如何打发时光。他们最怕独处。为什么他们会空虚无聊，因为他们远离了生机勃勃、充满灵性的大自然，没了感动，没了眼泪，没了发自内心的欢笑。

当一个人以功利心面对周围时，也就没了感觉、感触、感情、感动。一切都以是否“有用”为标准，这不能不说是一种悲哀。当人们生活在与大自然隔绝的“牢笼”中时，爱成了稀缺品，信仰出现危机，精神会颓废。当人的欲望被无限放大时，道德的禁忌就会土崩瓦解，荣辱观就会倒置，丛林法则盛行。在这种情况下，人还有什么诚信和道德可言？

人一旦失去信仰，“实利”就成了唯一，道德和信仰危机会成为十分可怕的事。

只有回归自然，唤醒我们的智慧心灵，重建我们的精神家园，才会有社会的和谐。社会和谐的基础是家庭，如果人人都有一个精神家园，人人自觉成为社会和谐的激励源，我们的社会精神之塔就会重建起来。

如何走出混沌、如何重建我们的精神家园，不仅是全社会需要关注的问题，也是每一个崇尚自由和幸福的人需要关注的问题。

人们在面对这种尴尬，一个聪明的孩子却为我们提供了有益的启示：

一位老师为了让不听话的儿子安静下来，在旁边屋里自己玩，以便他能安心研究问题，从旧杂志上撕下了一张五颜六色的世界地图，又将这张地图扯成几十块小碎片，让他的儿子到旁边屋去拼接，并说拼对了有奖。这位老师满以为可以换回足够的时间去研究问题，哪想到，孩子几分钟后就拿着地图来领奖了。是什么原因让一个根本不熟悉世界地理的孩子能够迅速拼出世界地图呢？孩子的回答令人惊叹：“这个问题太简单了，您没看到这张世界地图的背面是一张人像吗？只要从另一面开始拼，把人像拼了，世界地图也就拼好了”。

多么令人振奋的哲理：把人做对了，世界也就对了。

人是浓缩的“小宇宙”，只有“至虚极，守静笃”，才能明白“我是谁”。人正是在心灵成长中追寻梦，建设家，走好路。

阅读的方法与层次

幸福人生始于心。心灵成长来自静下来的深阅读，快餐式的浅阅读可以获得资讯，而学思结合的深阅读是提升理解力、提升自我的过程。在阅读中实现融会贯通，在阅读中提升人生的高度、深度、广度，是从普通走向卓越的必经之路，能让我们的人生取得成功。

阅读有四个层次，不断提升阅读层次，可以让我们把知识变为智慧，把智慧变为力量，引导着我们走上学习化生存、智慧化生活、意义化生命的幸福人生道路。

第一个层次：基础理解阅读。基础理解阅读是一种主动接受知识的过程，因理解能力不同，学习效果也会有所差别。小学生通常处于基础理解阅读阶段。在小学阶段，除了所学功课外，鼓励孩子们多阅读一些课外书，既可以增加识字量，也可以提升理解力。小学生喜欢“玩”和“做”，在“玩”和“做”的实践体验中坚持阅读，可以提升理解力和所掌握知识的含金量，并会变得更爱学习和实践。但是，如果作业负担过重，虽然识字量会增加，知识要点掌握得更多，但容易在缺乏“实”的体验中降低对知识的理解力和学习兴趣。一些孩子长大了之所以不爱学习，往往和小时候过重的学习负担有关。不少成年人虽然也在读报看书，但是由于没有提升阅读层次，学习效率往往不高。也有不少成年人在忙于工作中连这种最基础的阅读也丢掉了，心灵成长的层次就会受限。基础理解阅读阶段的学生面对考试往往采用死记硬背的方法学习，理解力强的学生可以在理解的基础上做到举一反三。一些小学生往往基础理解阅读能力不足，一方面是识字量不高，另一方面是缺乏主动识字的兴趣，理解力差。要想提升孩子的基础理解阅读能力，早期家庭书香氛围的支撑就显得很重要。古人讲“幼儿养性，童蒙养正”。在幼儿养性阶段，如果家长喜欢阅读，又能陪伴孩子看图识字、讲故事，孩子就容易静下来体会阅读的快乐，增加阅读的兴趣。在童蒙养正阶段，如果家长能陪伴孩子通过“玩”多观察，就可以激活孩子的自然情趣、人文情感、道德情操。孩子在体验生活中识字量提高，不仅让孩子更爱学习，而且对知识的理解力会大大提升。有些家长重视孩子能认识多少字、背诵多少首诗，认为这样才可以赢在起跑线上，却忽视了“玩”的体验和“陪伴阅读”，最终会输在后续学习过程中。

第二个层次：系统检视阅读。在一定时间内，通过高效阅读，掌握一篇文章或一本书的重点与核心内容，并从整体上对知识体系有所把握。这种阅读不需要逐字逐句地慢慢品味，而是浏览中的略读和重点内容的细读，是在阅读思考中把握其整体结构和重点内容的过程。对于初中阶段的学生来说，除了学好功课，还需要在博览群书中丰富知识体系。在大量的广泛阅读中，不可能每一本书的每一个章节都需要细细读完。能在广泛阅读中扩大视野，发现相关的知识重点，丰富原有的知识体系，就需要这种系统检视阅读。在知识考核过程中，出题者往往会给出一段文字，要求答题者理解其意，并对提出的问题作出回答，这对被考核者的系统检视阅读能力是个考验。系统检视阅读能力高的人很快能抓住要点作出相应回答，而系统检视阅读能力低的人往往在阅读上花费很多时间却不得要领，出现答非所问的情况就在所难免。提升系统检视阅读能力可以从阅读一本自己喜欢的书籍开始。建议首先阅读前言、序言等，以把握整本书的核心思想，抓住重点内容阅读后续章节。为了把握整体结构，认真阅读目录也是十分必要的。根据目录中的重点内容，在后续浏览中重点关注，可以收获较好效果。

一个爱读书的人，能在系统检视阅读中扩大视野，丰富知识结构，并有可能形成特别痴迷的爱好，成为能力和特长。这种能力和特长会让他更有自信，为进一步提升学习层次做好准备。达到系统检视阅读阶段的学生面对考试时，因阅读广泛，知识面广，所以理解力强。初中阶段，一些学生往往系统检视阅读能力不足，一方面是在小学期间阅读量不够，缺乏主动阅读的兴趣；另一方面缺乏“做中学”的实践体验，不仅理解力差，而且缺乏兴趣爱好和特长。要想提升孩子的系统检视阅读能力，引导孩子不仅关注学科功课，也要在为兴趣和梦想快乐表演中发现自己的兴趣爱好和特长。一个孩子有丰富的“做中学”“学中做”体验，就容易发现自己的特长和优势，并在展示这种特长和优势中找到自信，从而提升学习的动力和能力；就能在广泛阅读中主动寻找和自己认知相关的更多资讯和信息，从而进一步提升阅读能力。把这种相似性体验移植到其他学科和领域，也会让孩子的综合素质得到提升，成为有爱心、有爱好，又爱学的人。有些家长只重视孩子的学科成绩，忽视孩子的兴趣爱好，反对孩子阅读“无用”的书，忽视了“做中学”的体验，不理解孩子在广泛阅读中可以实现自我认知和自我反省，以致孩子在被动管束中出现青春期尴尬，不仅变得不愿意学习，无法在主动阅读中学会自我认知和反省，而且出现逆反、厌学。

第三个层次：深层分析阅读。深层分析阅读是对一本书的全面阅读、完整阅读、深入阅读。系统检视阅读与深层分析阅读的不同之处在于，前者是在有限时间内的完整略读，是浅尝辄止，抓住重点，借鉴之为我所用；后者是无限时间内的完整精读，是咀嚼消化，与书融为一体。

如果阅读仅仅是为获得一些资讯或是消遣，没有必要做深层分析阅读。但如果要真正研究一门学问，并具备一定的理解分析能力，就一定要进行深层分析阅读。对于高中生来说，在学习相关基础理论时，要逐渐提升深层分析阅读能力，为进入大学进行研究型学习做好准备。

达到深层分析阅读阶段的学生面对考试可以作出认真严谨的分析和解读，能大大提升无师自通能力，这为理论和实践相结合解决问题铺平了道路。

高中阶段，一些学生表现出深层分析阅读能力不足。一方面是他们在初中阶段缺乏兴趣爱好，阅读量不足，知识面窄；另一方面缺乏把兴趣爱好升华为理想和意志的动力，以致造成进入高中了还在被动地接受知识灌输，缺乏主动学习的意识和能力。他们所掌握的知识往往是零碎的、不系统的。高中阶段的孩子除了学习教科书中的内容外，大人应当鼓励他们读些哲学与文化、科学与技术、历史与社会的书籍，这对他们发现世界、把握人生、深入学习是有益的。

有些家长只重视孩子应对高考，让孩子两耳不闻窗外事，一心只读教科书，忽视孩子需要根据社会发展去完善自己的知识体系，反对孩子阅读与高考无关的书籍，容易让孩子被动苦学。即使考上大学，也难有主动学习、深入阅读的兴趣和能力。

第四个层次：高层主题阅读。做高层主题阅读往往是围绕一个主题阅读多部相关书籍，并在对比分析、提炼整合中，形成对主题的较为完整的系统知识体系。

在大学阶段，学生除了继续深入学习相关知识外，研究型学习已成为常态。在与老师亦师亦友的学习成长过程中，需要围绕某个或多个主题进行深入研究和实践。为了攻克某一课题，需要在包容差异，优势互补中实现智慧整合。这就需要阅读大量相关资料和书籍，在研究型学习中找到方向，形成体系。

达到高层主题阅读阶段的学生面对考试，不仅有博览群书的吸收力、深层阅读的理解力，还有融会贯通的智慧力。

大学阶段，一些学生往往体现出高层主题阅读能力不足，很难适应研究型学习的需要。一旦不能适应与老师亦师亦友的互动学习成长模式，就很难实现“智”学“慧”思中的融会贯通，对未来就业和创新发展会造成不利影响。高层主题阅读能力不足的原因：一是缺乏深入阅读的基础，二是没能把灌输式的被动学习方法提升为主动构建知识体系的系统框架式学习方法。在大学期间，一方面要重视基础理论的学习和掌握，另一方面要在广泛阅读、分析对比、智慧整合中发现重要选题，围绕选题广泛学习和整理，形成一套体系并表述出来。

对于进入高层主题阅读阶段的孩子来说，家长的陪伴阅读已经不再重要，但与家长亦师亦友的交流却显得更为重要，特别是引导孩子关注相关知识，提升融入社会的本领和能力，成为家长需要关心的问题。对于孩子来说，最重要的不是拿到一张文凭、找份工作，而是获得一种学习化生存、智慧化生活、意义化生命的人生状态。这是实现创新发展、持续发展的重要保证。

读书与思维

读书是学习，使用也是学习。把读书与实践结合起来，是一个通过思维构建起知识体系的过程。学而不思则罔，思而不学则殆。把读书与思考结合起来，才能让知识升华为智慧。

人们的认识是否受限，和人的思维模式有关。

要改变狭隘的思维模式，就要学习和感悟“系统思维，阴阳辩证，天人合一”的“易”智慧。关注全生命周期的健康成长与幸福发展，就不会整天逼着孩子考高分，而是为孩子一生的健康成长、幸福发展创设良好的家庭环境，唤醒孩子终生快乐学习、终生创新工作的素质。具有新思维模式的家长已经不再逼孩子写作业，而是在陪伴“玩”中激活“情”，鼓励“做”中唤醒爱，让孩子成为自主学习、主动学习、学习成绩更好、掌握知识含金量更高，能实现卓越发展的好孩子。

思维模式简单、自我，就是认为事情不是黑就是白、不是对就是错，而且是我对你错，我说你就得听，你不听我就打，以致造成孩子厌学、网瘾等情况发生。改变这种思维模式需要学习和感悟“包容差异，优势互补，智慧整合”的“龙”智慧。

显然，在家庭中陪伴孩子成长，需要给孩子试错与顿悟的机会，理解孩子用充满“错误”的正确行动实现健康成长的过程。那种以分数高低把孩子分成“好孩子”和“坏孩子”的思维模式，不仅会伤害孩子的心灵，而且会埋没一些有特长和潜力的优秀孩子。

思维模式懒惰、僵化，体现在人云亦云，盲目接受某种误导，在跟风中上当受骗。这种人往往自以为是、固执己见，很难听进不同意见和观点。他们教育孩子就是“听我的话，没错”。一旦孩子发生逆反，就会出现情急之下就动手的状况。改变这种思维模式需要学习和感悟“自强不息、厚德载物，知行合一”的“魂”智慧。

世界是复杂的，在某一方面你可以成为行家里手，但在更多的方面还需要向他人学习，甚至向孩子学习。思维模式一旦改变，就会具有上善若水的“处下”智慧，就会懂得山外有山，从而积极学习，不断改变自己已经过时的思想和行为。在家庭中，用“发现型思维”代替“挑剔型思维”，用“自强型思维”代替“懒惰型思维”，既能提升我们的心灵境界，也可以唤醒孩子的积极思维、辩证思维。

人生的维度

一个好的人生就是一个学习化生存、智慧化生活、意义化生命的幸福人生。要想活出人生精彩，实现生命的价值和意义，获得幸福人生，就需要提升个人素质。家庭是通过学习来提升个人素质的起点，我们正是从这里出发，在阅读和思考中提升人生高度、深度、宽度、广度、长度、久度。

高度，即哲学的高度。这是对“我是谁”“从哪儿来”“到哪儿去”

的深刻思考和感悟，也是明白人“为什么活”和“如何活”的过程。

人活着，无非是两个问题：为什么活和如何活。

“为什么活”是个信仰问题，它是人生目标和最终归宿，也是人生发展的动力和精神支柱。

“如何活”是个理性问题，其目标是使人获得更多的自由。为了摆脱自然的束缚，人类创造了科学；为了摆脱社会的束缚，同时又不能损害别人的自由，人类创造了民主。读书和反思，就是一个提升人生高度，让人活得更好的过程。

人生有了高度，生命就会变得更有意义。反之，人生没了目标，生命的价值和意义也会大打折扣。

深度指心学的深度。这是对人性的彻悟，也是对心灵的唤醒。从心理学角度来说，人是欲望的动物，某种欲望如果不把它关进制度的笼子，不实现道德的唤醒，就会危害他人、危害社会。于是有了儒家的仁爱文化，有了从“欲望我”升华为“道德我”的选择。

人的欲望同样需要通过心理学上的移植机制升华为一种智慧力量。这就有了多元智能的唤醒和开发，有了融入大自然的情趣和爱好，有了为兴趣和梦想快乐表演的过程，有了道家倡导的无为而治和心灵远游。人的欲望也需要通过心灵的沟通和成长而变为一种信念和意志，于是有了对心理学上的防御机制的研究，有了对佛家“觉悟观”的认知，有了读书、反思、提升人生境界的需要。显然，发展人生的深度，能提升人的人格魅力，唤醒巨大的成长动力，让人活出最好的自己。

宽度是指美学的宽度。这是追求人生美的智慧，是人类诗意栖居大地的情怀，是让人文精神伴行的过程。美学给人生以启迪，引导人的心灵健康成长。

主动学习者总会不断拓宽视野，把自己融入大环境，因而就有了宏观思维意识，就有了有别于其他人的人生命运和成功轨迹。

读书虽不能使人生变长，却可以让人生变宽。读书虽不能改变人生的起点，却有可能改变人生的终点。

广度是指科学的广度。这是人类适应自然而需要发展的科学智慧。树立科学发展的思路，既能让人类摆脱自然的束缚，又能够保护好生态，实现生态和谐中的可持续发展。学习自然科学、社会科学、思维科学等，是实现科学发展的重要选择。

知识就是力量，智慧改变人生。显然，科学发展需要广博的知识，需要把知识变为智慧，让智慧变为力量。

长度是指经学的长度。无论是儒家十三经（《易》《诗》《书》《周礼》《仪礼》《礼记》等），还是老庄的《道德经》《南华经》，都在中华文化中得以流传，成为不朽之作。

久度，即史学的久度。体现在对传统文化智慧精华的继承和发展。以史为鉴，我们的人生可以少走弯路，历史的经验值得注意，值得借鉴。人生正是在读史中得以丰富。同时，人所做的一切，也要经得起历史的考验，不能为了一时之利牺牲子孙后代的可持续发展。

第三节　幸福人生始于家

原生家庭遇尴尬

当孩子一天天长大，我们常会被孩子的一个个不令人如意的表现所困扰。比如：孩子总是爱吃手；性格内向不合群；胆小怕事，没有安全感，爱动手打人；上学后不爱学习，专注力不强；不听话，逆反；丢三落四；说谎；不懂礼貌；动不动发火；总怪罪别人，为自己的错误辩解；自私自利；在学习上推一推才动一动，没有主动性……

作为家长，看到孩子的问题很容易产生焦虑情绪，对孩子不是批评就是指责，把这种情绪化的说教和指责当作正常的教育。其实，这种教育在实践中被证明是不管用的。许多家长听专家报告、看教育类书籍，都是在寻找教育孩子的好方法。然而，令人尴尬的是，这些方法往往只能成为“头痛医头，脚痛医脚”的临时措施，孩子的表现往往改变不了多少，看起来教育似乎是没有用的。然而，令人不解的是，既然教育（说教）是没用的，可家长仍然在不停地教育孩子。他们之所以这样做，一是看到孩子的“不对”忍不住总要说说（宣泄）；二是认为孩子不教育就会变坏，用“教育”把孩子变成被动接受督促的人；三是怕别人会说“惯”孩子，为了自己的面子而伤害孩子的面子。

其实，这种教育往往是没用的。孩子的问题不是缺乏教育产生的，而是他的原生家庭环境出了问题。这就不得不让我们反思，我们给孩子创造了什么样的原生家庭环境？当孩子出现问题时，我们为什么不能从自身找一找原因，我们能不能通过反思，学会给孩子创造一个好的原生家庭环境呢？

心理学研究表明，原生家庭的生活经历对性格起到至关重要的作用，生活中很多解不开的死结都跟原生家庭有关系。人的一生中会有两个家。一个是我们出生、成长的家，这是父母为我们提供的原生家庭。我们自身的所有问题其实都和这个原生家庭有着千丝万缕的联系，它会影响我们的一生。另一个是我们结婚后建立的家庭，这也是你们的孩子的原生家庭。对于有些人来说，原生家庭的影响可能是阴霾与痛楚大于阳光和雨露，如果不能实现自我认知，就会把原有原生家庭的阴影带给孩子，影响孩子的一生。而我们往往好面子，不肯承认自己过往的经历，以致把阴霾和痛楚带给我们的影响继续带给孩子。原有原生家庭发生的事情，我们无法负责，也没有理由埋怨我们的父母。但是，当我们有了孩子，我们所做的每一个选择就要负起责任。因为你现在给孩子的原生家庭，孩子的命运就掌握在你的手中。当孩子出现问题时，不是只用“正确的废话”去教育孩子听话，而是反思自己、改变自己，为孩子创建一个崭新的原生环境，让孩子从这个新环境出发，走向幸福的明天和未来。

小刚上幼儿园没几天，就不断有家长来告状，说小刚打了他们的孩子。小刚回家后，爸爸开始“审问”他是不是打了人。一开始，小刚不承认，说没有打人，爸爸挥起手就打他。在爸爸的威严压力下，小刚终于承认了打人行为，但又强调是别人先抢他的玩具。爸爸批评了小刚，告诉他不许再打人，小刚也答应不再打人了。可第二天，小刚因为玩玩具和其他小朋友发生争执，又动手打了人。这让小刚的父亲很不理解。为什么自己教育了孩子，而且孩子已经答应改正错误，不再打人了，可第二天却又犯错误呢?

原来是小刚的原生家庭环境出了问题。在原生家庭中，孩子通过观察成年人的言行，不断形成自己的价值体系和交往方式，并在日后把它带入自己的社会关系中。小刚的爸爸从小就是在父亲（小刚爷爷）让罚站、打屁股中长大的，形成了“情急之下就动手”的情绪应对模式和“孩子犯错就要打”的亲子交往方式。小刚的爷爷又是个爱批评别人不是的人，这也影响了小刚爸爸的思维模式和行为方式。在自己组成家庭后，这种原生情结被带进来，习惯于埋怨别人的不是，情绪化地对待家人和与之发生冲突的人，而不善于反思自己的不足。无论是发生冲突脸红脖子粗地“较真”争理，还是对孩子动不动以教育（管教）为名实施暴力惩罚，都反映出其原生家庭环境的阴影。如果不能认知，很可能自己所爱的孩子成为令人痛心的“问题人”，长大后家庭生活也会不幸福。

小刚通过观察模仿，习得了与爸爸相仿的情绪应对模式和人际交往方式，并把这种情绪带到了幼儿园。而小刚的爸爸如果只是情绪化惩罚孩子，不仅不能解决问题，反而让自己成为伤害孩子、误导孩子的罪人。

在生活中我们常常会发现，一种情绪处理模式和人际交往方式共同出现在同一个家庭成员身上，这便是原生情结影响。

这种情结不仅表现在孩子习惯打人上，也体现在生活的其他方面。有的孩子动不动就说这个人讨厌，那个人不好，遇到不合意的事就哭个没完，好像受了多大委屈。一旦追溯到他的原生家庭，他的父母往往也是待人冷漠，反感他人，爱挑剔、议论别人不好，一旦生活不顺心就满心委屈的人。这也是为什么我们要重视家庭文化与家风建设的原因。虽然我们不能改变曾经成长的原生家庭环境，但可以从我做起，从现在做起，为我们的孩子创建一个新的原生家庭环境。这就需要学习和反思，实现人生再成长。

对于小刚的爸爸来说，他需要将自己从原有的原生家庭中真正剥离出来（学会“分”），整理好情绪，调整好行为方式，和爱人在文化融合中共同创建一个和谐的原生家庭环境（学会“合”）。一旦孩子出现问题，不要怪罪和惩罚孩子，而是先反思自己。孩子自然会在环境改善中唤醒善良、智慧、快乐，走上健康成长的道路。那种以“不能溺爱孩子”“不管教孩子会变坏”为理由而延续错误教育方式的家长，与其说是对孩子“负责”，不如说是对自己“面子”的负责，是对自己“无知”的掩盖。

现实中往往还有这样的情况，就是为人父母者曾经有过一个好的原生家庭，自身成长过程中培养出较好的文化素养，但孩子还是出了问题。人们如果只从教育上找原因，往往不能解惑；然而从孩子成长的原生家庭环境中，却往往能找到原因。也就是说，对于大部分孩子来说，他的原生环境中主要的成长激励源是父母，但还包括其他亲人及社会人，父母教育角色不到位或父母关系失谐，都会影响原生家庭环境氛围，对孩子的成长产生不利影响。显然，面对孩子，既要实现父母第二次人生成长，也要在伴行中努力为孩子创造一个和谐的原生家庭环境。正是“创境”和“唤醒”，才能引导孩子从家出发，走向自己的幸福人生。

心理学分析表明，每个人的心中都有个“问题小孩”。这个“问题小孩”到底是谁？形成的原因是什么？其实，在孩子的成长过程中会遇到一些挫折、创伤，从而形成了一个个“伤口”，成为孩子内心世界的一个个问题点，于是“问题小孩”形成了。如果是小的伤害，孩子有能力自我愈合；但如果是大的创伤，又形成于孩子的童年时期，时间一长，这种创伤就会像脓包一样，留在体内，严重时甚至会危及生命。

父母都是爱孩子的，但有些父母的爱往往基于孩子是自己身上掉下来的“肉”，既然是自己身上的“肉”，当然要溺爱。溺爱孩子其实就是爱他们自己。既然是自己身上的“肉”，当然要控制，要像控制自己的身体一样控制（管教）孩子。这种认知在心理学家弗洛姆笔下不过是“高级的自私”。正是这种“高级的自私”，不仅使自己在婚姻中陷入夫妻关系失谐或婆媳关系、翁婿关系难堪之中，也使孩子在失谐的原生家庭环境中受到心灵的伤害。孩子在或委屈，或恐惧，或悲伤中度日如年，一旦得不到及时化解和释放，就很容易在沉默中爆发。

现实生活中，孩子的成长愿望一旦受到阻碍，很容易演变为成年后的心理包袱。看到一些成年人所表现出的不可理喻、不明事理、令人讨厌的表现，其实他们是在用自己的行为展示他们的童年经历。他们内心那个永远长不大的“问题小孩”一直在左右着他们的人生。他们之所以那样对待他人，是因为当年他们正是受到这样对待的人。

一个人特别爱议论别人的不是，可他自己却总不自知，以致和周围人相处十分尴尬。其实，他本人并不是坏人，而是在他的心中就有这样一个“问题小孩”，它无时无刻不在表演着自己的人生经历。

他很小的时候生活在一个大家庭中，他的一言一行动不动就被反映到长辈耳中，经常受到指责和惩罚。

他结婚后，这个“问题小孩”并没有长大，于是他对自己的孩子也习惯于挑剔和指责，使孩子的心灵受到伤害，以致很难找到知心朋友。原生家庭环境影响着家风，如果我们不能在学习中反思，将很难改变这种尴尬状态。

一对新人结婚了，男方是博士，从事科研工作，女方大学毕业，任职业经理人。正是：郎才女貌成美谈，幸福婚姻众相捧。然而令人不解的是，两个人结婚不到三年就离异了。女儿小，跟着母亲生活。这位母亲后来的人生并不幸福，她一直在寻找通向幸福的道路。在一次幸福人生课上，她向老师咨询幸福问题和孩子教育问题。她说她已经换了三份工作，都没有遇上一个通情达理的好老板。现在好不容易碰上一个好老板，让她带着一个团队搞市场开拓，可团队中的人素质太低，让她干得越来越没脾气。老师意识到这是一个缺乏自省而只会埋怨他人的人。老师问她：“你的孩子怎么样？”

她立刻气不打一处来，说：“小时候那么听话，现在可是让我烦透了。你说一句，她有十句等着你，简直把我气死了。”

“这就对了。”老师轻轻地说了一句。

“什么，你什么意思？”她似乎很不解，但突然明白了，“噢，你是说我影响了孩子。”

原来，这位女士结婚后，对丈夫总是持批评态度，还总爱说“我这是为你好”。丈夫回来晚了，她说丈夫不顾家；丈夫炒菜，她说炒得不好吃；丈夫情绪不好不理她，她怀疑丈夫有第三者。她的丈夫在单位里受人尊敬，而在家里却总遭数落，一点儿尊严也没有。渐渐地，两个人的感情越来越疏远，最终因“性格不合”离婚。这位女士带着女儿过日子，把对丈夫的数落转嫁到女儿身上，渐渐地，女儿也变得逆反且习惯挑剔。

其实，每个人的行为都是内在自我的投射——对他人充满批判和否定，实际上是自我投射——这位女士小时候就生活在这样一个充满批判和否定的环境中。

这位女士在反思中谈道，她的母亲就是一个习惯于指责他人、数落别人的人，她的父亲是一个老实巴交、挨了她母亲一辈子数落的人。作为女儿的她，在母亲面前习惯小心翼翼，生怕做错一点儿事，久而久之变得心情压抑，缺乏自尊。在父亲面前，她也像妈妈一样动不动就埋怨父亲，似乎只有这样才能稍稍缓解一下心中的苦痛。可怜的父亲在妻子和女儿共同的心理伤害中度日，难有幸福可言。尽管在物质生活上他得到了妻子和女儿最好的照顾，却掩盖不了精神上所受到的伤害。

这位女士的妈妈幼年生活在一个单亲家庭中。尽管她好强，却掩盖不了所受到的心理伤害。她看上去对人很冷漠，脸上很少有笑容，见到外孙女，不是说她太调皮，就是说她不听话。“都快吃饭了还喝饮料，你就不怕得胃病”，“吃东西也不知道洗手，你就不怕拉肚子”，“有时间光看电视，就是不知道学习”。如果儿女劝她，说：“孩子学了一天了，也让她放松放松。您别总这样数落孩子，孩子也是有自尊的。”她会立刻反驳道：“你们太娇惯孩子了，我说两句都不行。”

原生家庭对人的影响如此之大，使我们不得不思考，如何跳出家庭看家庭，在学习和成长中为后代创建一个更和谐的原生家庭。也许在学业上、工作上比我们的上一代更优秀，却掩盖不住我们在无意中复制着长辈的情绪模式和行为方式，这让我们不得不在读懂自己心灵这部书中实现再成长。这是一个学习反思的过程，也是一个和孩子一起试错和顿悟的过程，我们应当抓住人生第二次成长机会，不断学习、反思、调整自己，实现再成长。或许，我们这种对家的关注，让我们的人生绽放出更绚丽的光彩，我们的孩子也会成为走出家门能快乐生活、走出校门能创新工作、走向社会能和谐相处的幸福人。

从心理学上讲，不少家长爱孩子实际就是爱自己。也正因如此，我们对孩子溺爱有加，百般控制，生怕自己的孩子饿着、渴着、热着、冻着，却不承想孩子的心理素质在过度关爱中变得越来越差。我们用自以为正确的方法管教孩子，希望他听话，好好学习，却不承想孩子反而逆反，不听话，不爱学习了。我们把孩子当作我们的“共生体”，用看似“无私”的爱对待孩子，孩子则在我们的怀抱中成了难以独立的人。

在一些家庭中，母子关系重于夫妻关系。也就是说，对于一个妈妈而言，儿子是她最重要的情感寄托，丈夫排在第二位。这样一来，儿子一旦结婚，做妈妈的将失去自己最重要的情感寄托，试图在宠爱孙子中得到新的安慰。孩子在父母关系和长幼关系失谐中成长，很容易出现问题。这种“亲子关系为中心，夫妻关系成陪衬，尊老爱幼重物质，放弃自我成长，只重孩子学习”的失谐家庭环境，对孩子成长的心理伤害极大。孩子在这样的原生家庭环境中成长，很容易受到心理伤害。他们长大后，由于难以独立，婚姻生活也会很尴尬。

从相识到相知，从相知到相爱，从相爱到结婚，从结婚到生育，这是一个实现家庭和谐的成长过程，也是奠定一个家庭未来亲子关系、婆媳关系、翁婿关系、兄弟姐妹关系的基础。人们往往在结婚前很注意彼此之间关系的协调，恋爱过程既浪漫又互相包容，既注意个人修养又积极为对方付出爱心。这是一个爱情成长的过程。夫妻关系是关键。夫妻关系和谐了，其他关系随之就迎刃而解了。因此，夫妻关系的和谐在于爱情的继续成长，在于提升双方的“爱能力”。只要爱情能继续成长，双方的“爱能力”提升了，婚姻的质量就会不断提升，家庭关系就很容易走向和谐。

著名心理学家弗洛姆认为，亲子关系是“分”的关系，夫妻关系是“合”的关系。所谓“分”，就是以真爱帮助孩子走向独立，而不是以爱的理由控制孩子，溺爱孩子，把孩子当成自己的“共生体”。所谓“合”，就是夫妇双方都要提升“爱能力”，在性格色彩搭配和双方家文化融合中实现成长，而不是只想着改变对方或取悦对方。

创建一个“夫妻和睦为中心，尊老爱幼为伦理，平等沟通为心灵智慧，融入时代环境为方向”的和谐家庭，既给孩子一个好的原生家庭环境，也让老少三代人甚至四代人实现互动成长，共生发展。

我们一直在寻觅，哪里是我们的精神家园，哪里是孩子们的精神家园？离开城市的喧嚣和吵闹，我们回归自然。童年是与大自然和谐相处中度过的金色年华，是用神话编织的梦中探索。

每个人都需要读懂心灵成长这部书，这是认识自己、感悟人生，实现再次成长与发展的过程。读懂自己是重新唤醒童心，向孩子学习，和孩子一起成长，并为孩子创造一个好的家庭环境的明智选择。

融入自然的人生体验激活了人生的自然情趣，使人诗意地栖居在大地上。大自然之美总是直接作用于我们的感官，一个热爱美的人一定会在欣赏自然美中得到一种精神享受。这种享受是一种体验中的快感，是一种对生命的热爱。一个热爱大自然的人，也一定是一个热爱生命、珍惜生命的人。

古人以天当“被”，以地当“床”，把心深深地植根于宇宙天地之间，唤醒了人生的自然情趣，在追梦中让人的心灵延伸到无边无垠的宇宙之中，在超越自身中感知宇宙的无限。一个有自然情趣的人必然是一个热爱生活的人，我们要感恩天地对我们的厚爱，我们没有理由不珍爱生命。

但并不是每一个人都能有浓厚的自然情趣。整天关在钢筋混凝土框架中学习和工作而远离大自然的人，很难有深厚的自然情趣。

学习和工作不应当是一种“苦役”，它完全可以成为一种创造性体验。创造性学习和工作不仅创造着知识成果和物质财富，也创造着精神成果和精神财富，既给人带来独特潜能发挥的机会，也给人带来乐趣和幸福。当一个人能用兴趣做引导，走向该去的地方，做自己爱做的事，生活就奏响了美的旋律——那是无边无垠的心灵歌唱，那是潜在能力的充分发挥，那是整合各种有用资源的创造性表演。

显然，我们应当走向大自然，唤醒生态和谐的情趣智慧。

其实，我们每一个人的童年都是在生态和谐的自然环境中被激活自然情趣的。它支撑着我们乐对人生，活出精彩。读懂童年，正是给了我们再次唤醒童心的机会，也是给了我们陪伴孩子重新成长的机会。当我们以一颗童心面对自然时，我们就走上了乐行、乐思、乐学的幸福人生道路。

我们看到，一种和谐的家庭教育正是在融入大自然中开始的。正是这种真实的感受，让父母和孩子一起享受到了成长。融入大自然中的体验既是一种享受，也是一种品位的提升。

在人生旅程中，我们的短板往往不是知识的贫乏，而是人文情怀的缺失。

人文情怀集中体现在重视人、尊重人、关心人、爱护人。

具有人文情怀的人是最具魅力的。苏霍姆林斯基、陶行知他们的理论和实践，无不闪耀着人文精神的光彩，他们都是有着人文情怀的教育家。在我们的教学实践和家庭教育中，如何将人文精神融入其中，使孩子们对文化传承产生情感和怀念，这是每一位老师和家长需要认真思考的问题。

“致虚极，守静笃”，方能悟宇宙之大道。人的身体要成长，心灵也要成长。身心一旦失谐，就很容易陷入物欲的陷阱而难以自拔。

但是，有的人身体走得太快了，心灵却落在了后边。我们需要等待心灵跟上来。

一个人的阅读史，其实就是一个人的心灵成长史。显然，身心和谐需要读书和思考，需要实现心灵的成长。

读书虽不能使人生变长，却可以让人生变宽；成长虽不能让幸福速来，却可以让幸福变厚。读书和成长，就是收集信息，认识世界，发展思维，获得审美体验的过程，也是提升人的审美情趣的过程。

情操是由感情和思想融合起来，不轻易改变的心理状态。它是一种复杂的高级情感，是由情绪、情感和思想观念等复杂心理成分综合形成的。陶冶良好的情操有利于建立健康的思想道德修养，提高心理素质，获得审美体验。

高尚的情操是人的精神生活的重要内容之一，它对调整人的行为、指导人的行动有着重要的意义。高尚的情操是在环境、教育和实践中逐渐形成的。

什么是美？儒家认为“充实之谓美”，完完全全做到“善”就是美。换句话说，美是与人的道德修养联系在一起的。道家说，天下皆知美之为美，斯恶已。美只是一种相对价值，以“道”的眼光来看，并没有美与不美的问题，万物皆美。换句话说，美即是真实。一个人若想感受到美，必须以超脱的心灵来看待这个有形世界——不求任何现实中功名利禄的满足，而只是纯粹感受到生命的创造力源源不绝地表现出来——这就是庄子的审美。也因此，庄子的寓言常以平凡的小人物做主角，他们平凡的技艺看起来不起眼，却能够精益求精，终身力行，到最后达到出神入化、让人惊叹不已的程度。

家庭教育也需要读书学习，获得信息，认识世界，发散思维，获得审美体验。父母面对孩子实现人生第二次成长，和孩子共同阅读，互相交流，鼓励孩子发现心中的最美妈妈、最棒爸爸、最好环境，正是实现身心和谐发展，获得审美体验，提升审美情操的明智选择。

孩子们放学了。珍珍一进屋，就拿起杯子倒满了水，然后咕咚咕咚喝起来。妈妈提醒着：“别着急，慢慢喝。”可珍珍好像一点儿也没听到，一口气喝完了杯子里的水，然后拿出早已准备好的皮筋和鸡毛毽，一溜烟跑了出去，妈妈喊都没喊住。

珍珍家住在一个大杂院里，孩子们都是把书包一放就跑出来玩。说起来，上了一天课，孩子们也够累的，放松放松理所应当。孩子们都有点儿饿了，可晚饭还没熟，只好拿些花生、瓜子之类的零食互相交换着吃。看到珍珍拿来了皮筋和毽子，孩子们一拥而上，有的跳皮筋，有的踢毽子。孩子们一边玩儿一边吃零食，随手把果皮果核扔到了地上。不一会儿，小马路上一片狼藉。

突然，一位老太太出现在孩子们面前。

此时，她看到孩子们在乱扔垃圾，冲着孩子们嚷起来。大人们纷纷跑出来和她理论，眼看着矛盾就要激化。只见珍珍的妈妈拿出了两把笤帚，带上珍珍一起去扫孩子们丢弃的垃圾。

人们停止了争吵。珍珍的几个小伙伴似乎也突然明白了什么。他们从家里拿出笤帚，和珍珍一起扫起来，不一会儿，就把小马路扫得干干净净。

第二天，珍珍的妈妈一大早起来，就带着珍珍扫起了小马路。

第三天，珍珍早早起来，不等妈妈说，自己先跑出去扫起了小马路。等她扫干净了小马路，妈妈已经把饭做好。珍珍支好餐桌，把一碗碗粥端上了餐桌。妈妈笑着说：“珍珍长大了，懂事了。”

从那天起，孩子们似乎变得懂事了，不仅不再乱扔垃圾，而且早晨起来就扫院子、扫小马路。家长们也纷纷鼓励孩子做好家庭小主人。

珍珍还作了一首诗，她朗诵给妈妈听，有心的爸爸竟然用录音机录了下来。珍珍提着录音机放给小伙伴们听，小伙伴们一起为她鼓掌。

我家门前有条小马路，
小马路上每天过着车和人，
一日一日又一日，
一年一年又一年。
小马路承受了千车轧、万人踩，
可她从来没有哼一声，

好像她生来就是为大家，

大家方便了，

自己再痛苦也心甘。

看见她被弄脏，

我总要去清扫，

干净的路面好像总是对我笑，

感谢我为她梳妆又打扮，

我心里实在有些过意不去。

其实我并没做什么事，

真正伟大的是小马路精神。

人们发现，孩子的诗尽管并不押韵，却是孩子的真情实感。可喜的是，这首童诗在展现艺术魅力的同时让人重新找到了“家”，并且从“家”出发实现了成长。人们在改变中让身心处于和谐状态。

教育就是发现与成全。每个孩子都有一颗真善美的心灵，教育就是用自身真善美的形象和行为，去唤醒孩子心中的真善美。每个孩子都有一双慧眼，用自身的美去创造一个美的环境，就可以成全孩子的美好未来。

人格“三角形”与成功“同心圆”

什么事情都可以等待，唯有孩子的事情不能等待，因为孩子的名字叫“明天”。孩子是所有家长的期望，也让许多家长重视起如何让孩子赢在起跑线上，于是有了对孩子早期教育和早期智力开发的关注与重视。但是对于要赢得明天的孩子来说，到底什么是“起跑线”，什么才是造就孩子赢得未来的要素？沿着一位位杰出前辈所走过的路追根寻源时，我们发现，真正能让孩子赢得未来的最重要的要素并不是早期的智力开发，而是能支撑起人生大厦的“三力”——道德力、智慧力、意志力。这“三力”构成的人格三角形具有强大的稳定性，成为支撑起人生大厦的重要地基。

家庭教育，最重要的是在做中学和学中做过程中唤醒“三爱”——爱心、爱好、爱学。爱心是成人者之慧，爱好是成才者之神，爱学是成就者之师。在家庭中唤醒孩子的“三爱”，就可以为一生幸福奠定道德力、智慧力、意志力的人格基础；在这样的基础之上就可以建立起人生成功的大厦，让孩子获得学习化生存、智慧化生活、意义化生命的幸福人生。

道德力、智慧力、意志力的协调发展，是人生成功的基础和保障。如果失谐，将给人生带来尴尬和难堪。

道德力、智慧力强，意志力薄弱的人对人对事很热心，聪明伶俐，热爱生活；但是由于意志力不强，往往容易半途而废，于是聪明变为“小聪明”，诚实变为难守信。

道德力强、意志力强，智慧力较差的人既有爱心，干事又能持之以恒，只是由于智慧力差，事业很难成功。但是只要在协调发展中不断提升智慧力，成功的机会也会不断加大，“没有最好，只有更好”成为他们“活出最好的自己”的理念。

智慧力、意志力强但道德力差的人往往既有聪明才智，又有不达目的不罢休的性格和意志；但由于道德力差，他们所干出的事往往是损人利己。

在家庭中把提升“三力”作为基础，并形成爱的核心价值，人生就可以实现健康成长，幸福发展。家庭成员就可以实现爱国爱家、向上向善、相亲相爱、共建共享的目标。

家庭成员有“三力”的人格基础支撑，就会构建起人生成功的大厦，获得超越学业成功、职业成功的人生目标。

由人格三要素所决定的人的核心价值观会影响人生的态度，并决定人生的行为，进而形成人生成功同心圆。

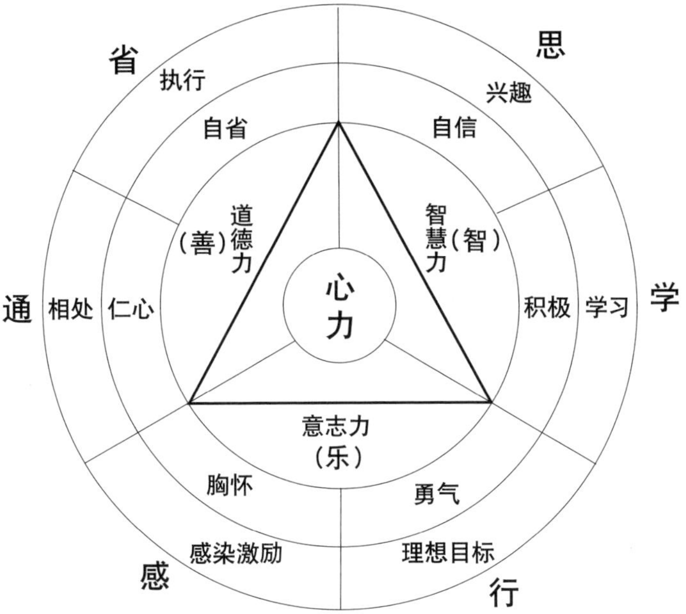

图 2-1

道德力强的人有爱心，人生态度体现在对己能自省、对人有仁心，进而在人生行为上表现出遇事不怪罪他人，执行力强，和他人能和睦相处。道德力强的人自我反省能力强，沟通能力强，能在胸怀大局中很好地和他人实现合作发展。

智慧力强的人有爱好，人生态度体现在积极进取，自信自强，进而在行为上表现出乐于学习，提升能力本领，对生活和工作充满兴趣。智慧力强的人学习能力强、思考能力强，能在包容差异、优势互补、智慧整合中实现创新发展。

意志力强的人爱学习，人生态度体现在有目标、有胸怀、有勇气、有毅力，进而在行为上能用自己追寻理想目标的行动感染和激励他人。意志力强的人行动力强、感染力强，能让生命绽放出绚丽的光彩，还能影响更多的人一起前进。

培养走出家门能快乐生活、走出校门能创新工作、走向社会能和谐相处的好孩子，需要家庭、学校、社会协同育人。家庭教育的主体是家长，面对孩子是家长的第二次成长，这就需要通过读书反思实现再成长。实现共建共享、协同育人的关键是提升学校教师的家庭教育指导能力，而孩子们的社会活动，是帮助孩子扩大视野、提升综合素质、促进全面发展的重要一环。

第三章
共建共享，协同育人

第一节　教育是有温度的

教育是有温度的，让被教育者感知到被爱的温暖而不是冷冰冰的“为你好”的说教和指责。这就要求每一位教育者，无论是老师还是家长，要心中始终充满爱的阳光，始终保持乐观的心态。有温度的教育是阳光照耀，是沃土良田滋养，能培养出健康茁壮的好苗子；没有温度的教育是阴云密布，是戈壁沙漠，是长不大的“小老树”。

尴尬：老师面对恶作剧

燕老师轻轻推开半掩着的门，只听啪的一声，一把鸡毛掸子落到了她的头上，接着是同学们的一片哄笑声。

“恶作剧！”燕老师心中有些恼火，但她还是很快冷静下来，径直朝讲台走去。

“同学们，从今天起我就是你们的班主任了。我相信你们一定会想出许多办法欢迎我，看来用鸡毛掸子是你们的发明。不过这个发明有点儿问题，要是砸伤了老师，我带来的许多好故事你们可就都听不到啦。”她接着说，“看来这个发明者一定是个聪明且爱动脑筋的孩子，他一定非常欢迎我这位新老师。如果这个聪明的孩子敢站起来介绍一下你的发明和欢迎老师的心愿，我认为他是一个勇敢的好孩子。”

没有怪罪，没有发火，还把这种恶作剧幽默地说成“发明”，这是孩子们没有想到的。然而作为老师，她话语中温和的提醒和警告也着实在批评这种做法，却是对事不对人。她的这番话还在于鼓励搞恶作剧的孩子敢于承担责任。

在众目睽睽之下，小飞终于慢吞吞地站了起来。他原以为老师会大发雷霆，然后追问是谁干的。然而，燕老师既没发火，也没有追查的意思，这是小飞万万没想到的。起码他看到了这位新老师和其他老师不一样，他反而慌了手脚。

小飞一边挠着后脑勺一边结结巴巴地说：“我……我就是想开个玩笑。”燕老师立刻肯定道：“小飞确实是个勇敢的孩子。”同时她又告诉小飞说：“好孩子应当讲文明、懂礼貌，我相信你今后一定会是个讲文明、懂礼貌的好孩子。请你坐下，好好听课吧。”

下课后，燕老师把小飞叫到办公室，在鼓励他好好学习的同时说道：“我知道你是欢迎老师的，但用这种方式既不会得到老师的理解，也会让同学反感，还损害了你的形象。”看到小飞认识到错误，燕老师也放下心来，鼓励小飞争做好学上进的模范。获得原谅并受到鼓励的小飞高兴地跑回教室。

然而好景不长，一天课间休息时，一个学生急匆匆地跑来报告燕老师说，小飞又和同学打架了。

家访：我把孩子交给学校了

在学校里，一旦孩子在学校表现不好，惹了事，老师找到家长时，一些家长最爱说的一句话就是“我把孩子交给学校了”，似乎这样就可以减轻自己家庭教育应承担的责任。在这种情况下，老师如何引导家长通过学习和成长承担起家庭教育的主体责任就显得十分重要。当燕老师和同学们把小飞送回家时，小飞的爸爸正在看电视。一看来了这么多人，心里一愣。他知道自己的孩子淘气，猜想准是又惹了什么事，立刻站了起来。当他看到儿子头上缠着绷带，脸一下拉下来，说：“怎么啦，这是怎么啦！谁打的你，我跟他没完！”看他那激动的样子，知道他是个疼爱孩子的人，但又有些护犊子。燕老师劝他先不要着急，然后给他讲了事情的经过。看着这位新老师和蔼而且讲道理，小飞的爸爸不再说什么了。燕老师嘱咐小飞好好养伤，带着同学离开了小飞家。

从小飞家出来，燕老师又带着同学一起去了和小飞打架的巩鹏家。开门的是巩鹏的父亲，他连忙把老师和同学往屋里让，一边走一边说：“孩子是不是又在学校捣乱啦，要是那样，我非好好收拾他不可。”

燕老师把两个孩子打架的情况向巩鹏的父亲讲述了一遍，巩鹏的父亲答应好好教育孩子，但燕老师还是不放心，补充说：“可千万别打孩子。”

通过家访，燕老师意识到，解决问题没那么简单。面对孩子，家长需要成长。

燕老师专门和几位任课老师进行了交流。平时这两个淘气孩子的行为就让任课老师很头疼，有的老师认为要从重处分这两个学生。

燕老师认为，两个孩子的母亲后来都找到学校，说明她们是关心孩子的，愿意与学校配合共同教育好孩子，只是家长不懂得怎样教育孩子。两个孩子在学校经常打架，说明他们错误地认为解决矛盾的办法就是拳头，以致多次受到学校批评仍不改正。他们两个都是老师们常批评、同学都远离的孩子，且已经习惯于放纵自己，不求上进了。

要帮助他们成长，只有学校和家长互相配合，为孩子创建一个和谐的家文化环境，才能唤醒他们的自尊心和自信心。

燕老师抽出时间，分别到两个孩子的家中与他们的家长谈心、讲道理，并诚恳、坦率地把自己的想法告诉他们。看到老师及时家访，聆听着老师发自肺腑的中肯劝告，家长们表示要配合燕老师共同把帮助孩子健康成长的工作做起来，一是为孩子创建一个温馨的学习环境，二是不再打孩子，改变错误的教育方法，既激励孩子也主动改变自己，和老师配合，共同发现孩子身上的闪光点，引导孩子幸福成长。后来，他们都主动参加家长会，聆听专家和老师的讲座，还买回家庭教育书来阅读。

共育：帮助孩子找到家

如何看待暂时处于后进状态或犯了错误的孩子，对教育工作者来说是一个需要深入思考的问题。我相信，每一个孩子都热爱生活，富于探索，热爱学习，但有些家长不善于肯定和赞扬孩子身上的优点。相反，当孩子在成长过程中不可避免地犯错误时，不断遭到家长的埋怨、指责甚至打骂。对于一个还不能全面分析、评价自我的孩子来说，如果他的人生路上总是遭遇挫折、批评和打击，他将失去生活的乐趣和动力。他会在这种负能量中放弃成为一个好孩子，选择“反正我就是让你们讨厌的人”而走向反面。教育工作者的责任就是在不断唤醒自己的同时，与孩子一起成长。

经过观察，燕老师和家长们惊奇地发现，小飞和巩鹏都是非常爱动脑筋、动手能力很强的孩子。这就是他们的闪光点。他们一定会找回自尊和自信，成为好孩子。

在燕老师的鼓励下，小飞和巩鹏都参加了科技小组活动。他们特别喜欢飞机和轮船，辅导老师就耐心指导两个人制作飞机模型和轮船模型。燕老师和小飞、巩鹏一边做，一边为他们讲飞机起飞的原理，一起调试，一起调整。看到老师这样认真，小飞和巩鹏也认真投入。木片经过他们的剪裁、打磨、粘接，被制作成一架精巧的弹射飞机。老师表扬他们像两个飞机制造师。小飞和巩鹏越来越喜欢向老师提问题。燕老师还鼓励他们通过为其他同学讲解巩固已掌握的知识。这种鼓励当“小老师”的过程大大提升了小飞和巩鹏的表达能力和学习兴趣，他们的学习成绩都有了明显进步。燕老师对小飞和巩鹏说：“学好语文能提升阅读能力，再读有关航空方面的知识就会容易起来。搞飞机设计制造需要科学计算，你们这么爱航空知识，数学一定能学好。”小飞和巩鹏在燕老师的引导与鼓励下，学习上变得越来越主动。燕老师还对他们说：“对别人的爱护、帮助也会得到别人的尊重和友谊，有爱心、有爱好，又爱学的孩子才是好孩子。”

后来，小飞上课听讲认真了，他决心要做个好孩子，受到了任课老师的表扬，也得到了同学的欣赏，有不少学生还经常和他讨论航模飞机的事，他讲得头头是道，真像个小老师。燕老师把小飞的进步及时告诉了家长，家长也非常高兴，表示要向孩子学习，也多读些有用的书，学习有用的技能和本领。后来，两位家长一起到学校组织的家长培训班来学习，回到家后，努力给孩子创建一个和谐的家庭环境，让孩子从“家”出发，走好人生路。

巩鹏的进步也不小，在课外小组活动中积极提问。燕老师对他的家长说：“您的孩子在小发明上很有潜力。”家长也开始多鼓励、多表扬。在爸爸的帮助下，巩鹏还制作了一个折叠桌。看到儿子爱学习了，家长几次来到学校表示感谢。

不久，小飞和巩鹏代表学校参加了省里举行的航模比赛，获得了团体冠军，他们体验到了成功的乐趣，也学会了互动成长、合作发展。两个小淘气渐渐成了同学们羡慕的小科技迷，小飞和巩鹏也成了好朋友。

第二节　协同育人，共同成长

孩子的成长环境，一是家庭，二是学校，三是社会。这三个环境对孩子的影响相辅相成，构成一套引导孩子健康成长的全生命周期健康成长、幸福发展的体系。搞好协同育人的关键是提升教师的家庭教育指导能力，其重点是家长的学习和成长，而“小时候”社会教育的开展既是提升孩子社会化能力的关键，更是帮助孩子在扩大视野中爱上学习、学会学习的重要选择。

小飞和巩鹏都曾被贴上“问题孩子”的标签。对于“问题孩子”出现的问题，有些家长采用片面的指责或情绪化的粗暴打骂方式，有些老师只注重说教，或要求家长配合学校督促好孩子的学习，结果孩子的问题不仅没有解决，还误导了孩子，使孩子变得缺乏生活情趣，行为也变得粗暴起来。显然，教育是“做”的教育，而不是“说”和“打”的教育。要想教育好孩子，家长和老师首先要学会做孩子心中的“好孩子”，实现人生第二次成长。

在家庭、学校共同教育过程中，家长是主角，孩子是主体，教师是主导。帮助孩子找到“家”，并且从“家”出发，活出人生精彩，才是教育的明智选择。

燕老师正是透过孩子的问题，看到了孩子背后的家庭、家教、家风问题。为了帮助孩子找到“家”，让孩子生活在一个好家庭、好家教、好家风环境中，她没有要求家长配合学校“管教”孩子，而是引导家长和孩子一起成长，创建和谐的家文化环境。小飞和巩鹏的进步，不是老师和家长“管教”出来的，而是家长在与老师的交流中唤醒了“面对孩子实现人生第二次成长”的智慧，于是有了家庭关系的和谐，有了对孩子特长的鼓励和引导，有了家长和孩子的阳光心态、主动学习和成长。也就是说，孩子需要有“家”，需要有一个好的家庭环境。不重视家庭环境建设，不重视实施智慧的家庭教育，不树立好的家风，教育好孩子几乎是不可能的。一位教育工作者、一位爱孩子的家长，不应当仅仅是教孩子知识的“教”师，也应当是一位帮助孩子找到“家”，并引导孩子从“家”出发，实现人生成长与发展的导师。

教育就是“创境”，教育就是“唤醒”，创建一个老少三代甚至四代人互动成长的家文化环境，唤醒包括孩子在内的所有家人的智慧心灵，每一个家人都会从“家”出发，走向自己的幸福人生。

向老师敬礼

许多年过去了。有一天，燕老师正在教研室备课，忽然听到外边有人找她。

楼道站着一位解放军士官。“你是……”没等燕老师说完，就见这位解放军士官向她敬了个礼。“燕老师！您不认识我了吗？我就是当年那个小淘气李小飞啊。”燕老师也认出了自己的学生。她立刻拉住了李小飞的手，把他请进了教研室。

小飞告诉老师，当年正是由于得到了燕老师的帮助，让他不仅爱上了学习，有了进步，还真正找到了“家”，让他从“家”出发走好了人生路，不仅考上了大学，而且进入部队搞科研，还立了功。他接着说：“我既是家庭教育的受益者，更是学校教育的受益者，也是社会教育的受益者。正是您的陪伴，让我真正理解了爱心是成人者之慧，爱好是成才者之神，爱学是成就者之师。”

听到学生这样讲，燕老师思绪万千。当年她通过家访和交流为孩子引路，帮助孩子在社会教育活动中提升综合素质，尽了一位老师应尽的责任，没想到对孩子后来的人生产生了这么大影响。燕老师的工作更努力了，她还指导和帮助年轻老师与学生家长一起成长。许多年轻的老师在她的带动下开始重视家庭、学校、社会共同教育工作，一批具有家庭教育指导能力的教师成长起来，并在工作中发挥了重要作用。

教育是一项事业，事业的意义在于献身；教育是一门科学，科学的价值在于求真；教育是一种艺术，艺术的魅力在于创新。

美育与幸福人生

爱是一门需要学习的艺术，教育中充满着生命之真、生存之善、生活之美。教育对象的心灵绝不是一块不毛之地，而是一片生长着美好思想道德萌芽的肥沃田地。因此，家长和老师的责任首先在于发现并扶正孩子心灵沃土中的每一株幼苗，让它不断壮大，并铲除杂草。

什么是美育？美育和立德树人有什么关系？如何把美育融入社会主义核心价值观教育，发展好幸福人生？如何通过美育帮助孩子唤醒“梦”，找到“家”，走好“路”，这些都是需要我们认真思考的问题。

什么是美育？说起美育，大家很容易想到的是唱歌、舞蹈、画画……不少人认为，美育就是艺术教育，只要开启音乐课、舞蹈课、图画课，就算实施好美育了。其实，这是个误区。

那么，什么是美育呢？美育是审美教育或美感教育，是培养学生发现美、认识美、爱好美和创造美的能力的教育。美育要通过各种艺术以及自然界和社会生活中美好的事物来进行。通过艺术进行的美育是艺术教育。由此可见，艺术教育只是美育的一部分，但它却是美育的核心内容。

艺术教育秉承唤醒人内心的真善美，使人成为有爱心、有爱好，又爱学的自强者，而不是服务于功利化和满足个人欲望。显然，艺术教育并不一定等于美育。

一个人的气质里藏着他曾经阅读过的书，也藏着他学习和鉴赏过的人文艺术。这些内容一起构成了一个人的精神品格，也决定着一个人对幸福的感知能力。在现实生活中，一个人的一举一动、一言一行，都展现其美的素养。在制造业，那些控制误差不超过毫秒的钟表匠，那些把面团揉成艺术品的手艺人，那些把设计美学和创新科技巧妙融合为一体的工匠，那些发现问题孩子身上的亮点，并陪伴他们走上科技创新道路的教师……他们都是具有美的素养并践行着美育生活的人。

美育的意义何在？

人为了满足个体生存的需要，产生了各种欲望。而人的欲望往往不易得到满足，于是会变得痛苦不堪；一旦欲望之心得以满足，无聊也便接踵而来。在痛苦与无聊之间摇摆，人心也会变得暗淡无光。美育是引导人们追求高尚情操的过程，是满足人们精神层次需求的教育过程。

艺术教育中，无论是唱歌、跳舞，还是弹琴、作画，都是一种陶冶情操，净化心灵的美育过程。特别是一个人融入自然情景和生活体验中不断发现美、享受美、创造美时，美育就在进行中了。一个人的阅读史就是一个人的心灵成长史，善于独处中阅读，并在反思和顿悟中实现成长的人，是享受美育过程的人，是幸福的人。一个人正是在这样的体验中享受着美育，也唤醒了“梦”(梦之美)，找到了“家”(精神家)，走好了“路”(为兴趣和梦想快乐表演之路)。但是，如果缺乏对美育意义的正确认知，就可能异化为一种痛苦的训练和应考。美育的意义就在于让人活成一束光，照亮前行的路。人人都有自己的生命之歌、生命之舞、生命之诗。

一个调皮的孩子把同学打伤了，老师找来家长时，家长竟然说：“我们把孩子交给学校了，出了问题也是学校的责任。”老师对孩子的母亲说：“孩子骂人带脏字，他说妈妈就是这样骂他的。”这位妈妈满脸通红，支吾着说不出话来。接着老师对孩子的父亲说：“你对孩子说，我没文化不是照样当老板嘛。你能说孩子学习不好和你没关系吗？”后来，两位家长都在学习语言美中有了进步，也为孩子创建了一个和谐之家。

面对这样一个问题孩子怎么办？这位老师选择了用美的心灵去唤醒他。从打碎玻璃的弹弓上她发现了“美”，孩子的这把弹弓做得多漂亮啊！只要引导好，孩子可能会成为心灵手巧的好孩子，或许他将来会成为一名优秀的工匠呢！在老师的引导下，孩子不仅和大家一起唱歌跳舞，而且参加了航模小组的活动，还获得了一项奖励。正是家庭、学校、社会三结合的教育，让孩子重新找回了自信和自尊，唤醒了“梦之美”，找到了“家之慧”，走好了“路之遥”。

许多年过去了，这个孩子不仅考上了大学，还进了部队搞科技工作。美育陪伴着孩子走上了学习化生存、智慧化生活、意义化生命之路。作为当年的启蒙老师，她不仅帮助孩子找到了“家”，也用美的心灵照亮了孩子前行的路。

美育体现在孩子的爱心、爱好和爱学，因为爱心是成人者之慧，爱好是成才者之神，爱学是成就者之师。当一个人用美的心灵成长时，他就活成了一束光。美育就是心灵的照亮，就是用阳光心灵影响社会环境，让更多的人燃起心灵之火，发出美丽之光。

社会主义核心价值观是社会主义核心价值体系的内核，爱国是一种责任和情怀，需要有“梦”（理想信念）做支撑，于是有了中国梦的选择。敬业是一种精神和操守，需要有家文化熏陶，于是有了创建好家庭，实施好家教，传承好家风的智慧。诚信和友善是一种品质坚守，需要有道德力（善）、智慧力（智）、意志力（乐）的践行，这就要走好路，而不是只走好走的路。显然，唤醒“梦”，建好“家”，走好“路”的过程，就是让社会主义核心价值观植根于家庭，升华于亲情，落实到人生成长与发展的过程。这是一个共享梦之美、家之慧、路之遥的美育过程，而不是简单的道德说教。

鼓励孩子从小融入大自然，就可以激活孩子的自然情趣。自然情趣是生命之真。鼓励孩子从小融入家环境，就可以激活孩子的人文情感。人文情感是生存之善。鼓励孩子从小融入大时代环境认真阅读，就可以激活孩子的心灵情操。心灵情操是生活之美。这样，孩子就可以有一个“为兴趣和梦想快乐表演”的童年，就可以有“梦之美”的境界。这种境界体现在：身处困境仍能顽强奋斗的坚毅，心中有梦又能脚踏实地的执着，淡化自我、乐于成就他人的崇高。

鼓励孩子自己的事情自己做，就可以培养孩子的爱好。爱好是成才者之神。鼓励孩子他人的事情帮助做，就可以培养孩子的爱心。爱心是成人者之慧。鼓励孩子不会的事情学中做，就可以培养孩子的爱学。爱学是成就者之师。这样，就可以为孩子的一生幸福奠定良好的人格基础，就可以有“家之慧”情怀。这种情怀体现在：能替他人着想的善良，不用他人提醒的自觉，乐于接受约束的自由。

鼓励孩子读懂自己活明白，就可以知己会反思。知己者明，合心而美人幸福。鼓励孩子读懂他人会相处，就可以知人懂共生。知人者智，合德而为人向善。鼓励孩子读懂环境学发展，就可以知境能发展。知境者活，合道而行人发展。这样，孩子就可以健康成长，幸福发展，走上学习化生存、智慧化生活、意义化生命的幸福人生路。这种“路之遥”智慧体现在：既有自尊又不伤害他人尊严的高贵，既有学识又能谦虚谨慎做人的低调，既能独处静思又能陪伴他人的和美。

美育是一个读书成长过程。读书虽不能使人生变长，却可以使人生变宽；成长虽不能让幸福速来，却可以让幸福变厚。让我们在读书、成长中一起唤醒“梦”，找到“家”，走好“路”吧！这是美丽中国、幸福人生乐曲中的天籁。

为孩子创建心灵驿站

人生就是一场路之遥的奋斗过程。走累时，总想歇一歇；遇到麻烦时，总想找个地方躲一躲；衣食住行得不到及时保障时，总要停下前进的步伐去补充一些给养。于是有了为前行者服务的驿站。

对于孩子来说，刻苦学习了一天，如果能在课余时间做做体育锻炼，与家人聊聊天、说说笑话，看会儿电视新闻，玩玩跳绳踢毽，都会让心灵得到休养，为继续前行提供保障。于是家就成了孩子的心灵驿站。可惜的是，繁重的功课负担和无休止的督促说教，往往让孩子失去获得心灵滋养的机会，产生厌学就在所难免。

对于那些由于家庭环境失谐，使心灵受到伤害的孩子来说，他们可能无法面对家庭暴力情绪和无休止的指责甚至打骂，也无法面对学习成绩下降的结果，很容易在失去自尊和自信中陷入网络游戏难以自拔。对于他们来说，既难以面对不能理解自己的父母，也无法面对无聊的生活，更不能面对学校的竞争压力。于是，他们把自己封闭起来，除了网络游戏，别的什么也不愿意做。而一旦出现与家人或他人的冲突，很容易产生过激行为，伤害他人的事就有可能出现。对于陷入人生困惑难以自拔的孩子来说，单纯的说教往往难以解决问题，把孩子当作“病人”找心理医生做心理治疗往往也不能从根本上解决问题。给孩子创建一个健康环境，重新唤醒其智慧心灵，就有了对心灵驿站的渴望——这是一个心累了可以静下来歇一歇的场所，这是一个可以获得心灵滋养的港湾，这是一个为孩子心灵疗伤的“康复医院”。

最好的心灵驿站是有书香味的和谐家庭。因此，解决“问题孩子”问题的最好办法是实施家文化工程，让更多的家庭成为书香家庭。要落实这样一项工程，需要大批具有家庭教育指导能力的教师参与。通过各级政府和群团组织主办，开展家庭建设学术论坛，创办家庭建设新书院，发现和培养一大批优秀的家庭教育指导工作者，提升在校教师和社会教育工作者家庭教育指导能力势在必行。

在学校心理咨询室的基础上创办由教师、优秀家长、优秀学生共同参与的学校心灵驿站，对暂时遇到人生困惑的学生实施帮扶，也是十分必要的。

在政府部门主导下，通过整合资源（学校、少年宫、儿童活动中心、研学班），创办社会心灵驿站，帮助那些暂时遇到人生困惑的学生，需要学生和家长共同实现再学习再成长。由优秀老师和优秀学生志愿者参与，形成一种机制，让孩子受伤的心灵重新被修复，失谐的家庭重新走向和谐。

第三节 实施家文化工程的思考

实施家文化工程是从家庭这个最基本的社会单位实施的一项国民素质提升工程，是提升国民素质、实现社会和谐发展的重要选择。

《道德经》中指出，修之于身，其德乃真；修之于家，其德乃余；修之于乡，其德乃长；修之于邦，其德乃丰；修之于天下，其德乃普。故以身观身，以家观家，以乡观乡，以邦观邦，以天下观天下。

古人讲“修身、齐家、治国、平天下”，在齐家与治国之间强调“修之于乡”，意义非常大。

十几年前的一次巧遇，让我与这位曾经的“打工妹”春丽相识。当时，她来听我正在讲解的“家文化与幸福人生”课程，没想到作为听众的她竟然邀请我到企业去参观。她说她听课后，发现我们之间有许多“谐振点”。她想在企业实施家文化工程，引领员工从“家”出发，走向幸福人生。这也使我有了向企业员工学习，和企业员工共同成长的机会。我发现，企业正在创建“书香企业”，他们从“家”出发，用成长力对标岗位成才，用文化力打造企业品牌，用生命力实现人生目标的行动，深深地打动了我。在和企业员工一起成长过程中，新书《明天你拿什么去竞争》出版了。我特约春丽为新书作序。她在序言中写道：

偶然的一次相遇，注定了与姚老师的相识相知，使我时刻怀揣着一颗感恩的心来面对这位“年轻”的文化人。他携着无私的关爱做我的伴行者和知心好友，我们面对面地在一起论古道今，谈笑风生，使我深刻地感悟到人生意义之所在，人生智慧之所取。作为一名企业的领导，在提升和完善自身的同时，如果可以让企业员工同样感受到这位智者的思想深度，那我们每个人都会在不同层次开出属于自己的一朵朵智慧之花；待到山花烂漫时，企业就会绽放出最美的风采和文化神韵。于是，我便邀请姚老师来帮助企业开展了以“家文化建设”为切入点的企业文化落地工程，帮助员工提升家文化素养，在追梦中找到方向，在与祖国同行中活出人生精彩。员工们在享受“有家的感觉真好，有梦的日子真甜”的企业文化中迅速成长起来。我在企业开展书香之家建设，带领员工们一起读书，一起反思和成长。我发现，这些凝聚着智慧人生体会与感悟的著作，让我与企业员工又都拥有了一次叩问自己心灵，与心灵自由沟通，与孩子一起健康成长，创建和谐家庭的良机，使得员工的小家和谐美满，亦使得我们这个企业“大家”其乐融融，为了共同的企业目标，积极向上，奋力开拓。

企业中有一位母亲正面临婚姻危机，这时孩子才 2 岁，面对即将离异的结局，她十分困惑和焦虑，工作也受到了影响。然而“企业家庭文化大讲堂”上的一堂“女性智慧魅力与家庭和谐”课让她的心灵受到了震撼，并开始反思自己的人生，还认真阅读了一本本家文化著作。我和春丽一起热情地向她提供心理援助。她渐渐明白了，婚姻是双方性格色彩搭配和双方家文化互相融合的过程。在相处中，多些宽容中的接纳，少些狭隘中的拒绝；多些赏识中的发现，少些审视中的挑剔；多些关爱中的付出，少些敌对中的索取就可以获得婚姻幸福。于是她从改变自己开始，读书成长，做婆婆的“好女儿”，做丈夫的好妻子。她的行动影响了丈夫，也影响了整个家庭。丈夫看到妻子的变化，也主动要求来听课。伴随着一次次培训和心理援助，这对夫妻终于和好了。他们都在改变自己中实现了成长与发展，并共同创建了一个以夫妻和睦为中心，以尊老爱幼为伦理，以平等沟通为心灵智慧，以融入时代环境为方向的幸福家庭。

为了提升企业的文化竞争力，春丽这位总经理实施了“企业与家庭共赢家文化”工程，通过实施硬件人性化、软件情感化、人格艺术化等引导员工共同创建企业美丽家园，激励员工在追寻“中国梦 · 我的梦”中共享人生出彩的机会，共享梦想成真的机会，共享同企业一起成长的机会。

从春丽身上我们看到了一种文化形象：走出家门能快乐生活；走出校门能创新工作，走向社会（企业）能和谐相处。

从春丽身上我们悟到了一种共生智慧：作为普通员工，和企业同舟共济；作为企业领导，和职工同船共渡。

从春丽身上，我们找到了一种明智选择：把家文化作为植根文化，以家风建设为切入点，依靠和带领员工在追寻“中国梦 · 我的梦”中，帮助员工找到心灵之家，帮助员工从“家”出发，实现人生的成长与发展，活出人生的精彩，并共同走上幸福人生道路。

春丽说：“从‘打工妹’到企业总经理，是读书和成长让我完成了蜕变。而作为一名企业领导，在提升和完善自身的同时，也要让企业员工同样感受到书香文化的智慧魅力。这样，我们每个人都会在不同层次上开出属于自己的一朵智慧之花；待到山花烂漫时，企业就会绽放出最美的风采和文化神韵。我相信，每个人每天迈出一小步，社会就会迈进一大步。这就是我的中国梦……”

一个人的阅读史就是一个人的心灵成长史，幸福人生不仅仅是物质生活渴望得到满足的感受，更是智慧心灵成长的过程。一个人只有实现人生四季都成长，在利他服务中实现自己的价值，能在唤醒自己的智慧心灵中活出最好的自己，才是一位成功者，才能获得幸福人生。春丽在读书学习中实现了超越功利化学业成功、职业成功的人生大成功，又把自己的家创建成以夫妻和睦为中心、以尊老爱幼为伦理、以平等沟通为心灵智慧、以融入时代环境为方向的和谐之家。然后，她又把家文化放大到企业，实现与企业和员工共生发展，在利他服务中实现自己的人生价值，在学习和成长中走上幸福人生道路。

幸福人生始于家。春丽正是一位从家出发，用奋进前行的行动追寻“中国梦·我的梦”的智者。她把自己活成了一束光，照亮了前行的路，并让许多人受益，成为社会和谐的激励源。她的故事带来的启迪，为企业和谐发展、员工幸福成长带来了新的经验。

一个社会需要和谐，一个家庭需要和谐。作为生命的个体，我们驾驭不了风，但可以驾驭自己心灵的帆。只要我们以“中国梦·我的梦”为目标，以好家庭好家教好家风为起点，以人生的春夏秋冬都成长为过程，我们就可以和大家一起走上学习化生存、智慧化生活、意义化生命的幸福人生道路。这是“美丽中国，幸福人生”乐曲中的天籁。

好家教培养好孩子

道德教育的核心问题，是使每个人确立生活的目的。人每日好似向着未来阔步前进，时时刻刻想着未来，关注着未来。

不能把小孩子的精神世界变成单纯学习知识。如果我们力求使儿童的全部精神力量都专注到功课上去，他的生活就会变得不堪忍受。他不仅应该是一个学生，而且首先应该是一个有多方面兴趣、要求和愿望的人。

——〔苏联〕苏霍姆林斯基

培养好孩子需要家长用好的家庭教育方法来育人。这是一个对孩子在道德品质、身体素质、生活技能、文化修养、行为习惯等方面的培育、引导和影响过程。用这样的方法培养孩子，孩子就可以成为有理想、有本领、有担当的好孩子。

第四章

好家教培养好孩子

第一节　好孩子、好起点、好陪伴

什么样的孩子是好孩子？也许有人会认为，好孩子就是学习成绩好，考试分数高，能考上好学校的孩子。但站在全生命周期健康成长与幸福发展的角度看，真正的好孩子是心灵有阳光、脚下有根基、前行有方向，能走上学习化生存、智慧化生活、意义化生命之路的人。这样的孩子有理想目标和坚定信念，有道德力、智慧力、意志力的人格基础，能实现德智体美劳全面发展，并用自身的综合素质，支撑起超越功利化学业成功和职业成功的人生大成功，实现终生快乐学习、终生创新工作、让生命力绽放出艳丽光彩的人。

这样的孩子不是有学历、没能力的庸才，不是有知识、没文化的蠢材，不是有智力、没德行的歪才，而是自强不息，厚德载物，知行合一走好路的人才。

这样的孩子不仅爱学习，会学习，学习能力强，所掌握知识的含金量高，而且是能向他人学习，在“智”学“慧”思中实现融会贯通、创新发展、合作发展、卓越发展的人。

妈妈教子遇尴尬

小雨妈妈含辛茹苦地把小雨养大，可孩子的表现却很不如意。小雨已经上四年级了，还不知道主动学习。上课不认真听讲，考试成绩总是排在倒数第几名，回到家里不是看电视就是玩手机，想让他做作业，得催促多少遍才不情愿地去应付。小雨妈妈一检查，发现小雨的作业不是看错题就是答错数，气得她气不打一处来。而小雨却满不在乎，还不断找借口。最让小雨妈妈头疼的是，小雨动不动就和同学发生冲突，给她惹了不少事，几次被叫到学校听老师“教育”，这让她很没面子。回到家里一看到小雨就免不得又是一通指责，孩子也变得越来越逆反。她有时把情绪宣泄到爱人身上，爱人不但不理解，还和她争吵。得不到理解的小雨妈妈也越发焦虑不堪，不得不去找心理医生倾诉。

实际上，小雨妈妈是个高学历的人。她自认为很懂教育，为了防止孩子输在起跑线上，进幼儿园前就带着孩子参加了许多早教班。上幼儿园期间又给孩子报班学钢琴、学绘画、学跆拳道……在这方面，她还是舍得花钱的。因为工作忙，她请孩子的爷爷奶奶过来帮助照护。可孩子开始变得不听话了，她开始埋怨起老人。这让老人很难堪，只得放弃对孩子的照护，回自己家去住了。她自己忙里忙外，总算一天天把儿子带大，心却放松不下来。

小雨上小学那年，二宝出生了。让小雨妈妈没想到的是，两个孩子之间不断发生冲突，小雨一点儿也不知道让着弟弟，还时常欺负弟弟。小雨妈妈陷入无奈与焦虑中难以自拔。

古人讲“人无长幼贵贱”“君子不器”。孩子也是有人格尊严的，一旦家庭教育失去了平等和尊重，父母只是按自己期望的功利化目标，用焦虑的心和不满的情绪对待孩子，孩子就可能在失去人格尊严中放弃主动学习和成长，成为不爱学习又不得不被动苦苦学习的厌学人。而对孩子的过度关注和过多管控，不仅造就不出自立自强，主动进取的人，反而让孩子在被动成“器”的过程中陷入与父母无休止的纠缠中难以自拔。所以，一旦妈妈把关注点转移到弟弟身上时，小雨就会在争夺“爱的纠缠”中把弟弟作为宣泄对象。他甚至模仿妈妈的行为管控弟弟，一旦弟弟不服，就会像妈妈向他宣泄情绪一样把“气”撒到弟弟身上，造成欺负弟弟的假象。

爸爸参与得指点

在得知小雨妈妈的境况后，老师主动给孩子的爸爸打电话，希望他和爱人一起参与家庭教育，还欢迎他们夫妇俩一起参加家长学校的学习。

老师诚恳的话语和对孩子出现问题的分析，让这位父亲茅塞顿开。他首先检讨了自己：由于不懂得父亲角色在孩子成长中的重要意义，把照护、教育孩子的事一股脑儿推到爱人身上，自己只顾工作。一旦孩子出现问题，除了嚷几句或是揍一通，再不去花心思研究和解决，而是随他去，孩子就是这样一步步，问题变得越来越严重。

现在通过学习终于明白了，缺乏父爱的孩子在母子共生的纠缠之中难以自拔，就永远不会自立自强。只有父亲在孩子面前成为爱学习、求进取的大山，陪伴着孩子走向更广阔的世界，让孩子成为有心灵阳光和人生目标的人，孩子才可能摆脱困境，重新扬起风帆。

为此，小雨爸爸开始改变自己，不仅和爱人一起参加家长学校的学习，还买了相关书籍与爱人一起阅读，而且在班级群中向老师和其他家长请教，与大家交流学习体会。

小雨爸爸与几位家长为孩子们办起了心灵驿站和周末课堂，组织孩子外出参观，扩大孩子的视野；邀请专家为孩子讲授科学知识，提升孩子学科技的兴趣；发动家长与孩子做心灵好友，陪伴孩子们一起开展有益身心的文体活动……新“家”让孩子们有了成长新起点和心灵沟通好场所。在老师和家长的引领下，孩子们实现了互动成长。小雨也重新找回了自尊和自信，看到了爸爸有别于他人的美好形象，在向爸爸学习中渐渐成了敢于担当，努力学习各种本领的好孩子。

在家里，爸爸妈妈鼓励小雨做小主人、小学者、小文体迷，小雨开始学着像爸爸爱妈妈一样照护妈妈，帮助妈妈做事；妈妈也主动教小雨学做饭，收拾房间。

尽管小雨的学习成绩还不尽如人意，但两位家长不再把关注点放到小雨的学习成绩上，而是把心思用到保护孩子自立自强的学习能力上。小雨也在一步步学习能力的唤醒中有了进步。尽管小雨自知不如别人成绩好，但父亲却说："没有最好，只有更好。你已经比原来的自己好多了，我们为你骄傲。"得到父亲的理解，小雨也不再纠结，开始迈开大步向前进。

对于小哥儿俩的"矛盾"，爸爸在学习反思后有了新的认知。他首先给小雨赋责。他说："你已经长大了，现在又有了很大进步。妈妈工作很忙，我们想把带好弟弟的任务交给你。"他接着说，"我们相信，有你的努力，弟弟一定会像你这位哥哥一样爱学习、懂事理。"受到鼓励的小雨给弟弟讲故事、教弟弟叠纸飞机，弟弟也渐渐成了哥哥的"跟屁虫"。弟弟对哥哥的崇拜进一步激励了小雨，他要像爸爸一样爱学习、尊重人，成为弟弟心中的好榜样。

有一次，小雨正在玩自己制作的一架小飞机，弟弟看到哥哥玩得快活，过来就抢，一下子把飞机翅膀折断了。小雨立刻急了，上去就把弟弟推倒了。弟弟大哭起来。

解决兄弟俩的"矛盾"，小雨爸爸在学习反思中已经有了新方法。他首先把老大叫到一边说："我们知道弟弟把你的小飞机弄坏了，理解你着急的心情，希望你不要生气。"他接着说，"既然飞机坏了，咱们想办法把它修好吧，爸爸愿意帮助你。"

听到爸爸没有埋怨自己推倒小弟弟，而且还理解他生气的心情，小雨立刻不生气了，主动表示自己推倒弟弟不对。爸爸立刻表扬他说：“你能主动担责任，让我们放心了，相信你今后会处理好和弟弟的关系。弟弟还小，还需要你帮助他进步呢。”

教育的目的不是为孩子评判出是非对错，而是帮助孩子自省和成长。爸爸的引导，既化解了矛盾，又引导了小雨自省，对小雨今后的人生成长会起到正能量的作用。相信有这样的父亲的理解、陪伴和沟通，小雨在今后处理同学关系时也会更理智和富于智慧。

小雨妈妈也在爱人的提示下，不再给两个孩子做裁判评对错了，也不再只是说教老大让着老二了，而是支持爱人单独和他沟通，保护好孩子的面子（尊严），自己则抱住二宝，让孩子趴在自己身上哭个痛快，把自己的委屈全宣泄出来。待孩子终于不哭了，告诉他，以后喜欢哥哥的东西，可以好好跟他说“能借给我玩一下吗”，这比没礼貌的“抢”要好多了。自己不小心弄坏东西，向哥哥道个歉，哥哥也就不会生气了。

此时，哥哥也来到弟弟面前向弟弟道歉，还答应和弟弟一起把飞机修理好，教弟弟怎么玩。弟弟立刻跟着哥哥走了。看着孩子们化解了矛盾，夫妇俩若有所思：“看来家庭教育是一门需要学习的艺术，面对孩子我们也需要实现第二次成长。”显然，有父亲参与的家庭教育能让孩子获得更多的精神滋养，更好地实现健康成长。

对于孩子来说，如果他有一个心情焦虑、在不断宣泄自己的情绪中拼命控制孩子的母亲，又有一个平时不闻不问、一旦孩子给自己惹了事就拳脚相加、用暴力惩罚孩子的父亲，孩子就容易在控制与反控制、打骂与抗拒中变得更自私和自以为是。而一旦欲望得不到满足，也会用伤害他人或破罐破摔的方式“惩罚”别人和自己。在讨厌弟弟和妈妈的背后，往往是争夺母爱的关注和欲望的满足。虽然不喜欢父亲，孩子却可能成为像父亲一样暴戾的人。

对于孩子来说，如果他有一个溺爱他的母亲，但有一个懦弱的父亲，孩子就会在共生体式的依恋中缺乏独立性，以致长大成人后也难以在利他服务中实现自身价值的爱心、爱好和爱学。

祖辈助力有反思

小雨的爸爸妈妈工作忙，同时照护两个孩子负担确实有些重。经过商量，他们决定把二宝送到爷爷奶奶家帮助照护。两位老人正在参加老年大学的学习，自身素质有了进一步提升。当儿子把小孙子送来请他们帮助照护时，他们又参加了幼儿园家长学校的学习。两位老人正是在读书“照镜子”中学会了反思和再成长，为照护孙子做好了准备。

这是把二宝送到爷爷奶奶家照护后的故事。此时，二宝正站在门口拉门把手。爷爷看出他想推开门跑出去玩，立刻对孙子说：“你听锁眼里这飕飕的风声，外边一定很冷的，不要出去了。”然而小孙子却说：“外边不冷。”说着推开门拉着爷爷走出门去。爷爷走出去感受了一下，确实不那么冷。但是刚才为什么从锁眼里发出飕飕的风声呢？于是他和小孙子又重新回到屋里，让小孙子和他一起观察，还和小孙子一起去感受锁眼里冒进的凉风。“这是怎么回事呢？”他试探着问小孙子。小孙子想了想，对爷爷说：“这是奶奶搞出来的风。”

爷爷听后，不以为意地对孙子说：“你奶奶可没有那么大本事。”

可小孙子把头一歪说：“是奶奶制造的风，不信你看……”说着拉着爷爷直奔厨房。

爷爷随着小孙子走进厨房，看到老伴儿正在炒菜。小孙子让奶奶把抽油烟机关上，然后对爷爷说：“你去看看，门口还有风吗？”爷爷一看，果然没有风冒进来了。

这是什么原理呢？原来如果屋门关得很严，一旦抽油烟机打开，屋内的压强就会变小，外边的风就会从锁眼处高速流进来，造成风飕飕吹向屋里的假象。看来孙子的观察能力还挺强。保护和引导孩子的发现能力，也是最好的教育。

在爷爷带动下，二宝成为乐于体验生活的小主人。他不仅参与做家务，而且还像小老师一样“指导”爷爷奶奶。看到爷爷每天读书看报，小孙子也有模有样地读起了书。

显然，爷爷奶奶在陪伴孙子“玩”和鼓励孩子“做”的生活体验中一起实现了成长，并在“示范”和“示弱”中向孩子学习，和孩子一起成长，帮助孩子和自己一起走上了学习化生存、智慧化生活的成长道路。

小孙子在爷爷奶奶的陪伴下越来越懂事、爱学习。看来，隔代教育并不全是让人诟病的溺爱教育，当老人懂得学习和反思时，不仅能让自己的人生境界提升，也能为培养出更优秀的孩子奠定文化基础。

隔代教育并不是迫不得已的帮助照护或遭受诟病的溺爱教育，而是隔代老人在阅读反思中实现再成长的悟道、正心教育。老人的学习反思，既可以将自己丰富的人生阅历点石成金，成为宝贵的家庭文化智慧和培养优秀孩子的宝贵经验，也可以让老人在远离隔代教育的尴尬中为培养有教养的孩子发挥难以替代的作用。

如果说，父母的学习和成长给孩子带来的是融入时代环境的知识和能力，那么隔代老人的学习和反思给孩子带来的是传承中的家文化智慧。一个优秀的孩子一定是一个既有知识又有教养，能走上学习化生存、智慧化生活、意义化生命之路的人。

第二节　孩子生来就是人

孩子生来就是人。家长只有先读懂自己、认识自己，才能理解孩子。孩子既不应当只是我们的管教对象，也不应当是我们随意拿捏和役使的

“工具”。对于家长来说，面对孩子是我们第二次成长的机会。我们正是在爱的陪伴中唤醒了自己的童心，有了像孩子一样的成长力和发现美、创造美的能力，让自己的人生活出更艳丽的光彩。从这一点上说，是孩子教育了我们——正用他们成长的过程激励着我们重新学会做人做事，学会和谐相处与创新。孩子的出现让我们不得不学会重新创建家庭环境，让我们在改变原有不良习惯中实现成长。这样，我们才能成为孩子心中的“好孩子”（好人）；孩子在我们的影响下也会模仿着我们这个“好孩子”成长为好孩子。只有把孩子当人看，孩子才可能成为一个自立自强、热爱学习和不断进步的好孩子。

孩子是人不是“器”

英国教育家夏洛特·梅森认为，孩子不是生来就有好有坏，而是有成为好人或坏人的可能性。

孩子有情感、有灵魂，而不是一个容器。让孩子生活在一个孤立的环境中是对孩子的愚弄。孩子和成年人一样，具有同样的身心健康需求，应该受到公平的对待。

显然，为了陪伴好孩子成长，家长就要正确认识自己，并不断进行自我教育。而家庭则是家长不断学习、反思，认识自己的成长场所。孩子是一个具备一切发展可能性和能力的人，教育的目的就是尽可能地把孩子置于自然生活和情感生活中，让孩子成为有自然情趣、人文情感和道德情操的人。因为自然情趣是生命之真，人文情感是生存之善，道德情操是生活之美。

也正因为孩子是人不是“器”，对孩子的教育应当崇尚以人为本的人生唤醒，而不是强化以人为“器”的强化训练。

人生的唤醒是一个创建生态和谐、关系和谐、身心和谐的家园环境，让孩子在“生境”中学会生存、学会生活、学会珍爱生命，实现生命价值的过程。教育的目的是引领孩子学会学习化生存、智慧化生活，在融入时代环境中实现生命价值。

既然孩子是人不是“器”，就要把握好他们的人生，引领孩子走上学习化生存、智慧化生活、意义化生命的人生方向，而不是把孩子训练成一个没有生存能力或者生活能力的“器”，也不是把孩子训练成一个没有自我、没有心灵生活、没有梦想追求的“器”，更不是把孩子“保护”成一个经受不了一点儿挫折与考验的懦夫。

而要做到这点，就需要创建和谐的家境，陪伴孩子在“玩”中激活“情”，鼓励孩子在“做”中唤醒“爱”，引导孩子在“知”中学会“合”。一个爱国爱家、向上向善、相亲相爱、共建共享的家，才会引领孩子成为有理想、有本领、有担当的好孩子。

为什么孩子出问题

孩子是在试错与顿悟中实现成长的，要理解孩子用充满“错误”的正确行动实现成长的过程。教育就是发现孩子、反思自己，并在与孩子的共同学习、互动成长中一起从“家”出发，活出人生精彩的过程。

但是，有些家长不理解孩子摔倒了要自己爬起来。家长不好好学习和反思，却总自以为是地挑剔孩子，不仅让孩子变得逆反且习惯于为自己的过错找借口，自己也失去了人生绽放精彩的机会。在自以为是的不断说教、指责中伤害着孩子的心灵，孩子很容易出现问题。

在家庭教育中，如果把孩子只当作接受知识灌输和道理说教的对象，孩子就容易出现厌学、逆反、网瘾等情况。

在家庭教育中，如果把孩子只当作可以随意乱画的白纸或随意牵动的木偶，孩子就容易被塑造成被动应付、被动苦学的书呆子，难以自强和自立。

在家庭教育中，如果把孩子只当作满足自己虚荣心的“小棉袄”，孩子就容易变得骄傲自满，瞧不起别人，并在依附和求宠中失去自我。

在家庭教育中，如果把孩子只当作撒气筒，孩子就容易失去自尊和自信，也容易在悲观中失去自我，自暴自弃。

在家庭教育中，如果对孩子任意打骂，孩子就容易丧失自尊，变得逆反而消沉，成为不得不苦苦学习、苦苦应付的假面人。

在家庭教育中，如果把孩子只当作给自己带来麻烦和苦恼的根源，就容易在以孩子为“敌”中实施“争恨教育”，家长“打是亲，骂是爱”的误导，“恨铁不成钢”的情绪宣泄，让孩子也在情急之下就动手伤害他人。

如果认为家庭教育就是家长配合学校督促孩子学知识、写作业，那就容易出现灌输式教育。在竞争压力下产生的焦虑，会让家长重视大水漫灌式的补课，生怕孩子功夫不放在学习上。孩子很容易在家长永远不满足中失去自信，对学习产生厌烦。即使在高压下坚持到高考，进入大学后就很容易放松下来，所有前期的努力都可能成为泡影，自由散漫等问题就会接踵而来。

小羽以优异的成绩进入了一所重点初中，没想到上了初中就一下子掉了队。

当我们沿着小羽的成长轨迹追根寻源时发现，小羽是一个心灵成长受到误导的人。

上幼儿园时小羽就接受了“起跑线”教育，不仅认识许多字、能背诵许多首古诗，能算出许多小朋友算不出来的题，而且还学会了弹钢琴。所以，妈妈一直认为孩子赢在了“起跑线”上。

但是，小羽所接受的“起跑线”教育只是知识早教，而不是智慧早教。由于缺乏生活体验做支撑，他所学所记的知识仅靠死记硬背和熟能生巧，无法做到举一反三。

进入小学，随着知识量的增加，要求记忆的内容增多，小羽显得有些力不从心了。但是，天天有妈妈的督促和管教，加上各种课外补习班，小羽还是很听话。但在此期间，他已经感到学习压力越来越大，厌学的苗头开始出现。

进入初中后，由于学科增多，要求记忆的内容更多了，对学习有所厌烦的小羽压力更大了。加上他所上的是一所寄宿制学校，生活自理能力较差，难以适应学校生活。

我们发现，这种在焦虑中拼命向孩子的大脑中灌输知识的办法，不仅不能让孩子记住更多的知识，而且会让孩子厌学，学习效果会大大降低。

把孩子当作一张白纸，任由家长“乱写乱画”，表现在给孩子报许多课外班，学钢琴、学画画、学速算、学舞蹈、学英语……认为这是美育。但如果孩子缺乏这方面的天赋，这些兴趣爱好就会成为超负荷的苦训和压力，让本来尚存的一点儿兴趣爱好苗头消失殆尽。于是，看似进行的美育变成了让孩子厌烦的折磨。在教育孩子问题上，忽略孩子的兴趣爱好或特长，超过孩子的承受能力，按照家长给孩子画的“蓝图”，用大量的课外班给孩子施压，就可能把孩子的人生画苦，幸福画远。

小羽就是一个在各种补课班、训练班、兴趣班缠绕中被占满了时间的孩子。

家长误以为只要孩子把时间全用到学习上，孩子一定可以在各方面比别人强。却没想到，违背孩子的成长规律，不尊重孩子的兴趣爱好，超过孩子心理承受能力的苦训，不仅不能让孩子学出水平，还可能伤害孩子的美育素养，在被动苦训中成为不爱学习的人。

女儿常被妈妈当作贴身的“小棉袄”。“小棉袄”能暖身，也暖心，往往备受恩宠，拿来向别人炫耀，满足父母的虚荣心。在家庭教育中，当孩子感知到自己受宠，获得的成绩、考级可以炫耀时，就容易变得爱显摆、骄傲自满、瞧不起别人，并在依附和求宠中失去自我。

柳芳参加工作后不断和同事发生冲突，已经换了三家工作单位了；结婚才两年，与丈夫分居已一年了。这让她的父母很着急。

柳芳从小在妈妈的宠爱下长大，不仅人长得漂亮，学习又好。妈妈常常向周围人夸赞女儿，她几乎满足着女儿的一切需求，这使柳芳容不得别人批评，谁要是比她优秀，她就嫉妒谁，变得不可一世。

正是这种家庭教育误导了柳芳，使她在孤芳自赏中迷失自我，造成工作不顺、婚姻不顺的结果。

在家庭教育中，如果把孩子只当作宣泄情绪的“出气筒”，孩子很容易在心灵受伤的同时失去自尊和自信。一旦承受不了，很容易把情绪和怨气转嫁给他人。

在家文化与幸福人生大讲堂学习之后，一位已“跳槽”四次的女士求助张老师。张老师问她为什么频繁“跳槽”，她说因为没有遇到一位好老板。现在她已经到了第五家企业就职。老师又问她，这个企业的老板怎么样？你还准备“跳槽”吗？她说这个企业的老板还可以，认为她业务能力强，让她带一个团队。可她工作一段时间后又烦恼了，因为她所带的员工素质太低，她没法干，所以准备再次“跳槽”。

张老师突然问她：“你的孩子怎么样？”

她愣了一下，有点儿不解，却还是对老师说：“我的女儿小时候挺听话的，现在是我有一句，她有十句顶你。我真是烦透了。”

老师立刻说：“这就对了。”

她似乎有点儿迷惑：“难道你是说我的女儿像我，是我把她误导了？”

老师点点头，建议她通过这次学习好好反思一下自己是如何对待孩子的。

在模拟场景学习中，她终于看清了自己：带着烦恼情绪一个劲儿地说孩子不懂事，不好好学习；工作不如意时与老板、员工争吵。

原来自己总认为自己没错，错都是别人的。其实，自己正是在不断宣泄“垃圾”情绪中伤害着孩子、伤害着领导和同事。

显然，她需要从自身做起，调节情绪，提升修养。要克服“出气筒式”教育模式，并影响和带动孩子成为心灵有阳光、生活求美好的人，即正心修身，成长自己。

有些家长对待孩子往往是喊叫、呵斥、打骂，还声称“打是亲，骂是爱”。其实这样对待孩子会伤害孩子的自尊，孩子容易变得逆反而消沉，成为不得不苦苦学习、苦苦应付的“假面人”。

在家庭教育中，如果把孩子只当作给自己带来麻烦和苦恼的根源，就容易在以孩子为“敌”的情绪中堕入“争恨教育”的陷阱。家长“打是亲，骂是爱”的误导，“恨铁不成钢”的情绪宣泄，让孩子也在情急之下就动手伤害他人，甚至造成难以挽回的后果。

我们发现，家长先入为主的“争恨教育”往往把孩子逼向反面。他们以为针对孩子的“罪恶”进行管教，孩子就可以成为好孩子，却不承想，思维模式的简单粗暴却把孩子内心的“恶”唤醒。

其实，每个人心中都有三对纠缠着的矛盾体：“善神”与“恶魔”，“智神”与“愚魔”，“乐神”与“苦魔”。教育就是创建和谐的环境，唤醒“善神”“智神”“乐神”，让孩子有能力抑制“恶魔”“愚魔”“苦魔”。但是思维模式简单粗暴的家长却认为，事物不是对就是错，我说你就得听，结果在“争恨教育”中却把孩子心中的“魔”激活了。孩子不仅不会和父母一起与“魔”战斗，相反，却与“魔”为伍，仇恨父母。

显然，在家庭教育中，要把孩子培养好，就要懂得把孩子当人不当“器”，实施以人为本的智慧教育。

让孩子有一个纯净的心灵世界，让孩子在追寻梦想中拥有阳光心态和人生方向。幸福人生始于家，家庭环境的和谐才能唤醒“情”和“爱”，孩子才能获得幸福的起点，扬起人生的风帆，才能够自立自强奋斗前行，知行合一走好路。

但是，有不少人不明白，孩子生来就是人，让孩子丢失了好奇心、进取心，丢失了自发力、行动力，丢失了自信和自尊，丢失了责任和担当……这源于家庭教育的缺失。

一个心中无梦的人很容易在随波逐流中失去人生方向，造成前途未卜的尴尬。

一个身后无家的人很容易在孤独少爱中失去幸福起点，造成冲突不断的难堪。

一个脚下无路的人很容易在被动苦行中失去前行意志，造成一生庸庸碌碌。

赢在“起点”有方法

我们知道，0 ~ 6 岁是儿童智力和心理发展的关键时期。在孩子大脑发育的巅峰时期给予正确的引导，能锻炼孩子的认知能力。在孩子人格养成和行为习惯培养的关键时期及时引导，能让孩子具有较好的心理素质和健康的人格。因此，早期教育对孩子的影响将是一生的。

父母都希望孩子能赢在“起点”，但什么是赢在“起点”，在哪些方面赢在“起点”，却因父母的认知不同、自身素质不同而会出现不同的结果。

有的孩子自身不断学习和成长，又有懂得按照孩子的成长规律实施教育和引导的父母陪伴，呈现出良好的发展前景，成为赢在“起点”的受益者。

有的孩子在自以为是的整天说教的家长的督促中成为不爱学习，又不得不苦苦学习的受害人。

这是在一个小区里发生的故事。

两位妈妈带着两三岁大的孩子玩儿。一个孩子在妈妈的讲授下已经认识了 100 多个字，还能背诵古诗词。这位妈妈很骄傲，认为孩子赢在了起跑线上。另一个孩子只认识十几个字，却是在融入生活场景中学到的。比如，妈妈带着孩子蹚水，她先在沙地上画出了三条线代表水流，还画了一个叉开腿的小人，孩子立刻理解了这正是此时此刻自己的状态。然后，妈妈把代表水的三条线写成“水”字，把小人写成“人”字，孩子认识了“水”和“人”两个字。此后，每当他看到这两个字时就激动不已，频频发声阅读。因为这两个字不是孤立的符号，而是融入快乐生活场景中的快乐体验。之后，采用同样的方法，孩子又认识了石头的“石”字、小朋友的“朋”字……正是这种融入生活场景的学习，让孩子越来越喜欢认字，并在融入生活体验中掌握了更多汉字。

两个孩子上了小学后，一开始那个识字多的孩子考试成绩好，但是由于他只是在灌输式教育中被动记忆，所以学习兴趣并不高，渐渐落在了后面。另一个孩子有了融入生活场景的自然情趣和人文情感，学习兴趣越来越强，主动学习汉字和算术，还特别愿意帮助别人，学习成绩越来越好。

显然，灌输似乎让孩子赢在起跑线上，实际上孩子却输在了学习过程中。

而引导孩子融入生活场景中“智”学“慧”思，唤醒孩子自身的自然情趣、人文情感、道德情操，孩子就可以爱上学习、学会学习，并走上自立自强，卓越发展的人生道路。

下面是一个发生在二孩家庭的故事。

一对夫妇把孩子的爷爷奶奶接过来照护大宝。一到周末，他们就带着孩子去玩、去吃饭，想要补偿由于平时工作忙而亏欠给孩子的爱。孩子在“爱”的拥抱中变得越来越任性、自私，还喜欢撒赖。当妈妈的很无奈，只好对孩子让步；当爸爸的却不惯着他，动不动就打他一顿。爷爷奶奶一看孙子挨打就指责儿子，儿子怪罪老人惯孩子。一家人经常因为孩子发生冲突，老人气得搬回自己的住处。

二宝出生后，新的矛盾又出现了。大宝时不时欺负二宝，有一次为抢夺玩具，大宝把二宝推倒在地，二宝脑袋上碰出一个大包，气得爸爸揍了大宝一顿。大宝和二宝哇哇哭个没完，一家子人乱成了一锅粥。

后来夫妇二人参加了教育部门组织的培训，对孩子出现的问题开始有了反思。

反思一：孩子之所以表现出任性、自私，不完全是因为老人惯的，主要是因为他们的“亏欠”思维，误以为不断满足孩子的欲望就是爱；其实这是一种把孩子当作自己共生体的溺爱和自私。

反思二：大宝之所以经常打二宝，一方面是因为他们以孩子为中心的错爱，让大宝误以为二宝夺去了爸爸妈妈对他的爱；另一方面是他们情急之下就动手的行为模式误导了大宝，他也像爸爸打他那样学会了打弟弟，弟弟在模仿中也学会了对打。

反思三：曾经脾气也很暴躁的爷爷面对大宝出现问题时没有发脾气，而是带着孩子玩扑克、下象棋、做家务……在游戏和生活中引导孩子换位思考、互相协作。这说明，隔代老人也在学习和反思，给他们树立了榜样。如果他们也能学会反思和成长，家庭关系就会和谐，孩子就会找到成长进步的新起点。

反思让小两口儿做了改变，不再把孩子问题归罪到别人身上，而是创造机会形成合力，让孩子在享受父母陪伴学习的过程中也享受祖辈和谐文化的滋养。

在两代人的共同努力下，大宝带弟弟玩，哥哥和弟弟的关系变得越来越好。

显然，只有实施以人为本的智慧家教，才能唤醒孩子向善向上向美的智慧心灵，孩子就可以实现健康成长、幸福发展。

蒙台梭利认为，儿童有一颗能够吸收知识的心灵，他有独自的学习能力。教育不是老师教了什么，而是孩子从环境中获取了什么。

老师的任务不只是教课，而是同时为学生设置一个特殊的环境，安排一系列活动。孩子通过自身的天赋乐此不疲地学习，成长为一名合格的人。

也就是说，孩子是动力机器，环境是启动开关。越是接近自然状态的教育，越容易发挥孩子们的天赋。

教育就是创造环境，发现孩子的“智慧点”，并及时予以引导其行为。

也就是说，孩子学习成长的过程不是单纯灌输知识的“虚”过程，而是以“实”活动为载体，在虚实平衡中实现“智”学“慧”思，走上学习化生存之路的过程。古人倡导“耕读”文化，就是把理论和实践相结合，让孩子在生活体验中学会学习，增长智慧。讲究虚实平衡，一方面要引导孩子融入生活环境学习，而不是脱离现实只接受或者有用，或者不一定有用的知识信息；另一方面要改变只追求物欲和功利而牺牲人的精神追求的状况。

在孩子小时候，刘先生没有用简单的说教对待孩子，而是开辟了一小片菜园，设置了字画墙，建立了“工作室”，和孩子一起种菜、一起认字学习，一起学习使用各种工具，还鼓励孩子和家乡的孩子开展“手拉手”活动，引导孩子搞发明创造，并申请了一项专利。

他创建了一个生态和谐、关系和谐、身心和谐的家庭环境。在这个“家境”中，孩子可以种花、养小兔子、学下象棋、观察虫鸟，还可以在“工作室”中完成一项项小制作。孩子可以阅读爸爸书柜里的各种书籍，可以和爸爸妈妈交流体会，还可以把自己的作品贴到展示墙上。正是引导孩子为兴趣和梦想快乐表演的过程，让孩子在“玩”中激活了自然情趣、人文情感、道德情操，在“做”中唤醒了爱心、爱好、爱学，成了走出家门能快乐生活，走出校门能创新工作，走向社会能和谐相处的幸福人。

父母也在生活的实践中活出了自己的精彩人生。

显然，教育并非老师和家长说了什么，而是孩子在和谐的环境中体验了什么、发现了什么、吸收了什么。

教育不是说教和管制，而是创建环境，唤醒孩子的智慧心灵。而家长和老师自我学习、自我成长的状态，就是孩子心中的一束光，就是“环境”。

面对孩子是家长第二次成长的机遇。肯向孩子学习，和孩子一起成长，不仅可以活出人生的精彩，也会影响孩子的人生状态，孩子也可以在家长“做”的引导中成长为有出息的好孩子。

相反，如果我们还在延续自以为是的言行举止，把孩子当作管教对象，不仅不能把孩子教成成功人士，自己也错过了人生第二次成长的良好机遇。尽管我们都希望把孩子培养成好孩子，却屡屡不能如愿，就在于家长没有在孩子出生后学会再学习、再反思、再成长。一旦原生家庭的某种思维模式和行为模式在不经意中被复制，就会出现“问题孩子”的尴尬。显然，要让孩子赢在起点，不是在“求诸人”中用某种方法把孩子“制造”成好孩子，而是在“求诸已”中实现再成长，用成长带动成长，用成长影响成长，才能摆脱教育孩子的“周期律”尴尬，让“长江后浪推前浪，世上新人赶旧人”的景象在家族传承中得以实现。

第三节　好家教、好成长、好孩子

每个孩子的心灵都是一片充满美好理想和催生道德萌芽的沃土。家庭教育的意义就在于创建和谐的家境，唤醒孩子的智慧心灵，构建孩子的幸福人生，让孩子成为有理想信念、有坚强意志、有终生学习兴趣和学习能力，能正确处理好复杂的人际关系，经历成功和挫折的考验能不断奋斗前行的人。

好家教就是用正确的思路和方法对孩子培育、影响和引导。这就如同种庄稼，要选好种、育好苗，通过“土肥水种，密保管工”，让庄稼扎根沃土，拔节生长；通过光合作用获取能量，呈现出根深叶茂，硕果累累的景象。

什么是家庭教育

什么是家庭教育？《中华人民共和国家庭教育促进法》第二条明确规定：本法所称家庭教育，是指父母或者其他监护人为促进未成年人全面健康成长，对其实施的道德品质、身体素质、生活技能、文化修养、行为习惯等方面的培育、引导和影响。

从教育的内涵上讲，家庭教育包括道德品质、身体素质、生活技能、文化修养、行为习惯等诸多方面。

道德品质的养成不是简单的道德说教，而是一种求真、求善、求美的人生追求，集中体现在能替他人着想的善良，主动进取的自觉，乐于接受约束，创新求发展的主动等。

道德品质的培养需要让孩子知道什么是道德高尚，什么是道德底线，什么事应该做，什么事不应该做。这些“知道”的过程，不单纯是家长如何说教就可以的，更重要的是家长“做”的行动与孩子“学”的模仿和跟进。有些家长只知道说教、批评孩子，发生问题不去反思自己，反而不断指责孩子，甚至习惯于与别人“争理”，孩子很容易受到家长影响，并在“找借口”中变得缺乏反思能力。一些孩子之所以口是心非，往往和父母自身的形象有关。总之，道德品质的培养不是道德说教过程，而是“做”的实践过程，是一个家国情怀心有梦，“智”学“慧”思求发展的健康成长、幸福发展过程，也是一个养成核心素养，形成良好世界观、人生观、价值观的过程。

身体素质并非单纯指体育成绩高低，而是人生的健康状态。身体素质是人体在运动、劳动和日常活动中，在中枢神经调节下，各器官系统功能的综合表现，体现为力量、耐力、速度、灵敏、柔韧等机体能力。身体素质的强弱，是衡量一个人体质状况的重要标志之一。身体素质的培养，对增强人的体质和健康有重要意义。一个人身体素质的好坏固然与遗传有关，但与后天的营养均衡和体育锻炼的关系更为密切。通过健康均衡的饮食和适当的锻炼，可以从各个方面提高身体素质。

生活技能也并非指某种技巧，而是自我料理的能力。古人非常重视孩子的生存能力培养，“耕读传家”指的是既学做人，又学谋生。耕田可以事稼穑，丰五谷，养家糊口，以立性命；阅读可以知诗书，达礼义，修身养性，以立高德。家庭教育的一项重要内容就是融入生存与生活的实践，在体验中联系实际学习，并把这种相似性实践体验贯穿整个学业生涯过程之中。这是在理论与实践相结合的过程中让孩子掌握知识，并提升知识含金量的过程。鼓励孩子从小做“小主人”“小老师”“小记者”“小发明家”“小艺术家”的过程，就是一个培养孩子德智体美劳全面发展的各项技能提升过程。但是，有些家长重知识学习，轻实践体验，除了与功课有关的学习外，什么事都不让孩子做。孩子一旦陷入脱离生活体验，缺乏兴趣爱好的枯燥知识灌输过程中，就很容易厌学，成为不爱学习，又不得不苦苦被动学习的学子；一旦学业生涯结束，就很容易停止进一步学习。这些孩子长大后，如果延续这种脱离生活体验的苦学，也会把自己的下一代“教育”成不爱学习的人。

提升生活能力需要鼓励孩子自己的事情自己做，他人的事情帮助做，不会的事情学中做，坚持做中学、学中做，才可以走上学习化生存的道路，实现终生快乐学习、终生创新工作的目标。

文化修养并非单纯的知识积累，而是一个人的品格和素养。文化修养是一个人融入社会环境所要具备的一种人文精神和能力。孩子的文化修养来源于常阅读、做手工、提问题的成长过程。一个有文化修养的人往往具有这样的品格：既有自尊又不伤害他人尊严的高贵，既有学识又能谦虚谨慎做人的低调，既能独处静思又能用心陪伴他人的和美。一个人的气质里藏着他所读过的书，也藏着他所走过的路，这些一起构成了一个人的精神品格，也决定着一个人对幸福的感知能力。在现实生活中，一个人的一举一动、一言一行，都会展现其文化修养。孩子在有文化修养的父母陪伴下，也会不断提升自身的文化修养。一些家长对孩子动不动发脾气，情急之下甚至动手打人，还声称“为你好”“打是亲，骂是爱”，这是不可能培养出有文化修养的孩子的。

行为习惯并非靠家长督促孩子被动做事来养成，而是一种从自觉到自然的习性。

行为习惯的培养是陪伴孩子学会做人、学会做事、学会相处、学会认知、学会创新的过程。引导孩子学会做人就要学做善良的人、诚实的人、利他服务中实现自身价值的人；引导孩子学会做事就要坚持自己的事情自己做，他人的事情帮助做，不会的事情学中做；引导孩子学会相处就是要包容差异，优势互补，智慧整合，与他人实现共同发展；引导孩子学会认知就要“智”学“慧”思，提升学习能力和思想境界；引导孩子学会创新就要允许孩子有奇思妙想，鼓励孩子动手实践，让孩子有一个为兴趣和梦想快乐表演的童年。家庭教育的重要内容是培养习惯。有些家长误以为孩子的功课最重要，却往往忽视生活习惯的培养。孩子缺乏“实”的生活体验，一旦进入“虚”的世界，往往会把虚拟当作现实，从而陷入不切实际的生活之中，一旦在现实生活中遇到障碍和逆境，很容易选择逃避。

从教育方法上讲，家庭教育是一个培育、引导和影响的过程。

培育不是一个急功近利、揠苗助长的功利化过程，而是一个创建和谐家境，让孩子在环境中被熏陶，在心灵阳光引导下激活智慧、唤醒心灵的过程。显然，搞好家庭教育需要创建良好家庭。好家庭是一所好学校，家长要做好家庭这所学校的“校长”。这是一个在家庭环境中和孩子一起学习和成长的过程，也是一个创建和谐家庭的过程。

影响不是整天说教孩子“听话，好好学习”，也不是天天让孩子和考试成绩比自己高的学生比，说教孩子向“别人家的孩子”学习的过程，而是为人父母者以自身的主动学习和成长为孩子做好人生榜样。好的家庭教育不是“说”的教育，而是“做”的教育。老老实实做人，认认真真做事，以道德传家、以耕读传家、以诗书传家，孩子就可以在感谢父母心、感恩父母情、感悟父母慧中成为有道德品质、热爱学习、知书达理、不断进步的人。这是一个家风传承的影响过程。好家教传承好家风，家长要在学习成长中引导孩子，把家庭中一脉相传的道德品质、学习化生存状态、助人为乐的品质传承给孩子。

引导不是单纯让孩子仅仅追求分数，而是一个用良好家风和家文化引导孩子成长的过程。立德树人，引导孩子实现德智体美劳全面发展，为孩子自主学习、自立自强奠定好人格基础，并根据孩子人生成长发展的规律，陪伴孩子在不同的人生阶段实施不同内容的引导和帮助。好的家庭教育是在和谐的家文化环境中引导孩子在玩中学、学中玩，做中学、学中做的健康成长过程。但是，有些家长却以“赢在起跑线上”的思路，只单纯逼孩子背诵知识，其实是一种误导。好家风创造好人生，有和谐的家文化引领，孩子就可以和父母一起，走上学习化生存、智慧化生活、意义化生命的幸福人生道路。

从种庄稼到感悟智慧

我们都希望把自己的孩子培养成好孩子。那么，什么样的孩子是一个好孩子呢？也许有人会说，当然是功课学得好，考试成绩高，能上好学校的孩子啦。其实，真正的好孩子是有理想、有本领、有担当的孩子；而不是除了学习功课，什么也不管，什么也不会干，缺乏兴趣爱好，不爱学习又不得不被动苦苦学习的人。

培养孩子好比种庄稼，既需要阳光雨露的滋润、扎根沃土良田的耐心，也需要“土肥水种，密保管工”的养护，使庄稼能根深叶茂，开花结果，并留下希望的种子，让生命在传承中延续。

阳光雨露的滋润就好比追求理想目标中的好好学习，天天向上；扎根沃土良田就是在充满书香味的家境中智学慧思，在家长的陪伴中提升生活本领，为一生幸福奠定良好的人格基础；“土肥水种，密保管工”的培育过程就是通过正确的家庭教育思路和方法，引导孩子自立自强有担当，奋进前行走好路。一个心中有梦、身后有家、成长有路的孩子就是一个有理想、有本领、有担当的好孩子。

显然，好家长就如同一位好庄稼人，不仅要育好种、养好苗，还要引领孩子心向阳光，扎根沃土。好的庄稼人懂得按作物成长规律适时播种，及时浇水，合理施肥，拔草除虫，目的是让庄稼深扎根、强枝干、结硕果、留好种。好的教育工作者懂得按孩子成长规律智慧早教、知识启蒙、提升综合素质，并在陪伴“玩”、鼓励“做”中唤醒智慧，引导孩子走上学习化生存、智慧化生活的幸福人生道路。

种庄稼既不能大水漫灌，也不能过量施肥，否则不是淹死庄稼就是烧死庄稼。培养孩子也不能“大水漫灌”，以“赢在起跑线”为由拼命给孩子补课学知识。过多的知识信息孩子吸收不了，容易造成厌学。对知识“消化不良”的人生难与知识结缘，不爱学习又不得不被动苦苦学习就成为必然。

培养孩子也不能“过量施肥”，以“为你好”为由给孩子过量补充“营养”，孩子会因“营养过剩”反而缺乏自立自强、不会主动思考，容易在饭来张口、衣来伸手的“管教”中丧失学习能力和思维能力。一个缺乏学习能力和思维能力，由别人代替自己思考的人生是无聊和郁闷的。

那么，如何唤醒孩子心灵的阳光，帮助孩子实现“根深叶茂”，让孩子走上学习化生存、智慧化生活的幸福人生之路呢？

在家庭教育中，家长要学会陪伴孩子“三玩”，激活孩子“三情”，鼓励孩子“三做”，唤醒孩子“三爱”，引导孩子“三知”，帮助孩子“三合”，就能让孩子唤醒梦，找到家，走好路。

首先，要培养有理想的好孩子，就需要从小陪伴孩子仰望星空，探秘自然，从而激活孩子的自然情趣。自然情趣是生命之真。从小陪伴孩子学会分享、学会沟通，从而激活孩子的人文情感。人文情感是生存之善。从小陪伴孩子常阅读、学反思，从而激活孩子的心灵情操。心灵情操是生活之美。

其次，要培养有本领的好孩子，就需要从小鼓励孩子自己的事情自己做、他人的事情帮助做、不会的事情学中做，从而唤醒孩子的爱心、爱好与爱学。爱心是成人者之慧，爱好是成才者之神，爱学是成就者之师。孩子在“做”的实践中，把理论同实践相结合，实现“智”学“慧”思，不仅学习能力强、学习成绩好，而且能学会解决实际问题。

最后，要培养有担当的好孩子，就需要从小引导孩子知己、知人、知境。这是一个读书反思“求诸己”的正心修身过程，也是在利他服务中实现自我价值的过程，更是一个融入时代环境，实现爱国爱家、向上向善、相亲相爱、共建共享的共同发展过程。

知人者智，知己者明，知境者活。“三知”之慧引领孩子学会合道而行发展，合德而为向善，合心而美幸福。总之，天人合一人有梦，地灵人杰心有家，天地同辉行有路。培养好孩子的过程就是陪伴孩子一起唤醒梦、建好家、走好路的健康成长、幸福发展过程。于是有了读书成长做好人，幸福人生“梦－家－路”的选择。

陪伴孩子共同成长

什么是陪伴？也许有的家长会说，陪伴就是和孩子经常在一起，就是给他做好吃的，买玩具，一起去游玩，一起看电视、电影。其实，陪伴并不仅是满足孩子的欲望和需求，更重要的是和孩子一起学习，一起成长中的共同学习与自我唤醒，是心灵层面的沟通、共鸣和互补。

我们发现，父母口中的所谓没时间读书其实只是借口，因为真有了时间有些父母也不会读书学习。所谓没时间陪伴孩子只不过是托词，真正陪伴孩子成长是一起学习、一起成长，而不是单向的说教和管控。

孩子是我们的未来，孩子是明天的希望。唯有不断学习和思考，才能用创新去面对未来。"智"学"慧"思，能让我们在"学而思"和"思而学"中明确方向，提升融入时代环境的学习动力、学习能力、学习潜力、学习转化力。

郑观应《盛世危言》中有"智学者，格物性理文字语言之类"一说。能够联系实际，有的放矢地学习科学文化知识，应为"智"学；只接受知识灌输，则为"愚"学。古人有"知有所合谓之智""智生于忧患"之说。要实现"智"学，我们需要有合道而行、合德而为、知行合一的智慧，要有忧国忧民的家国情怀，而不是圈在屋里死读书、读死书。一个不关心时代环境发展，不关心国家命运与前途，不为人民谋福祉的人，不可能懂得什么是"智"学。学无方向，再多的知识灌输，也不可能成为国家栋梁之材。

孩子是在"做"的现实生活体验中边学边思、边学边悟的。不能简单以为教育就是灌输知识，教育是帮助人、引领人学会学习和思考，"学而思之""思而学之"才是常态。这就需要将孩子们的学习融入时代环境中以"做"的体验为根基，而家庭生活体验是最重要的一环。

唯分数论的教育模式很容易培养出不爱学习又不得不被动学习、缺乏思维能力的“高分学子”，很难造就出具有创新思维的杰出人才。思维的局限性往往让一些人陷入分数竞争的旋涡中难以自拔。

明事理、学知识、做决断为“智”，懂事理、悟真谛、会选择为“慧”。把天下事、国事、家事放在心上去思考、去反省、去感悟，为“慧”思。禅定静心，顿悟生慧；修身养德，自省增慧。顿悟是对真理的领悟，是心结被打开的茅塞顿开，是经“高人”指点醍醐灌顶的悟觉。自省是“致虚极，守静笃”的人生境界，是君子“求诸己”的觉悟和读书反思“照镜子”而实现成长的选择。要增慧，就不能只读“有用”的书，做“有用”的事，还要静下心来，读些“无用”的书，做些“无用”的事。创建书香家庭环境，陪伴孩子广泛阅读，鼓励孩子在做事情的体验中学习和思考，就会明智增慧。

孩子是在试错和顿悟中实现健康成长的，也是在学习反思、自我纠偏中实现幸福发展的。在家庭教育中，如果不给孩子试错和自我醒悟的机会，出了错就怪罪、惩罚，而不给孩子自我纠正的机会，孩子很容易成为没有思想和见解的人。

教育需要重视培养有科学精神的人，培养有家国情怀、有理想目标，能在联系实践主动学习的“做”中提升本领，并能奋斗前行的人。也就是说，培养有理想、有本领、有担当的人需要重视“智”学“慧”思。

“智”学是融入时代环境，联系实际，有的放矢的“合”中学、“忧”中思的“大学”；“慧”思是把天下事、国家事、家庭事放在心上去思考、去反省、去感悟，在修身养德、融会贯通中实现创新发展的“创思”。

在家庭教育中，家长懂得“智”学“慧”思有远见，孩子学会“智”学“慧”思有方向，在做中学、学中做中就可以走上学习化生存、智慧化生活的幸福人生道路。

一位家长反思自己曾经撕掉孩子的纸飞机的过错，开始与孩子一起研究飞行原理，引导孩子关注无人机技术，在关注、爱好中唤醒了梦，找到了起点——好好学习物理、数学等学科知识，取得了进步。

孩子联系实际的“智”学“慧”思，与父母平等沟通，主动读书写作，正是“智”学“慧”思有方向，爱上学习有思路。孩子一旦把自己的人生与国家命运联系到一起，就有了更大的格局、更美好的心愿、更高的标准。

孩子的好奇心强，喜欢探索和学习。孩子的学习能力在实践体验中获得并不断提升，离开了丰富的实践体验，学习能力就会弱化。显然，要想让孩子成为一生爱学习的人，就要创造和谐的环境，引领孩子通过“玩”和“做”，让孩子走上学习化生存、智慧化生活的人生道路。如果忽视环境的创建，剥夺孩子主动“融境”学习的机会，或者脱离实际的单纯强化知识记忆，都有可能挫伤孩子的学习能力。

苏霍姆林斯基说：“不能把小孩子的精神世界变成单纯学习知识。如果我们力求使儿童的全部精神力量都专注到功课上去，他的生活就会变得不堪忍受。他不仅应该是一个学生，而且首先应该是一个有多方面兴趣、要求和愿望的人。”他还强调：“只有让学生不把全部时间都用在学习上，而留下许多自由支配的时间，他才能顺利地学习，这是教育过程的逻辑。”

我们看到，有不少家长天天督促孩子学习功课，让孩子“什么都别管，只要把功课学好就行了”。家长以为这样做孩子就能学好功课。其实，在脱离实际的枯燥学习中，尽管孩子的学习成绩暂时提高，却丧失了终生学习的动力和能力，考入大学后，很容易在监督压力减少的情况下放任自流。即使延续着原有的思维模式和行为模式继续学习，也会影响所掌握知识的含金量，并且很难培养出核心优势和特长，难以实现创新发展。

脱离丰富实践的知识苦学还有一个危险，就是当学习压力过大或学习成绩不好而丧失自信时，很容易陷入虚拟世界寻求刺激，在游戏世界寻找自信，误把虚拟世界当现实，在游戏中毁掉一生的前途。

为了帮助孩子爱上学习，需要鼓励孩子在“做”的实践中培养爱心、爱好和爱学。这种“实”的学习，看似耽误了一些补课、训练时间，却可以让孩子在“虚”“实”平衡中变得更爱学习，学习效率更高。

妞妞上小学时学习成绩不太好，妈妈本想给孩子报班补课提高成绩，但是爸爸却有不同的意见。他认为，孩子上小学时主要是培养学习兴趣和学习习惯，要给孩子为兴趣和梦想快乐表演的实践机会，这样孩子才能爱上学习，到了初中才可能由一两项特别痴迷的爱好变为能力和特长，从而找到自信和自尊，提升学习能力并快乐度过青春期。爸爸承担起陪伴女儿一起成长的责任。女儿在家里帮助妈妈做家务，唤醒了爱心；在与爸爸一起做小实验、下棋、打球中培养了爱好，掌握知识的含金量得到提升；在与爸爸一起阅读同一本书和互动交流中培养了爱学习的习惯。她变得越来越爱学习，并以优异成绩考入重点中学。在中学期间，有小学期间养成的综合素质支撑，有对计算机软件与工程制作的爱好，学习能力变得非常强，数理化各科成绩都名列前茅。

在柏拉图的《会饮篇》当中，阿里斯托芬讲了一个古希腊神话故事。

最早的人类是球形的，有四条胳膊、四条腿，一个头、两张脸。这些球形人类有着非凡的力量和智慧，与诸神战斗，结果被嫉妒的神砍成了两半，以削减人的力量。于是，每一半都变成了只有两条胳膊、两条腿、一张脸的孤独前行者，他们渴望寻找到另一半。

人都是孤独的前行者，都希望找到人生的另一半。穿梭于城市中流动不息的灯红酒绿，忙碌于紧张的工作，我们时常与孤独相伴。孩子从家到学校，除了上学就是补习，旁边的人都是分数上的竞争者，孩子也会感到孤独。看似其乐融融的家，却因冲突不断，难有和谐相容。成长中的孤独来自家境的失谐。当一个家庭陷入冲突时，孩子内心的渴望就会得不到理解和回应，也因此逃脱不了内心的孤独和寂寞，处于弱势的孩子往往在孤立无援中选择逃避。

幸福人生始于家，摆脱孤独始于心。一颗在“家境”中养育出的善良、智慧、快乐的“心”，才是支撑起人生幸福的根基，于是有了“行有不得，反求诸己”的智慧选择。子曰：“君子求诸己，小人求诸人。”家庭教育的意义在于“为己”健康成长而“正心”。这是幸福的秘密之所在，也是远离孤独的明智选择。

人们都追求美好幸福的生活，这是生命意志使然，也是摆脱孤独的动力之所在。

叔本华认为，生命意志是主宰世界运作的力量。也就是说，这个世界是一个生命意志“参与”的世界。你可以这样理解：你是什么样的人，世界就是什么样；你是什么样的父母，就会造就什么样的孩子。

人们喜欢蜜蜂，是因为蜜蜂到处寻觅，发现甜美，采集花蜜，传播花粉，使植物通过授粉，生命得到延续。蜜蜂与植物实现了生态和谐中的共生与前行。

具有蜜蜂思维的人能在发现美中远离孤独，善于发现美的人能幸福前行。

尽管每个人都不希望自己孤独，却不得不学会接受孤独。我们发现，心灵的陪伴才是远离孤独的秘密之所在。

正是“孤独”中的阅读和思考，让人们获得了心灵陪伴，也获得了心灵的升华。一颗得到滋养的心，会获得越来越大的生命能量，并在生命能量谐振中找到最美的“另一半”。

为了让孩子爱上学习，为人父母者需要多学习蜜蜂的发现思维。一个孩子作文只得了 60 分，母亲用发现思维从中挑出好句子，孩子受到鼓励，主动把写得不好的句子改得更好了，期末考试取得了好成绩，而且变得越来越喜欢语文和作文。正是这种爱好写作的能力培养，成就了他的作家人生。

另一个孩子作文得了90分，母亲却用挑剔思维居高临下地指导孩子改掉几个病句。取得了名列前茅的好成绩却得不到肯定，孩子变得焦虑起来，越来越不喜欢语文和作文。

家长都希望孩子好好学习，为了孩子能好好学习，不光给孩子创造好的环境（包括让孩子什么也不要做，安静下来读书的家庭封闭环境；选择老师管得严，时间安排细的学校封闭环境），而且督促孩子苦学功课，苦补“短板”，苦练能“加分”的技能。

孩子在时间被占满、自由空间被挤压的知识灌输和做题训练中，渐渐变成了不爱学习又不得不苦苦学习的“高分学子”。家长以为是为孩子好，相信让孩子吃这一段苦会在将来获得学业上的成功。其实，孩子脱离了人生健康成长的轨道。

要想让孩子好好学习，天天向上，最重要的是解放孩子的时间和空间，解放孩子的头脑和双手，让孩子“做”起来，在做中学，在做中教，在做中求发展，这才是送给孩子的学习秘诀。

一个孩子能坚持自己的事情自己做，他人的事情帮助做，不会的事情学中做（“三做”），就可以唤醒爱心、爱好、爱学（“三爱”）。爱心是成人者之慧，爱好是成才者之神，爱学是成就者之师。把“三做＋三爱”智慧送给孩子，孩子就可以为终生快乐学习、终生创新工作奠定良好的人格基础，就可以走上学习化生存、智慧化生活、意义化生命的幸福人生道路。

做小主人是开明家长让孩子走进生活，陪伴孩子一起成长的过程。在参与中学会负责、在参与中获得真知、在参与中唤醒学习成长的心力。一个在参与中学做小主人的孩子，不仅更爱学习，而且能提升掌握知识的含金量，能在利他服务中实现自己的价值。而除了学习功课什么事也不会做的孩子，不仅难有融入环境的生存能力和学习主动性，即使暂时取得高分，一旦遇到挫折，难免误把虚拟当现实，陷入网络游戏不能自拔的概率也会大大增加。

心理学研究表明，儿童个性发展的特点决定了儿童具有独立性。无论儿童年龄多小，也无论儿童对家长怎样依赖，他的自主独立意识已经开始发展。儿童一面会按照家长的要求、指导去做一些事，一面又表现出活泼好动的特点，越来越多地显示出自己的主动性、自主性和创造性。例如，主动向家长提出问题，要求家长解答某些问题。每个儿童因性格不同，他们表现自己主动、独立的方式各异。有的明显外露，有的外部表现不明显，但内心都有着自己的认识和想法，和家长不尽一致，只是有的家长没有敏锐地感觉到而已。儿童有一个共同的发展倾向，就是越来越不喜欢任何事情家长都手把手地教，而是越来越渴望能够自己独立地做一些事情。其实，这是一个非常好的教育机会。鼓励孩子做生活的小主人，不仅让孩子体验到原汁原味的生活，更让孩子在实践中形成自主学习的习惯，提升学习能力。一个热爱生活，愿意主动在生活中学习、成长的孩子，会更愿意在书本中找寻学习的乐趣，他们对知识的理解比没有生活体验的人更深刻。做小主人让孩子养成了关心大局、追求成功的做人习惯，这是非常值得的。但是，不少家长却误以为让孩子做小主人会耽误学习知识，剥夺了孩子培养爱心、责任心和生活情趣的机会。一个对家人没爱心，对任何学习之外的事不关心，对活生生的现实生活没有乐趣的孩子，长大后是不会对事业有责任心的。即使掌握了一些知识，也没有多大含金量，他们可能在将来的就业、从业中面临尴尬。

通过开展家庭小主人活动，可以有效地帮助孩子提高自理能力。自理的关键是让孩子在动手、动脑筋的过程中付出艰辛和劳苦。遇到苦和累就打退堂鼓或一味蛮干，都是不能取得进步的。要让孩子学会在家庭生活中自我服务，在实践中学会一些服务方法，为将来打下坚实基础。

培养孩子的自理能力，必须教育孩子以积极的态度、主人翁精神参与家事、集体事和社会事。一位全国十佳少先队员，她只有10岁，在照顾全身瘫痪的妈妈、承担繁重的家务劳动过程中培养了自理能力。她不仅将照顾妈妈、家庭琐事安排得妥妥当当，而且对自己的学习及参加社会活动也安排得很周到。虽然她比别的孩子都辛苦，但她很乐观，受到同学和社会的一致赞扬。

为了提高孩子的自理能力，开展小主人活动可以与学校少先队活动相结合，让孩子在学会擦玻璃、洗碗筷、叠衣服、包书皮、装订修补书本、购买食品等简单的家务劳动中学会自理和自我管理。这样，就会使孩子逐渐养成自己的事情自己做，主动参加力所能及的家务劳动的自觉意识，激发孩子主动学习、独立生活的自觉性和主动性。

不少家长总爱对孩子说："你什么都别管，只要把学习搞好就行了。"孩子正是在这种观念中被剥夺了实践机会。这种剥夺，让孩子失去了培养爱心和责任心的机会，一旦走向社会，只能成为接受别人"爱"的"自我人"，却不会在主动为社会尽责任中成长为对社会有用的人。在家庭中当好小主人正是帮助孩子学会"爱"，是一次懂得尽责的锻炼机会。凡是能在家中当好小主人的孩子，在学校也很容易成为学校的小主人，走向社会成为社会小主人。一个有主人翁意识的人走到哪里都会像一粒种子一样生根、发芽、长叶、开花、结果，在为社会尽责中成为有益于人民的人。

帮孩子当好家庭小主人需要家长改变观念，把单向的爱变为帮助孩子学会"爱"，让孩子在为家庭尽责中学会负责，在为别人服务中学会"爱"。其实，孩子是有兴趣参与家庭管理和家务工作的，只是家长往往担心，怕影响孩子学习或嫌孩子做不好，而不给孩子机会。在孩子有兴趣和动力做小主人时阻碍他们去尽责，实际上阻碍了他们成长。而一旦错过爱心、爱好、爱学最佳教育期，孩子的责任心、主动性、学习能力都会减弱，想再调动起那种激情就难上加难了。

帮助孩子当好家庭小主人应体现在帮孩子当好生活小主人、学习小主人、工作小主人和人生小主人。

生活小主人就是根据家庭生活需要，帮助孩子选择一至两项生活事宜，由孩子负责，让孩子在其中培养兴趣和习惯。比如，饭后负责刷碗、负责洗菜、负责浇花、负责清洁卫生等。家中有老人，孩子能承担起抚慰和照顾工作，也是对孩子人格、能力培养的机会。不要怕影响孩子学习，当孩子的综合素质提升后，会在统筹中更珍惜时间。况且，如果孩子什么家务都不做，不仅失去了培养爱心的机会，而且孩子在长期连续不断的枯燥学习中会影响学习效果和关注力。而孩子通过自我控制时间，有利于培养综合统筹能力，提高学习效率。现实中，当生活小主人的孩子培养了爱心、责任心、毅力，会更珍惜学习机会，对所学的知识有深刻的相似性体验。那些除了学习什么都不管的孩子，却有不少人反而不珍惜学习机会，学习兴趣和学习能力不强，他们浪费的时间远比那些当小主人的孩子做家务事的时间多。

妈妈在做饭，一个个面团在她手中成了一件件艺术品：花生豆点缀的糖三角、小老鼠形状的豆沙包、银丝缕缕的银丝卷、层层肉馅的大懒龙。女儿一看见妈妈做饭就跑过，竟也伸出“小爪子”去抓面，渐渐地成了帮妈妈做饭的“小师傅”。在妈妈的指导下，女儿做的小馒头、小花卷、小肉包也成了全家人的最爱，爷爷奶奶专爱吃孙女做的“小点心”。这使孩子快乐至极，每次做饭都想掺和掺和。大概就是在那时，孩子们的智慧生命信息网“链接”上了“玩”做饭的信息。

当女儿把亲手做的饭菜端给一家人品尝时，当她听到家人的品评赞叹时，似乎懂得了生活。生活本身就是一门艺术，是融入自己心血的享受。

学习小主人就是把学习的主动权交给孩子，让孩子自己学会学习时间管理、学习内容管理、学习进度管理。但是，由于一些家长对孩子的期望值过高，恐怕孩子浪费时间会影响学习成绩，在竞争中失利，把孩子的时间管理权夺过来亲自安排。长此以往，孩子没了自我管理学习时间的动力和习惯，变得家长不催促不学、家长不陪不练、家长翻脸不怕。当我们鼓励孩子做学习的小主人时，他们会自己逐渐把握好学习时间和内容。孩子从小成为学习小主人，进入高一级学习就会更自觉。帮助孩子当好学习小主人的方法除了不要控制过多外，家长的学习行为对孩子有十分重要的影响。

有一对夫妇天天读书看报，看到有趣处还不时发出笑声。每当父母学习时，孩子也会拿起一本书看。习惯成自然，孩子上学后，主动管理自己的时间，并根据学习进度安排预习、复习时间。

当孩子把工作当作一种实现价值的行为时，他就成了工作小主人。一个在工作中成长的孩子会非常乐于遵守工作中的游戏规则。在当工作小主人中，培养的不仅是价值观，也培养着社会需求所需要的一切优秀品质。

有些学校鼓励孩子轮换担任不同角色的社会工作。轮换中的游戏规则帮助孩子学会了换位思考，学会了遵从集体意志。一个孩子只有从小懂得把简单的事做好就是不简单，长大后才会具有主人翁意识。

对孩子来说，人生就是为兴趣和梦想而快乐表演，就是学会生存与生活，在利他服务中实现自己价值的过程。孩子从小有一个快乐幸福的生活环境，是造就一生幸福的源泉。但是，家长总愿意为孩子做主，他们以为让孩子吃好喝好，让孩子学习更多知识就是帮助孩子塑造人生。如果孩子从小就失去了学习兴趣，不得不依附家长的安排，将来就会成为能力低下的“傍老族”。而那些家长思想开通，从小有理想和目标，愿意把自己今天的努力与未来的梦想自然联系到一起的孩子，会在自觉学习中拥有了起码的生存本领，长大了会开启自己的精彩人生。

变被动学习为主动创造，鼓励孩子学做“小老师”是一剂“良方”。一个孩子能听懂课，做好作业，是一种常态化的学习状态；一个孩子能听懂课，还能讲授给别人，让别人理解，并在他的帮助下做好作业，这是一种高水平的学习状态。教育如果从老师对孩子的单向“教”变为孩子在老师指导下的主动“学”，孩子的学习能力就会大大提升。鼓励孩子做好“小老师”需要家长懂得“示范”和“示弱”：示范是给孩子模仿的机会；示弱是给孩子创造的机会。

孩子走进学校，聆听老师讲课，模仿老师待人处世的方法，学习知识，锻炼能力。其实，许多孩子在认可了老师之后，就把做一个像老师一样的人作为兴趣之一。在孩子心中，老师是最伟大的人。一些担任班干部的学生模仿着他们佩服的老师做工作，学会了做人、做事和与他人相处，享受了这一重要的成长过程。但是，大多数孩子可能没有这样的机会。在家庭中，由父母创造机会，让孩子当好家庭小老师，是满足这一需要的可行办法。特别是当孩子能给父母或兄弟姐妹当“小老师”时，他们会懂得平等中的互相学习与沟通交流，他们会对所学知识的要求由听懂变为不仅听懂，而且能消化、理解，并讲给别人听，让别人也能理解的水平。显然，当“小老师”的过程让孩子们的学习状态提升了层次，不仅不会影响他们的学习效果，还使学过的知识掌握得更熟练、更深透。孩子正是在对知识举一反三的创造性劳动中提高了能力，培养了责任心。

鼓励孩子当好父母的“小老师”、同学的“小老师”，让孩子在为家长讲课、帮助同学理解问题、教会朋友一种技能中，成长为有智慧的人。

记者是现实生活的观察者、热点问题的关注者、社会矛盾的研究者、弘扬正气的评论者、先进文化的倡导者。帮助孩子当好“小记者”，对培养孩子观察能力、分析问题的能力、写作能力、主持正义的能力非常有益。孩子参与和生活息息相关的观察、研究、写作活动，是在兴趣中体验生活的极好机会。同时，培养孩子的专注力、观察力、思维力、表达力，对孩子人格完善，综合素质提高也是非常有益的。

有一所学校活跃着一批“小记者”，他们在采访过程中学到了许多在书本上学不到的知识和技能，他们变得热情好学、爱表达、会分析。看着孩子们在当“小记者”中提高了综合素质，家长们非常高兴。当家长出现不文明行为，出现问题时，“小记者”们在家庭这个小社会中提醒家长，让家长多了一分自律。其实，正是孩子的正直，能监督父母注意言行举止。面对孩子的正直和诚恳，我们童年的善良、智慧和快乐也会被唤醒。

童年的好奇心是“金子”。聪明的家长和老师不会放弃让“金子”发光的机会。在激励中引导、保护的是最宝贵的学习兴趣，家长“做”的行为是最好的示范，融入生活的故事比用说教限制孩童的行为更有益。如果想让孩子健康成长，那就别怕孩子“掺和”进生活来。鼓励孩子从小做小发明家、小科技迷，长大了就可能承担起国家科技事业发展的重担。有梦想、有家教，走好智学慧思路的孩子，对人生更有把握。

你渴望智慧之花早日绽放吗？你渴望创造灵感早日到来吗？那么，就仔细地观察生活吧！一个不热爱生活、对周围的一切都漠然视之的人，是不会拥有一颗好奇心的。如果你想在未来的人生舞台上做一颗明亮的星，就从现在开始，迈出你成才的第一步——强化你的好奇心吧！

当宝宝在襁褓中伸手、蹬脚，在父母膝前身后逗乐玩耍，以及面对大自然眨巴着迷惑的眼睛的时候，家长如果能及时发现孩子的兴趣爱好或特长，对孩子一生会奠定良好的智慧成长基础。

孩子降临于世就生活在父母为他精心安排的家庭环境中，他们与父母相处的时间最长，因此在家里孩子最敢表现自己，最无拘无束，任凭想象力、创造力天才发挥。父母在这时千万别忘了细微的观察，以便发现孩子身上开始显露的成才苗头。伟大发明家爱迪生就是由他的母亲首先发现并培育成才的。爱迪生 5 岁那年，听母亲讲了母鸡孵小鸡的故事，便做了一个小窝，把几个鸡蛋放在里面，自己蹲在鸡蛋上孵起小鸡来。母亲知道后，没有因此而责怪和取笑儿子，而是从中发现了爱迪生想象、推理思维能力强的萌芽，保护了他好学爱问的天性。爱迪生上学仅 3 个月便因爱提问，被斥为故意难为老师而遭勒令退学。母亲担起了全面教育培养他的责任，并帮他在家里搞了一个简单的实验室。从此，发明家的摇篮就筑就了。后人在评价爱迪生时说："如果爱迪生不是有这样一个好妈妈，这个天才的大发明家极有可能在萌芽时期就被扼杀了。"

好奇是知识的萌芽。当孩子第一次向父母提出稀奇古怪的问题时，一定要认真对待，这也许是他们走上成才之路的开始。

在细心观察中发现他们的关注点，在共同研究中找到他们的乐趣源，在亲自动手中和他们共同创造新作品，在不断改进中走向完美和成功。

帮助孩子成为小科技迷，使孩子在爱学的实践活动中积累起丰富的相似性体验经验，从而在大脑中形成相似模块，这将是孩子进一步学习和创造的基础，孩子会在爱科技中变得爱读书。及时引导孩子读科学探索书、成才励志书，对孩子的成长有十分重要的意义。

有一位五年级的小学生把许多中学生才可能完成的物理、化学实验都做完了。他还读了好几本科学书籍，立志长大了要当一名科学家。孩子就是在当小科技迷中成长为智慧达人。

古人有“三岁看大，七岁看老”的说法，强调的是要重视孩子的早期教育。从“幼儿养性，童蒙养正”的教育理念到“孟母三迁，择邻而居”，彰显的是早期习性的培养和早期成长环境对人一生发展的重要意义。儿童的感知、语言和认知能力的发展是有规律的。按照婴幼儿成长规律，在成长的不同敏感期及时创造环境，实施对婴幼儿的影响和引导，就是最好的早期教育，能让教育效果事半功倍。

影响孩子发展的两个因素：一个是基因，一个是环境。遵循孩子成长的规律，创建适合的环境，就可以激活孩子的自然情趣、人文情感、心灵情操，唤醒孩子的爱心、爱好和爱学。

孩子是有无限发展可能性的人；环境是激活孩子智慧，唤醒孩子心灵的开关。早期教育就是创建适宜的环境，按照孩子成长的规律，给予引导和影响，让孩子在主动玩儿、主动做中去学习、适应、探索、发现，渐渐使其天赋被慢慢地牵引出来，为后续的健康成长与幸福发展做好准备。

第五章

智慧早教，赢在创境

第一节　赢在起点有选择

著名教育家朱庆澜曾有一个形象的比喻：小孩子生下来，好似雪白的丝。家庭生活就好似第一道染缸，父母教得好、养得好，好似白丝染成红底子。到了进学堂，再得好先生，就将那红红的底子好好加上一层，自然变成了大红。到了社会上，哪怕坏朋友想把他变成黑色，他那大红的底子，一时总不得变。如果再遇上好朋友，不用说，自然变成真正的朱红，头等的好人。万一父母教的法子、养的法子不好，就好比白丝一下缸，就已经染成黑底子。进了学堂，就算有好先生想把他变成红色，那底子总难褪得去。就是勉强替他加上一层红色，仍旧是半红半黑。如果孩子再遇着不热心的先生，到了社会上，再遇着坏朋友，将黑底子一层一层加上黑色，自然变成永不褪色的黑青，永不回头的坏蛋了。

朱庆澜用"三道染缸"的比喻来解读教育非常经典。同时也告诉我们第一道染缸是多么重要。家庭早期教育是基础，是最根本的育人教育，而学校教育和社会教育只不过是在家庭育人教育基础之上的延伸和发展。

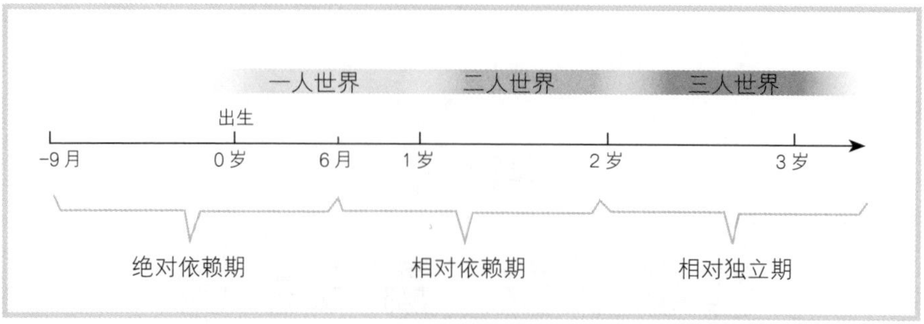

图 5-1

婴儿从出生到 3 岁左右（见图 5-1）是早期照护和教育的关键期。从出生到 6 个月左右，是孩子的绝对依赖期。为了防止因出生恐惧产生焦虑情绪，让婴儿获得较好的安全依赖，对婴儿需要全方位满足，一旦被冷落，就容易出现问题。母亲温暖的拥抱、温柔的话语、微笑的脸庞、轻轻地抚触，其实就是最好的照护。母亲在婴儿的绝对依赖期坚持亲自照护，亲情陪伴，避免了孩子的安全感缺失。父亲从孩子出生那一刻，也开始承担抚育责任，需要和孩子建立起亲子依恋关系。

从 6 个月到 2 岁左右，孩子进入相对依赖期。为了防止焦虑传染，母亲与婴幼儿的互动关系需要紧密，这是一个亲子共生、亲情依恋的过程。孩子在依恋中探索，会渐渐向自我独立方向发展。母亲在相对依赖期加强和孩子的亲情互动，父亲也需要参与亲情互动，让孩子在亲情依恋和自我把控中实现健康成长，防止母亲暂时离开时造成的习得性无助的产生。

从 2 岁左右到 3 岁左右，孩子进入相对独立期。为了帮助孩子逐渐走向独立，父亲的介入就显得十分重要。作为妈妈，懂得和孩子“分”，让父亲陪伴孩子融入更大的世界成为早期教育的重要选择。母亲鼓励爱人参与照护孩子，让孩子在与父亲的互动中激活“三情”智慧，成为和爸爸一样的男子汉；和妈妈的关系也渐渐由亲子共生的依恋关系升华为与爸爸一起爱妈妈的“小大人”。

有早期照护的基础，孩子上了小学之后就进入学习化生存状态，在兴趣和梦想快乐表演中唤醒了爱心、爱好和爱学，渐渐有了特长，在学习能力提升的同时有了责任与担当，实现了健康成长，幸福发展。

两位父亲谈“参与”

小凡出生后，爸爸因为工作忙，顾不上多照护他，一切都由爱人包办。即使有了空闲时间，不过是带着小凡买些玩具或是到动物园看看动物。结果，由于缺乏父爱和正确引导，小凡与爸爸的感情不深，很黏妈妈。他胆小怕黑，离不开妈妈，稍有不如意就撒赖，只要不合他的意就发脾气。爸爸妈妈自以为是的“爱”却放纵了小凡的欲望。所以，陪伴并不是“对他好”的欲望满足，也不是自我愧疚的补偿。当夫妇俩把孩子作为中心，共同满足孩子的一切欲望时，“爱”的行为就成为助长“恶”的开始。我们正是在所谓“爱”的“补偿”中把孩子误导成难以自立自强的人。

小明的爸爸做了另一种选择。从小明出生那一刻开始，他就关注着孩子的一言一行、一举一动。通过学习，明白了孩子在不同的敏感期出现的专注倾向，及时配合爱人做些力所能及的照护工作。小明 2 岁后，爸爸加大了陪伴的力度。但他的陪伴不是像妈妈一样的照护，而是带着孩子去玩沙、蹚水、抓小虫，让孩子在开阔视野中激活自然情趣，找到融入大自然的机会，提升探索未知事物的主动性。他用行动带着小明帮助爱人做事情，还嘘寒问暖惦记着爱人的身体和情绪。小明也在爸爸的影响和引导中成了关心妈妈、替妈妈分忧的小男子汉。

父爱要从孩子出生那一刻开始。共同照护孩子的过程让夫妻之间的感情加深。帮助孩子从“恋母”状态走向自立自强，父亲在孩子 3 岁前的及时参与引导是关键。这种参与不是满足孩子欲望的物质“补偿”，而是从带着孩子一起爱妈妈、帮妈妈开始的“爱唤醒”，是带着孩子拥有更大视野的发现、探索和实践。当一个孩子懂得像爸爸一样爱妈妈，当一个孩子能离开妈妈，在更大的视野、更多地参与中有了爱心、爱好和爱学时，孩子就由共生依恋走向了自立自强。父亲是唤醒孩子爱心、爱好、爱学的引导者，父爱缺失影响的是孩子走向自立自强的进程。

两位老人也成长

小凡出生后，爷爷奶奶都喜得合不拢嘴。随着小凡一天天长大，爷爷总不忘给买这买那，奶奶更是有求必应。让他们没想到的是，正是他们宠孙的误导，让小凡后来的人生遇到了许多挫折。

小明的爷爷奶奶重视夫妻关系和谐，嘱咐儿子儿媳和睦相处，对孙子的成长不喧宾夺主，做好配合照护。他们还注意婴幼儿早期教育知识的学习，对孩子的成长规律有了认知和把握，做好孙子成长中的配角。

第二节　关注孩子的注意力品质

我们都希望孩子学习好，长大了能做好工作。但如果孩子的注意力品质较差，学习效果就会变差。许多孩子学习成绩不理想，往往不是不努力，而是注意力品质较差。

注意力品质与学习

2014 年，河北师范大学和河北校外注意力训练中心曾发布了一份《小学生注意品质调查报告》。这项针对河北省 3103 名小学生展开的调查显示，有 45.2% 的孩子注意力范围窄小，存在缺失。而这正是丢三落四、毫无秩序等外在表现的反映。调查关注了影响注意力品质的四个基本因素：注意广度、注意稳定性、注意的分配、注意的转移。

注意广度也叫注意的范围，指的是同一时间里能清楚地注意到所关注的对象数量。

注意稳定性是个体在较长时间内将注意力集中在活动或对象上的特性，在学习方面表现在考试、写作业等任务中，能够保证在较长时间内注意力集中地完成一件工作。

注意的分配也就是通常所说的“一心二用”，例如在学习方面表现出的一边听课一边记笔记的能力。

注意的转移考察的是学生的主观能动性，当他们有了新的任务，是否能主动把注意力由一个对象转移到另一个对象上，在学习方面表现在不同学科作业之间的转换等任务。

调查显示，有 45.2% 的孩子存在注意广度窄小或缺失；有 79.4% 的孩子出现不同程度的不注意细节，在日常生活中粗心大意；表现良好的仅有 20.5%。

对于家长普遍关注的孩子注意力是否持久这个问题，调查也得出明确结果。超过 50% 的小学生在受到不良干扰后，衍生出了如做作业速度慢、边做边玩等问题，还有 55.5% 的孩子做作业时容易感到疲劳和厌倦。

调查还显示，相较于“粗心”“不专注”等老问题，与注意转移因素相关的外在问题更为严重。有 71.8% 的家长抱怨孩子在看电视或者玩游戏时好像听不到自己说话。

家长往往重视注意稳定性，而对其他注意品质的重视程度往往不够，尤其对学生注意广度的提升没有足够重视；而这些注意力品质将直接影响孩子的学习能力和水平。

爸爸妈妈带着两个孩子去旅游，两个孩子非常高兴，他们看着窗外的风景和一辆辆开过的汽车不时发出欢笑声。两个孩子似乎都对汽车很感兴趣，争相喊出汽车的品牌。看来两个孩子都是“车迷”。

突然妈妈说：“孩子们，我们来算算术吧，看谁算得快。”孩子们

“嗯”了一声，却仍把目光盯在一辆辆疾驰的汽车上。

“我给你10元钱派你去超市买冰糕，冰糕的价格是2元，超市的阿姨应该找给你几元。”妈妈出了第一道题，心想，这么简单的题，8岁的哥哥一定会立刻答出来。可奇怪的是，5岁的弟弟却抢先答了出来：“8元。”显然，哥哥并不是不会答这道题，而是注意力还没有及时从研究汽车转移到答题上。(注意的转移)

这让8岁的哥哥很尴尬，他着急地说：“再考一道。”

于是妈妈又出了第二道题：“我给你5元钱去买冰糕，冰糕价格是3元，超市阿姨应该找给你多少钱。”这次哥哥不甘落后，立刻回答说：“7元。”弟弟慢了半拍，但他对哥哥的回答似乎很惊讶，轻声地说：“2元。”显然，这一次哥哥抢答又错了。哥哥的惯性思维还停留在给他10元，只注意到冰糕价钱变为3元，却没有关注给他的钱也变了，于是答错了。(注意的广度)

此后，哥哥渐入佳境，答得比弟弟好多了，而弟弟后来竟然玩起别的不再答了。(注意稳定性)

我们发现，注意稳定性强的孩子写作业能长时间集中注意力并很快完成。培养注意稳定性需要从早期教育开始。

注意广度指同一时间里能清楚地注意到所关注的对象的数量和范围。事物往往都是有联系的，这就要求观察者能注意广度。注意广度宽的孩子所掌握的知识含金量往往更高。

注意分配力既是一种多方位专注素养（一心两用、耳听八方、眼观六路），同时也是一种协调能力，如一边听讲、一边理解、一边记录要点。

注意转移力是改变专注点的主动适应能力。如上完语文课后能迅速把心思专注到数学学科学习上；做完语文作业后能迅速钻进数学领域高效学习。如果孩子对所学的功课都有兴奋点，不仅能做好前一项作业，也会在兴趣和兴奋中主动把另一项作业做好。但是，如果孩子对学过的功课不感兴趣，缺乏兴奋点，一科作业磨磨蹭蹭，下一科作业也因无兴奋点和兴趣做得磨磨蹭蹭。

提升注意力品质有思路

提升注意力品质对孩子未来的学习习惯养成、学习能力提升有重要意义。一个人注意力品质的优劣往往体现在注意稳定性、注意广度、注意分配、注意转移等方面。提升注意力品质重在早期关注与引导，一旦发现孩子的注意力品质出现问题，不是批评和纠正，而是在接纳现实的基础之上，用良好的心态，通过必要的手段予以帮助和引导，并努力做到相对更好。

提升注意稳定性重在发现与保护。孩子有时会看着某种东西“发呆”，其表情有时可能是愉悦的，有时可能是紧张的，有时可能是略带恐惧的……此时此刻，孩子正在全身心地关注事物。保护这一专注过程，有益于保护孩子的注意稳定性。一个孩子有兴趣关注某种他所喜欢的事物，或者是遇到某种挑战调动全身心的能量去面对考验，正是一个提升注意稳定性的成长体验过程。在这种体验过程中，会很容易在今后的生活里把这种相似性体验移植到学习和工作中。一个学习不专注的孩子，往往也是一个在其他活动中缺乏稳定专注力的孩子。孩子曾经有过的一个个专注表现和专注过程一旦经常被打断，就很难建立起长期稳定专注的能力。上学期间孩子注意力不强，往往是曾经被无意伤害过。在这种情况下，过度的不满指责和心理暗示有可能进一步伤害孩子的专注力素养。即使在逼迫下训练，也很难诱发出那种发自内心深处的自然状态；一旦脱离训练和管控，很难让专注过程长久。

儿子不到 2 岁时，家里曾发生过这样一件事。有一天，女儿帮着妈妈做饭，儿子正在自己玩。当饭菜摆上桌时，姐姐叫弟弟过来吃饭，可弟弟就是不动，注视着地上的什么东西。姐姐一把拽起弟弟就往饭桌上拉，弟弟却哇的一声大哭起来。

人们往往认为，对于一个不懂事的小孩子来说，叫他过来吃饭就得听话，没什么可说的，但我却忽然意识到，儿子的一个童真美梦可能被打搅了。我赶忙阻止了女儿，和女儿一起蹲过去，看儿子在看什么。原来，他正在注视的是一只瓷老鼠，我记得是在买碗时赠送的，要不是儿子瞧它，我还真没细看过呢。瓷老鼠制作得还挺精致，炯炯有神的一对小眼睛透着亮光，耳朵的轮廓清晰可见，似卧非卧的姿态像是要逃跑的样子，只是尾巴不知怎么没有了，露出了一个小洞。

儿子的注视说明他对这个小玩意儿产生了兴趣，这正是一个培养观察力、专注力和兴趣爱好的好机会。女儿轻轻地抚摸着小老鼠，又随手拿起来往自己脸上贴，然后又向弟弟那边推。弟弟像是很害怕，直往后躲避。我们继续陪他看。儿子好像不害怕了，也开始用手去摸它，后来又试探着拿起来，但最终没敢往脸上贴。我看出他还是心有余悸。又过了一会儿，奇迹发生了，儿子拿来了一根牙签。我顿时眼睛一亮：儿子肯定是发现了这只没尾巴的小老鼠不完美，他要给老鼠安上尾巴。我帮他把牙签安好，他高兴地鼓起掌来。

这顿饭吃得虽晚，但我们尊重了孩子一次专注观察世界的机会。后来，孩子在提升专注力品质中获得了较好的学习效果。

提升注意广度重在丰富生活体验。融入生活体验才能培养出孩子眼观六路、耳听八方的能力。孩子的专注对象是广泛的，专注力是多方面的，一旦他对某种事物感兴趣，或是孩子突然遇到某种挑战，都会出现专注力“聚焦”。这种能量聚集会让孩子实现高效学习，或是在调动全身心能量中实现挑战成功。但这种聚焦并不等于完全屏蔽其他事物，而是一个有明显专注聚焦点的“广谱”专注范围，使专注者不致顾此失彼，在多方关注、护佑下更好地完成主要任务。

提升注意分配能力重在综合协调。这是一种多方位同步专注素养时的协调学习工作能力（一心两用），如一边听讲，一边理解，一边记录要点，需要在学习、生活、工作实践的体验中训练出来。为了提升听课学习效果，可以提前对要学的内容进行预习。预习时要明白即将学习的课程主要内容是什么，需要特别关注的难点在哪里，有什么问题感到不理解。也就是说，要做好听课准备，有目的地听课，这样听课时会有意识地抓住重点学习理解。而对于自己已经理解的内容，经老师讲解，就可以更清晰其逻辑关系，巩固已知内容。记笔记并不是记录老师说了什么，而是在老师引导下理解重点内容，记录要点，把来不及深入思考的内容记录下来，以备课后复习和提问。

有时我们会认为，该学的内容老师在课上都要讲，从而忽视了预习环节，影响了听课效果。即使笔记记得再全，却失去了在老师引导下的深入理解，学习效果就会变差。特别是课堂上缺乏这种协调能力，很容易把精力用到记录老师所讲的内容和结论上，却无暇思考老师是怎样一步步得出结论的。这种只接受“鱼”而失去“渔”的学习，很难摆脱死记硬背的学习状态。

学习是一种全方位调动自己能力的高效进步过程，需要在早期教育中予以关注。引导孩子一边跳一边唱，运用好肢体语言进行朗诵和表演，都是培养注意分配能力的措施。

提升注意转移能力重在兴趣引导。改变专注点的主动适应能力，如上完语文课后能迅速把心思专注到数学学科学习上，做完语文作业后能迅速钻进数学领域高效学习。一个孩子注意转移能力高，离不开多方面兴趣爱好的体验和综合素质水平。一个从小只关注识字、算术，却没有在父母“玩”的陪伴中激活自然情趣、人文情感、心灵情操的孩子，兴趣点不会多，也难有一个为兴趣和梦想快乐表演的童年。一个兴趣点不多的孩子，在学习中常会遇到“没意思”的尴尬，在学习中进入角色慢；

一旦改变关注内容时，又要经过一个角色慢进入过程，就会造成各个学科学习上普遍平庸的状态。一个各科成绩都不出色，又没有在实践体验中培养出一种特别痴迷的爱好并发展成能力的孩子，很难建立起人生的自信与自尊。在平庸中度日，兴奋点也会变得越来越少，影响自身发展进程。

小芸上小学时学习成绩一直不错。为了让孩子的学习成绩更好，妈妈给孩子报了好几个课外班。孩子也很听话，在学习成绩上比别人都优秀。有这样的学习基础，妈妈相信，等她上了初中，一定也会十分优秀。

小明上小学时学习成绩一般，比较贪玩。他有一堆玩友，相处得很好，还喜欢做些“没用”的小实验。妈妈认为分数不是最重要的，喜欢学习、爱好多才能让孩子走上学习化生存道路，并不在乎学习成绩的高低。

上了初中后没多久，两个人的差距就出来了。面对初中各学科，小芸的压力越来越大。上物理课时，由于缺乏实践体会，对课程内容的理解十分吃力；接着上数学课，很难把注意力立刻集中到逻辑关系更复杂的知识上，渐渐地有些适应不了。而小明有“玩”和“做”的体验，更重要的是小学期间所培养的各种兴趣爱好，让他首先喜欢上物理课，接着对与物理联系密切的数学也发生了兴趣，还特别喜欢做化学实验。这样一来，各科学习成绩都有了提高。由于和同学关系相处得好，一旦同学有什么问题，都愿意和他交流，使他的学习能力变得更强了。

第三节　镜像神经元与早期教育

镜像神经元是 20 世纪末脑神经科学的重大发现，它能够使生活和家庭教育中许多知其然而不知其所以然的问题得到科学解释，在家庭教育中有广泛的应用价值。围绕镜像神经元出现的一系列理论假定表明，镜像神经元在一定意义上讲，就是“教育神经元”。镜像神经元不仅带来对家庭教育基本原理的重新理解，而且能够引导我们在实践上更好地实施家庭教育。认识镜像神经元有益于孩子的早期教育。陈建翔、陈建淼在《由镜像神经元的发现引发的家庭教育变革》一文中详细论述了镜像神经元对家庭教育的启迪。

认识镜像神经元

科学家们发现，人脑中存在一个镜像神经元系统。它如同“魔镜”一样，能迅速理解别人意图、情感及社会意义（所见即所思）。

镜像神经元是20世纪末由意大利帕尔马大学的研究人员首先发现的。美国加州大学洛杉矶分校（UCLA）的一名神经外科教授和他的同事一起，首次实现了对人类大脑中镜像神经元的直接记录。镜像神经元能够像照镜子一样通过内部模仿而辨认出所观察对象的动作行为的潜在意义，并且作出相应的情感反应。这个发现一经公布，立即在全世界科学界引起巨大反响。科研人员把这样一种具有特殊能力的神经元，称作“大脑魔镜”。

镜像神经元是大脑中的一些细胞，它们不仅在我们自身执行某个特定动作时被激活，而且当我们看到别人执行相同的动作时也会被激活。因为镜像神经元，我们人类才所以成为（有情感的）人。神经科学家认为这种“镜像机制”正是我们能够“读懂”他人思想，并且能够对他人感同身受的机制。也就是我们如何“感受到”他人的疼痛，如何将咧着嘴笑与扮鬼脸区分开来、将微笑与假笑区分开来的原因。

也就是说，镜像神经元系统可以在大脑中重复别人的动作（例如：我们伸出舌头时，出生不久的婴儿竟然也能像我们一样伸出舌头；别人打哈欠时我们也跟着犯困打哈欠；等等），使人能直接理解他人意图、情感及社会意义，使人一眼“看”出我们正想理解的“道理”（顿悟）。

人类有一种对本质的直接直觉能力（非逻辑思维）。它使人一眼“看”出了我们正想理解的“道理”。可以体现在对举止言谈的模仿，如：家长打孩子，孩子也习惯于打他人；家长常找借口，孩子会推卸责任……也可以体现在生活中的共情，如：别人吃东西香，自己有体会，也咽口水；别人打哈欠时，自己有体验，也会犯困；别人挨打痛苦，自己有经历，也会痛苦，这是一种同情心、恻隐之心。

媒体曾经报道一个 12 岁女孩在电梯里把一个两三岁的孩子打得遍体鳞伤，其实正是镜像神经元缺失的体现，她感知不到被害者的痛苦，无法在感同身受中产生恻隐之心。

一位年轻人声称一直找不到工作，为此而烦恼。他找一位老师咨询，这位老师一看他凶巴巴的样子和眼里闪出的冷光，似乎就明白了一切。看来人是可以“貌相”的。谁愿意接纳一位令人害怕的人呢。进一步的了解验证了老师的直觉判断，这位年轻人从小生活在一个失谐的家庭中，父母经常发生冲突，打架打得死去活来。他整天面对的是爸爸凶狠的目光和无情的打骂。在这样一个原生家庭中，激活的是他心中的怨恨和无奈，尽显在其脸面表情之中。

一位小学生做作业十分拖拉。母亲为此而着急万分。孩子非常逆反，有时故意不抓紧做作业。为什么会这样？原来孩子早就看懂了，无论完成多少作业，一旦有空闲，母亲就会加码让他多学点儿东西。他已经没有时间和别人玩了。孩子看懂了妈妈，可妈妈却没有看懂孩子，还在给孩子讲大道理，说学习好了可以上大学，有好工作。可孩子早就明白了，他妈妈这位有学历的知识分子不是照样下岗待业吗？他最爱问的问题是“我什么时候能退休”。因为他早就看懂了，退休才可以不再有学习和做功课的压力。

母思维与子思维

镜像神经元的发现，使科学家认识到：人们可以不假思索地通过直接模仿作出基本动作；在看到这些动作时，也能迅速理解，而不需要复杂的推理过程。这样，就产生了一套新的“顿悟模型”，这个模型认为高级哺乳动物，特别是人，对事物的“理解”采取的是“顿悟”的方式，即在瞬间就可以“看透”事物的潜在意义。人脑中存在着顿悟机制，这恰是人类理解的奥秘。

我们把这种直接理解别人意图、情感、意义的直接思维称为母思维。这是人类几万年进化中形成的原生性思维（直觉思维、顿悟思维）。孩子的思维首先是顿悟型的母思维（所见即所悟）。

而在母思维基础之上的抽象思维、推理思维、分析式的思维（逻辑思维），我们称之为子思维。子思维是人类有了文字语言后形成的派生思维（以母思维为基础的延伸逻辑思维）。

显然孩子的教育首先是母思维的唤醒并在此基础之上的延伸逻辑思维（子思维）。而非孤立的逻辑思维训练（不能只看认字多少，算题多快，更要看直觉能力和悟性，以及所掌握知识的含金量）。

我们今天的孩子教育所面临的尴尬是：

轻母思维，重子思维，造成孩子的悟性差，所掌握知识的含金量低。

轻“家教育”，重“校教育”，造成单纯以分数多少论高低的片面评价机制。

轻“人唤醒”，重“人管教”，造成孩子被动苦学而缺乏自动自发主动求学。

美国加州大学洛杉矶分校心理学家帕特丽夏·格林费尔德表示：“镜像神经元为文化的进化和演变提供了强大的生物学基础……如今我们知道，镜像神经元能够直接吸收文化。每一代人都是通过模仿、观察，来教育下一代人的。”

镜像神经元引发的思维是几万年进化中形成的原生性思维，能够直接吸收文化、演变文化、传承文化。每一代人都是在观察模仿中产生直觉思维、灵性思维、顿悟思维，并形成抽象思维、逻辑思维基础。我们把这种原生性思维称为母思维，而把在此基础上延伸的逻辑思维、分析思维称为子思维。

母思维的唤醒，就是通过“创境”，让孩子看到更多、体验更多、交流更多，在“做”的体验中去悟之，于是有了“智”学“慧”思的理念。

实现共同成长：大人重新做“好孩子”，孩子学做“小大人”。

大人“做”的教育：自身就会阳光灿烂，主动学习，尊重孩子。

孩子“看”的学习：自身就会阳光心态，自动自发，目中有人。

为什么有的孩子很用功，却学习效果差？其原因之一就是缺乏母思维基础。

为什么有人一读书就会头疼？其原因之一就是有读书痛苦经历。

而子思维是抽象的、推理式、分析式思维（逻辑思维），是有了文字语言后形成的派生思维，而且这种思维是以母思维为基础支撑起来的思维。这就需要在学习中重视母思维基础。比如，融入自然场景中学习语文知识，参与生活中学算术等，都会使学习效果更好，所掌握的知识含金量提升。

母思维基础好的孩子往往媒介素养高，即使进入虚拟世界玩游戏，也会把玩游戏升华为玩工作的过程，很难陷入网瘾而难以自拔。缺乏母思维基础的孩子往往媒介素养低，一旦进入虚拟世界玩游戏就容易误把“虚拟”当“现实”，在“游戏人生”中成为与现实世界格格不入的人。

当我们重新思考厌学问题、网瘾问题、轻生问题、创新能力问题时，不得不关注一个人缺少早期母思维智慧带来的尴尬。对于孩子来说，如果他们所学都是孤立的文字符号，枯燥的逻辑推理，他们只能靠死记硬背去应对，靠熟能生巧去提升，很难做到举一反三、融会贯通。但是如果在融境中提升母思维智慧，他就可能做到无师自通、融会贯通。

家庭教育的“镜像时代”

陈建翔、陈建淼在《由镜像神经元的发现引发的家庭教育变革》（以下简称论文）一文中详细论述了镜像神经元对家庭教育的启迪。

儿童是宇宙的精灵。儿童教育中存在无数的未解之谜。儿童是怎样认识世界的？为什么有的孩子聪明，有的孩子不那么聪明？优等生与差生的差别在哪里？孩子们的“无师自通”是怎么回事？天才儿童是少数，还是多数？为什么现代学校教育制度下，孩子们容易呆若木鸡……过去，我们的许多教师、家长对这些问题的理解，大多是“知其然，不知其所以然”，模棱两可，似是而非。而大多数学校教育、家庭教育、校外教育在早期儿童教育和潜能开发方面，主要是凭经验、靠感觉、拼概念，盲目施教，科学性差，甚至揠苗助长，南辕北辙，制造了无数的“冤假错案”！

该论文还指出，镜像神经元是在距今 5 万—10 万年前进化出来的，它是从晚期智人变成真正的人类的关键一环。镜像神经元如同一个高度压缩的芯片，把人类几万年进化的智慧和“间接经验”，储存于人类个体的大脑，并通过视觉来“激活”，使人类一代一代高居地球生命之首。简单地讲，镜像神经元就是一种特别神奇的脑神经细胞，它能够像照镜子一样，瞬间直观出事物的特性，直接看明白事物的本质特征；而不需要像人们过去所猜测的那样，要经过复杂的推理过程。你之所以成为万物之首，你之所以具有人类智慧，很大程度上要归功于镜像神经元！

论文研究表明，镜像神经元对于家庭教育具有广泛的解读性，能够解释众多的家庭教育现象；镜像神经元在家庭教育中的应用，将促进家庭教育的变革与创新，带来一个全新的家庭教育“镜像时代”。镜像神经元对家庭教育的启发价值，涉及了家庭教育基本原理方面的重新理解。

◎孩子们看见的，就是他们思维的（“所见即所思”）

我们通常把人的眼睛看作“感官”，即感性器官；我们并不认为眼睛是“理性器官”，具有“理性分析”的能力。尽管我们说“眼睛是心灵的窗口”，但这一般只是比喻，我们并不真正赋予眼睛以“心灵”“智慧”“思维”“理性”等高级心理属性。

镜像神经元的发现，使我们不得不对自己的眼睛“刮目相看”：眼睛不仅是外界万千事物的“感受器”，而且由于它与镜像神经元的直接联系，变成了一种“理性器官”；它本身具有判断和领悟的功能，即理性能力，它在“看见”事物的同时就产生了对事物内在特性和深层关系的领悟。换句话说，人的视觉有思维能力。思维，从“看见”的瞬间就同时开始了。他所看见的，就是他所思维的，所以叫“所见即所思”。

著名美学家鲁道夫·阿恩海姆曾说：“人类有一种对本质的直接直觉能力，使我们在一个个别事中一眼便‘看’出了我们正想理解的‘道理’，与此同时又直觉到它在其他事物中也必定如此。”这种一眼看出本质的能力，不正是镜像神经元的特有能力吗？！

孩子们的视觉和思考是在一起的，由镜像神经元带来的“镜像革命”，其实是孩子眼睛里的革命！

◎孩子们的思维，首先是顿悟型的母思维（“所见即所悟”）

镜像神经元原理告诉我们，人的视觉有思维能力，但这种思维不是一般理解的“思维”，而是一种顿悟的思维，所以叫“所见即所悟”。

我们认为，人类应该有两种思维方式，即直观的、直觉的、顿悟的思维，和一般理解的那种抽象的、推理的、分析的思维。前一种思维方式，是人类更为远古、更为基本、更为重要、更为有效的思维形式，我们把它称为母思维，它在人类几万年的进化史上，一直发挥着重要的作用。后一种思维方式，则是在抽象的文字符号出现以后形成，日渐逻辑化、规则化、技巧化的思维方式，我们将其称作子思维，它在人类几千年的生存和发展过程中，逐渐占据了理性判断的主导地位。

过去我们曾经把思维分为“形象思维”和“逻辑思维”，这种分法固然有一定道理，但不足以显示二者之间的真正差别——原生性思维与派生性思维的差别、“母”与“子”的差别。

我们的基本判断是，不论是就整个人类的发展而言，还是就个体生命活动而言，第一，母思维和子思维是同时发挥作用的；第二，母思维是子思维的基础。

母思维之所以是子思维的基础，在于它是与生俱来的直观能力与感性对象之间的直接作用，这种作用及其积淀物——意象，支撑了抽象化的子思维。

我国家庭教育和基础教育存在的一个普遍问题，是没有充分认识到母思维的作用和地位（或者根本不知道它的存在），过早地、片面地、畸形地培养了儿童的子思维。在孩子们的早期经验中，感性活动贫乏，视觉意象欠缺，他们过早进入了主要依靠抽象推理的学科学习。这一方面使得许多孩子面对高度抽象的词语、定理和公式，由于没有相应的感性材料做支撑而无法理解，造成“学习困难”。另一方面，更多孩子的思维只会从抽象到抽象，鹦鹉学舌，形式僵硬，缺乏想象力，更遑论思维的创新！这种状况延续到高等教育，使得学生的思维严重脱离感性现实，变成了“纯语法游戏”：一篇几万字、十几万字的论文，从语法上讲很“规范”，没有明显缺陷，但内容空洞、形式枯燥，没有有效的信息量，更没有思想。

进一步说，这种被康德称作“空对空”的思维（康德讲过：“没有抽象的视觉谓之盲，没有形象的抽象谓之空。”），被叔本华称作“不生产”

的思维，最严重的后果，是年青一代的思维缺乏“悟性”，整个民族的创新能力降低。为什么我们的科技研发总是缺少原创性的重大成果？为什么我们的科学家迟迟得不了诺贝尔奖？恐怕都跟我们不重视母思维、缺乏“悟性”教育的体制有关。因为所有具有重大价值的领先的科学成果，无一不是思维从无到有“原创”的产品，而不可能是思维由此及彼“推理”的结果。

◎孩子们的眼睛里，藏着一位饱经沧桑的伟大教育家（“所见即所教”）

人的视觉接收外界信息的过程，都是人对环境影响进行判断、思考、吸收和反馈的互动过程，都有主体的改变和结果形成，也就是说，都有教育意义。教育作用在孩子“看见”的瞬间就产生了。这就是所谓的“所见即所教”。

镜像神经元原理说明，在每个孩子的眼里，都藏着一个活了至少5万年的“大教育家”！我们能肯定自己的说教比这个伟大的远古圣贤更有力量吗?

当孩子们看见（某种现象）的时候，教育作用已经“自动”地发生了，这属于无声无息的“首次教育”，此时教育他们的，就是那个进化了至少5万年的“大教育家”，而我们这些大人、老师在孩子们“看见”之后对他们的教育，已经“晚”了一步，属于“二次教育”。

如果“二次教育”与“首次教育”在性质上、方向上是统一、协调、互补的，那自然是好事。怕就怕二者是背离的、冲突的、矛盾的，如果这样，孩子的心灵世界就必然产生混乱、冲突或虚伪。经常的情况是，我们的“小教书匠”跟伟大的“历史教育家”在较劲、在吵架，让孩子不知道该听谁的。

在我们的身体里有一种机能，能够帮助我们保持历史进化的文明成果，并且在需要的时候把它“回忆”起来。

◎每一个孩子无一例外，都是“无师自通”的学习天才（“所见即所学”）

藏在孩子们眼睛里的教育家，并不是什么外在的神秘力量，而是他们与生俱来的天赋，是他们内在的潜能。这个饱经沧桑的“大教育家”，在一代一代、生生不息的新生儿身上不断进化，演变成了一个个鲜活的“学习者”。体现为整个族类合目的性的“教育”，在个体身上则变成了合规律性的“学习”。

镜像神经元使得每一个孩子都无一例外地成为“天生的学习者”。这就是说，在他们的身体内部，天然地具备学习的生物学基础，它一旦与外部事物相接触，就自动“启动”，变成学习机制。

我们成年人，包括许多教师和专家，经常低估孩子的学习能力。在这方面，历史上最有名的当数洛克的“白板说”。洛克是英国近代经验论哲学家，他认为人生下来的时候心灵里一无所有，好像一块干干净净的白板，一切观念都是生后印到心灵上的。洛克的“白板说”表明，他是一个极其缺乏历史感的人。他对历史进化的观念、文化积淀的观念，几乎是一无所知，这种无知恰如他所比喻的空空荡荡的白板。即使是在现代社会，持有洛克这种观念的人也不在少数。在他们看来，孩子的心灵本来只是一张“白纸”，需要成年人“教”，从外面“输入”（“灌”）现成的知识，孩子才开始学习。

这些无知的偏见无法解释：为什么婴幼儿有那么惊人的学习能力？为什么在孩子身上会出现“无师自通”的现象？

镜像神经元的发现，让我们不得不重新思考教育。教育不是在“白纸”上画画的“填充”，也不是“把人当瓮”的“灌输”，而是唤醒孩子自身主动学习的潜力，在学习化生存、智慧化生活中创造人生精彩的学习过程。从这个意义上讲，我们需要把接受“灌输”的“教育”变为主动成长的“学习”。家庭教育不是配合学校对孩子灌输“道理”和“知识”，而是在陪伴孩子“玩”、鼓励孩子“做”中唤醒孩子自主学习和成长的“心力”。

家庭教育新思考

镜像神经元理论为我们开展家庭教育提供了新的思路，即越是趋向自然的教育，孩子的天赋越容易得到发挥。

镜像神经元理论是孩子具有高度的天赋、无师自通的有力证明，这一点毋庸置疑。问题在于通过什么样的途径、用什么样的办法，更好地引导和发挥孩子的学习天赋。

研究表明，越是接近自然状态的教育越容易发挥孩子的天赋。在正确的教育引导下，家长应该注重孩子的自发性、领悟力和创造力。自发性是指孩子不需要帮助或督促，自己专注地琢磨一些东西或者有模有样地做“表演”。领悟力指孩子在没有讲授的情况下，能够“突然”把不同的事物联系起来，找出它们的共同点或者发现事物现象背后隐藏的东西。创造力指孩子在自发性和领悟力的基础上，说出了什么、唱出了什么、写出了什么、画出了什么、作出了什么、表演出了什么……只要是他自己想出来的并且是有新意的，都属于孩子的创造力。

自发性、领悟力、创造力是表明孩子天赋的三个维度，也是考察镜像神经元是否发挥作用、是否活跃的三个最基本的方面。通常这些都体现在孩子的日常生活中，一旦家长观察到了孩子的这些行为，就应该引起高度关注，因为这很可能显露了孩子的某些天赋倾向。在此基础上，家长可以有意识地对孩子的行为进行鼓励，提供必要的条件，通过或明（有意）或暗（无意）的方式，把孩子的天赋慢慢“牵引”出来，成就他们生命中最宝贵的能力。

在街坊邻里中，女儿结识了一群小朋友。课业之余，她们经常在一起跳皮筋、踢毽子。有时，把小朋友们邀请到我家做客。女儿俨然像个

“小老师”，开始组织大家活动。活动内容有练字、唱歌、猜谜语、英语对话。孩子们都不用背手，也不分年级，只要愿意，谁都可以回答问题，谁都可以上台讲课。孩子们一点儿也不紧张。我有时也听听她们的课，让我惊讶的是，女儿竟然批评我写的字不好看。想一想她说的没错，我答应改正。女儿的字写得挺好，她认为写好字也是一种美。

让我想不到的是，当女儿批评我写字不好看时，一位叫红红的小朋友却立刻反驳她：“你爸爸写字挺好的。”说完跑到里屋找我要昨天的晚报。我突然想起来了，昨天邮递员送来的报纸上发表了我的一篇文章。红红当时看到我的名字后曾问我：“这是您写的吗？”我点点头说：“是。”红红立刻惊喜地说：“写得真棒！”我当时还有些奇怪，这孩子又没看文章内容，却说我写得棒，肯定是在哄我高兴呢。哪想到她说的是那些字“写”得棒。当她把报纸拿给我女儿看时，女儿一下子笑了：“那不是我爸爸‘写’的，是印刷上去的。”

看着孩子们继续快乐表演，我发现孩子们都在主动学习。后来孩子们各个变得爱学习。

小力爱玩遥控赛车。当车速变慢时，他总要去检查电池，一旦发现电池电量不足，立刻换上新电池，然后把旧电池收起来。有一次，家里的收音机声音变小了，小力把他收藏的旧电池拿出来安到收音机上，没想到收音机立刻发出了悦耳的声音。我突然明白了小力为什么要收存旧电池了。他在玩遥控赛车和鼓捣收音机时发现了秘密。遥控赛车耗电多，收音机耗电少，那些遥控赛车用过的电池在收音机上还可以用。什么是领悟力？领悟力就是没有家长讲授，孩子在主动体验中明白的道理。小力“突然”把不同的事物联系起来，找出共同点，发现了现象背后隐藏的东西。

我带着 3 岁大的儿子去见一位朋友。这位朋友非常喜欢小孩子，他一边打招呼一边问道：“小朋友，你姓什么啊？”儿子高兴地回答说：

“我姓姚。”朋友接着问：“是‘女’‘兆’姚吗？”没想到儿子却跳脱地说：“不对，是‘男’‘兆’——𫚯。”逗得这位朋友大笑：“你太有创意啦！”

创造力是什么？创造力是在自发性和领悟力基础上说了什么、唱了什么、写了什么、画了什么、做了什么。儿子正是在他的生活体验中创造了一个有性别的“𫚯”。

对于孩子的自发性、领悟力、创造力，一旦观察到就应该高度关注，有意识鼓励，提供条件，让孩子的天赋慢慢被“牵引”出来。

有些家长重说教，称“为你好”，可脸上的凶狠表情其实已经否定了“为你好”，孩子逆反、顶撞就成必然。

显然，家长错过面对孩子出现的第二次成长机遇，习惯性地自以为是管教孩子，不仅孩子的人生难出彩，自己的人生也容易变得黯然无光。而创造环境，改变孩子看见的一切，其实才是最好的教育。我们在孩子心中的形象什么样，孩子就会变成什么样。

创造环境，改变孩子看见的一切，就是最好的教育。

重新解读和实践“身教重于言教”。有些家长天真地认为，说教是解决孩子成长问题的唯一方法。他们过分依赖言语的作用而忽略其他因素，甚至在打孩子的时候，以为只要说上一句“我这是为你好呀！”就可以取得孩子的谅解。其实，家长打孩子时凶狠、丑恶的表情已经向孩子说明了一切。

现在我们就可以理解为什么“身教重于言教”了。因为孩子不是在家长的说教中成长的，而是在他生活的环境中成长的。孩子看见了什么，比家长教他什么更重要。父母平时的面部表情、是否微笑、动作姿态，以及他们的敬业精神、待人接物、人格修养，都是身教。

视觉的启蒙训练比知识的早期教育更重要。研究表明，旅行的经历有助于镜像神经元系统的充分发挥，使得人们不仅见多识广，而且有更高的直觉智慧。我国的家庭教育特别是幼儿家庭教育存在一个大问题，就是不重视感觉训练，缺少审美教育，孩子们与生俱来的母思维还没有充分发展起来就过早地进入了以抽象的词语、符号、公式为内容的知识训练，片面发展了子思维，结果思维的意象材料匮乏，造成发展后劲儿不足。

更好的教育是改变孩子们看见的一切。“孟母三迁”说明了环境教育的重要性。家庭的每一个角落都会“说话”，都与孩子有随时的“交流”。要注意儿童居室的基本色调、墙面、贴画、装饰物、书架、灯光等所表达的教育含义。

当今的环境教育已经不仅是传统意义上的环境影响，而是包括电视环境、网络环境和手机环境。它们作为孩子成长的电子化、虚拟化空间，在孩子价值观的形成、人格的养成诸方面起着越来越重要的作用。教育需要真诚和信任，需要友善和尊重，需要良好的环境与人际关系。“养眼”（让孩子看到美好的、新鲜的事物）应该是养孩子的主要功课之一。更好的教育是改变孩子们看见的一切。

唤醒孩子的智慧心灵

孩子成长的过程可以理解为融入场景环境中激活镜像神经元的过程。激活的方法就是创境和唤醒。

创境就是创造一个和谐的环境，让孩子看到更多、听到更多、体验更多、交流更多，使他们在“玩”的乐趣和“做”的体验中学习和成长。

唤醒就是在陪伴“玩”中激活“情”，激活自然情趣、人文情感、心灵情操。唤醒求真、求善、求美的智慧心灵，就是鼓励在“做”中唤醒“爱”，唤醒爱心、爱好、爱学之慧，走上学习化生存、智慧化生活、意义化生命的幸福人生之路。

孩子观察大自然，是阳光下的心灵触动，是与大自然的心灵沟通。观察人，激活的是情感智慧；观察物，激活的是情趣智慧。观察让孩子提升了智商、情商和乐商。早期教育最重要的内容是创造环境，让孩子看到更多。引导孩子仔细观察，就会形成孩子眼中的最美风光，孩子眼中的最美妈妈、最棒爸爸。只有见多识广，才能全面激活孩子的情感、情趣、情操智慧；只有兴趣专注，才能让孩子变得心态阳光，自动自发，目中有人，心中有趣，孩子的专注力也会得到培养。

刚出生的婴儿听力尚迟钝，但随着大自然中的各种声音以不同的频率、强度、方向传入婴儿的耳中，孩子的听力就会在乐音声场的刺激中被激活，并与环境场发生谐振。谐振点多，谐振频谱宽，谐振强度适中，孩子的镜像神经元被激活得越全面、越动心。孩子对优美的乐音感兴趣，并能辨识不同的频率、强度，人就聪慧。正是：看中倾听景更深，融入场景心变美，只看不听难免愚。所谓耳聪目明，正是认真观察和仔细倾听中造就的心灵美好，积极人生。

俗话说“心灵手巧”。科学研究发现，手巧才会心灵，手指与大脑之间存在着非常广泛的联系。这就相当于聚焦在指尖上的智力开发。眼睛是心灵的窗户，正是通过眼睛，孩子才能真实地了解周围的事物。手是认识事物的重要器官，手的活动可以促进大脑的发育，多看、多动手，宝贝的大脑才能更聪明。孩子的体验包括口咬、说唱、触摸、画画、跑跳、搂抱、游戏、手工等。不要怕孩子在体验中犯错，要给孩子试错中顿悟的机会，要给孩子在成功中找到自信的机会，要给孩子不受指责获得自尊的机会。这是一个做中学、学中做、做中教的成长过程，孩子在“做”的体验中变得心态阳光，自动自发，目中有人。

孩子在“做”的体验中变得主动起来，总琢磨着进行新的探索。这是心里想着创新的萌芽，这是喜欢“瞎鼓捣”的创新过程。鼓励孩子多想、多问、多鼓捣，孩子的创新能力就会增强。伴随着一个个小小的成功，孩子享受到心想事成的快乐。

总之，静静陪伴中的足够睡眠有益于孩子身心健康成长，专注中的观察有益于孩子见多识广，辨识中的倾听能让孩子耳聪目明，手工劳动体验能让孩子变得心灵手巧。一个个创新实践中的成功体验，让孩子在心想事成中有了心灵阳光，在为兴趣和梦想快乐表演中健康成长，幸福发展。

第四节　给家长的早期照护建议

爱孩子是一门需要学习的艺术。如何搞好智慧早期教育，现提出如下建议。

早与孩子形成情感依恋

依恋，是婴幼儿与双亲间一种特殊、持久的感情联结，属婴幼儿早期重要情绪之一。婴幼儿喜欢和其依恋的人接近，会感到舒适和愉快；遇到陌生环境和人时，双亲的存在使之感到安全。依恋感建立后，婴幼儿会感到无后顾之忧，更加自由地去探索周围的新鲜事物，愿意与别人接近，从而对今后的认知发展和适应社会产生良好影响。

随着年龄的增大，这种依恋将逐步发展成一种安全性依恋。它不仅促进婴幼儿智力的发育，而且还能较容易地在成年后产生自信心和对他人的信赖，建立良好人际关系。

依恋主要在后天环境中形成。如果双亲能满足婴幼儿的需要，和他经常交流，给予各种愉快的刺激，依恋容易形成。如果双亲不能很好地照料婴幼儿，不注意与其感情交流，很少提供各种刺激，使婴幼儿失去安全感，就会出现各种不安全依恋或无依恋。这些婴幼儿易在童年时出现心理问题，成年后也多不能正确面对现实或与他人建立良好的人际关系。

依恋是婴幼儿寻求并企图保持他同母亲或亲近的人的身体联系的一种倾向。依恋主要通过啼哭、笑、吸吮、喊叫、咿呀学语、抓握、偎依和跟随等行为方式表现出来。依恋是婴幼儿和抚育者之间的一种积极的、充满深情的感情联系，它对形成儿童的个性特点有重要影响。

婴幼儿的安全性依恋有助于培养他们对自己、对父母、对同伴的依恋感和积极的探索能力，为儿童个性发展奠定良好的基础。

对那些不善于处理人际关系的人来说，容易变得对他人充满怀疑和敌意，学业也可能出现问题。

正因如此，心理学家会对我们与最初的主要抚养者之间形成的第一段关系极为关注。这段最初的关系对于我们未来的各种关系的建立至关重要，它影响着我们和配偶、同事、子女之间的相处关系。虽然我们不能把所有责任都推给父母，但早期关系就像一个模板，会为以后的生活打上烙印。总之，早和孩子形成情感依恋，对一生的发展都会有益。

学做孩子心中的“好孩子”

身为父母，担负着教育孩子的责任，要成为一个好的教育者，必须做到言传身教并举。有些父母虽会言传，却不善身教，不知道以身作则的重要性。俗话说：“上梁不正下梁歪。”父母时常要求孩子对人诚实，自己却撒谎；要求孩子遵守纪律，自己却加塞儿；要求孩子讲卫生，自己却做不到饭前便后洗手。诸如此类的言行不一，将会损害父母在孩子心目中的形象，降低身教的作用。

孩子耳灵眼尖，父母的一言一行他们都看在眼里、记在心上。他们人小鬼大，渴望通过模仿父母的言行，成为像父母一样的人。但是，做父母的却常常忽略这双眼睛，有时在不知不觉、有意无意之间起了坏的示范作用。孩子看到了，就会依葫芦画瓢，这种例子在生活中不胜枚举。比如，孩子听到父母骂人，自己也就学着骂人。反之，如果孩子经常看到父母帮助他人做事情，自己也就会乐意帮助小朋友或邻里的长辈做事情，这叫上行下效。可见，榜样的教育尤其是父母的身教是家庭教育中的重要一环。

显然，面对孩子是父母第二次成长的机遇，“做”的教育比“说”的教育更管用。父母学做孩子心中的“好孩子”，孩子就会成为健康成长的“小大人”。

孩子有一双发现智慧的眼睛，做孩子心中的最美妈妈、最棒爸爸，既是孩子成长的需要，也是家长成长的需要。

早对孩子说“不”

教育孩子一方面要宽容，允许孩子在试错和顿悟中成长，但同时对其出现的较为严重的错误也要及时制止。溺爱和放纵孩子，出现严重错误也不管，孩子会变得越来越任性，越来越不可一世，长大之后想纠正都难。所以，真爱孩子的父母要学会早对孩子说“不”，让孩子有所敬畏，并不是想干什么就干什么。一个孩子的道德力培养，正是在家长早说“不”中开始的。

妈妈带着小明上街，小明非要去玩具店。进到玩具店后，看到汽车要买汽车，看到滑板要买滑板，不买就在地上耍赖打滚。妈妈拗不过孩子，只好掏钱。同事劝她说：“孩子一耍赖你就让步，这对孩子成长不好。”在同事的劝导下，她决定对孩子说“不”。这次，她不再看孩子耍赖，而是径直向前走去。小明一看妈妈动了真格，一骨碌爬起来去追妈妈。同事笑着跟了上去。从那以后，小明不敢再耍赖了（说“不”有方法，生气斥责不管用，拿出行动是关键）。

小亮在家里被奶奶宠爱，变得任性而霸道。在和小朋友玩时，经常抢夺别人的玩具，把别人弄哭。上了幼儿园后，妈妈最担心的是孩子爱抢夺玩具，和小朋友处不好关系，但幼儿园老师却劝她放心。

在幼儿园里，小亮突然发现小红的玩具好玩，上去就抢了过来。小红大哭起来。王老师走过去蹲下来，她握住小亮抢走的玩具，轻声地对小亮说："这是小红的玩具，如果你喜欢，可以和小红商量换着玩，但不能抢夺别人的玩具。"小亮根本不听王老师的，用力想把玩具从王老师手中夺回来。王老师既不着急也不恼怒，既不硬夺也不松手，嘴里重复着刚才的话，就这样一直僵持着。这阵势小亮还是头一次遇到，以前家人谁也不会这样对待他。他终于坚持不住了，哇的一下哭了起来，手中的玩具也撒了手。王老师立刻紧紧地把他抱在怀里，让他痛快地哭。后来，小亮渐渐停止了哭泣。王老师笑着对他说："小亮是个好孩子。你看这个玩具是你自己送还小红呢，还是我替你还给小红呢？"小亮说他自己送。从那天起，小亮不再抢夺别人玩具了。王老师表扬了他（说"不"不强硬，以柔克刚，情感关怀纠错效果好）。

总之：

教子少说"不"（孩子被审视、被挑剔会伤自尊、伤自信），

说了就坚持（孩子一耍赖就让步会威信全无）；

说"不"有原则（孩子成长过程中试错机会受阻素质会降低），

平静无情绪（孩子遭受父母情绪宣泄，爱心变成恨心）；

说"不"懂艺术（体验感受，引导行动，贵在坚持），

否定有原因（以理服人，以情感人，以行带人）；

说"不"跟"可以"（"否"中有"是"，引导反思，共同成长），

不能讲条件（坚持原则，自然惩罚，积极鼓励）；

母亲"不"太多（爱挑剔，以自我为中心害人），

唠叨遭反感（孩子反感难改错，爱心变成冷漠）；

父亲"不"太硬（爱强权，简单粗暴伤人心），

打骂遭敌对（孩子对抗）；

面对孩子情（爱孩子是一门需要学习的艺术），

学会再成长（家长迎来人生第二次成长机遇）；

因果有关系（孩子是父母的影子），

教子有智慧（学会创境、唤醒，智慧教子悟人生）。

尽早激活孩子的心灵智慧

早期陪伴孩子玩的过程既是激活自然情趣的过程，也是激活心灵情操的过程。

我们一直都在寻觅，哪里是孩子们的精神乐园。离开城市的喧嚣和吵闹，把孩子的梦想融入大自然时，孩子才有了幸福的起点。孩子们对大自然的一切都非常感兴趣。他们梦想着超越自身的有限，去感悟那无限的宇宙空间。正是为兴趣和梦想快乐表演的过程，让孩子的生活充满了情趣和快乐。尽早激活孩子的情趣智慧，就要引导孩子走进大自然去体验。

记得童年时，我常常在弯弯河旁玩耍，抓鱼抓虾、蹚水打闹，还在河边的沙地上建筑城堡。大人们一边给我们讲故事，一边教我们认字。后来，一看到“水”字、“沙”字就有一种说不出的感动。在家乡的小屋前，我们用高粱秆制作马车和房屋，围着草垛互相追逐。这一切，激活的是快乐成长的情趣。伴随着这种自然情趣学习知识，知识也变得鲜活起来、有趣起来。

如今，不少孩子虽然也去旅游，却很少停下来专注地享受一会儿自然，激活不了那种融入美景的情趣，自然景观只是一片眼花缭乱。孩子们放学后不再跳皮筋、踢毽子，先要回到屋里做作业，周围的美景变得黯然失色，情趣也悄悄地消失。唯一能调动起情趣的是电视动画和电脑游戏，陷入虚拟世界的快感让孩子的心变得越来越不切实际，做功课变得越来越没意思。因为那些枯燥的知识早已和真实自然的体验远离了。

激活孩子的心灵情操，就要重视早期阅读、重视动手制作、重视接触有文化智慧的“高人”。孩子的阅历正是在阅书、阅人、做事中得以提升，并成为有心灵情操的人。心灵情操是生活之美，孩子在见多识广中成为智慧化创新人才。

提升孩子的乐商

每个孩子的心中都有三对神：善神与恶神，智神和愚神，乐神和苦神。

教育的意义就在于唤醒孩子心中的善良（善）、智慧（智）、快乐（乐），抑制邪恶（恶）、愚蠢（愚）、痛苦（苦）。

孩子有情商（善）、智商（智）、乐商（乐）。幸福人生不仅要提升孩子的情商和智商，也要提升孩子的乐商。提升乐商需要从早期教育开始。习得性乐观是起点，但是如果缺乏心理智慧，孩子很容易形成习得性无助，孩子的乐商也会大大降低。

什么是习得性无助与习得性乐观呢？

场景一：妈妈要上班，孩子开始哭泣，不让妈妈走。妈妈哄孩子说："妈妈不走了。"孩子也不哭了。过了一会儿，妈妈看孩子玩得开心，悄悄地走了。孩子突然发现妈妈不在了，立刻哭了起来。但哭也没用，孩子不哭了。第二天，妈妈上班要走，虽然孩子仍然不愿意，开始哭泣，却没有大哭。之后，孩子在妈妈走时不再哭了。妈妈以为孩子变得懂事了，其实孩子已经形成了习得性无助。因为他已经意识到对妈妈离开这个结果无奈了。在习得性无助心理下，乐商必然降低。

场景二：妈妈要上班，孩子开始哭泣不让妈妈走。妈妈过来抱抱亲亲，并解释妈妈要上班的道理。(此时孩子的哭泣起了作用：妈妈回来了。但在道理面前也意识到结果，妈妈可能还是会走）此时此刻，妈妈当着孩子的面还是离开了，孩子虽然哭了，却再三嘱咐妈妈早点儿回来。妈妈答应着安慰孩子。这一天，妈妈按照给孩子的承诺特意早点儿回来了。她一进门就拥抱孩子，还带回玩具小熊猫。后来孩子常抱小熊猫玩，还演"上班"和熊猫告别。显然这位妈妈给孩子把控机会，孩子不会无端陷入无助感，获得的是习得性乐观，孩子乐商必然也高。

重视孩子的试错与顿悟。传统教育关注的不是孩子，而是孩子身上的问题。教育者期望通过不断发现孩子身上的问题而教育（说教）孩子改变，孩子往往会变得消极起来，很难提升乐商，难以成为具有综合素质且热爱生活的快乐人。

提倡以人为本首先需要家长转变观念。以人为本的教育关键是唤醒孩子主动学习成长的心力，允许孩子自己的事情自己做，他人的事情帮助做，不会的事情做中学、学中做。做就难免出错，孩子正是在试错和顿悟中实现成长的。凡是家长允许孩子试错的，孩子的乐商往往更高；家长包办一切，动不动批评孩子的，孩子的乐商往往较低。

实际上，试错是发生在孩子身上的成长行为，家长只知道说教、批评，是不会使孩子真正改正错误的，只有在体验中接受自然惩罚才会真正成长。

顿悟是孩子的天赋，也是长大后增长智慧的重要学习方法。给孩子机会去“悟”，孩子就会快乐成长。

一个孩子把玩具掉到了床底下，伸手去抓，抓不着。他开始想办法：把腿伸到床底下（顿悟腿比手长），腿也够不到；找来小木棍（顿悟小木棍比腿长），仍然够不到玩具。孩子愣了愣，突然爬到床底下，把玩具拿了出来，顿时哈哈大笑。孩子在试错与顿悟中成功了。这是提升乐商的机会。

大数据和人工智能的发展不仅给人类带来机遇，也同时带来挑战。如何学会学习和成长以适应未来的需要，是一个关乎孩子未来健康成长和幸福发展的大问题。教育不只是传授知识，更重要的是教孩子学会学习和思考，唤醒孩子的心力，成就孩子学习化生存、智慧化生活、意义化生命的幸福人生。

第六章

面向未来：学会学习与成长

第一节　明天你拿什么去竞争

人生如棋，棋如人生，一局围棋就像一个人漫漫的人生道路。从布局开始，在人生的棋盘上扎下根基、做好准备；到中盘阶段，不仅要发展自己的事业，还要抵挡对手的进攻，有时还要主动出击，扩大战果；到了收官阶段，则要小心翼翼，抵制各种诱惑。每个人都希望自己的人生可以充分展示个性，表现自己的思想。人生经历越丰富，人生感悟越有品位，人生过程也就越完美。

下围棋讲究全局观念，为了获得长远的、全局的利益，有时要牺牲眼前的、局部的利益，走一步要想几步甚至十几步，作出对全局最有利的选择。一步棋仿佛是人生的一个脚印，要力求考虑周密，计算准确，权衡利弊，作出对人生的正确判断。一盘游戏输了可以重来，输了人生却是无法重来的。

下棋有输赢，下棋者必须具有强烈的竞争意识。要想赢一盘棋，需要从头到尾都认真对待。人生也是这样，要想赢得成功，需要认真对待。人生既是一个学会生存与生活的过程，也是一个磨炼意志、参与竞争的过程。不通过学习提升竞争力，人生难有光彩和辉煌。

漫漫人生独自行，历尽沧桑到如今。一个想要成功的人必须走好人生之棋。

你如何看待自己的人生？明天你拿什么去竞争？

新时代、新机遇、新挑战

用昨天的思路面对今天的现实，我们会落伍；用今天的习惯去迎接变化的明天，我们会被淘汰。面对新的时代环境，我们既不能用昨天的思路、方法和习惯去应对，也不能用今天的思维习惯和行为习惯去固守，唯有学会主动学习、创新思路和工作方法，用新的成长去迎接未来。

关于成功的人生反思

成功是一个极具魅力的字眼，人人都想成功，人人都在为成功奋斗。那么，什么是成功呢？有人说："成功就是达到了预期的目标。"有人说："成功就是实现了个人价值。"有人说："成功就是对社会作出贡献。"有人说："成功就是自己获得幸福感。"

关于成功，仁者见仁，智者见智，并没有统一的标准。但是人人都希望成功——希望学业成功，希望事业成功，更希望人生成功。

什么是成功？其实人生成功并不是一个简单的定义所能概括的。你可以取得学业成功、事业成功，但你的人生并不一定很成功。然而，只要你能实现人生成功，你的学业成功、事业成功是必然的。

首先，如果家庭失谐，成功也就没了基础。孩子生活在一个父母都不爱学习的环境中，缺少最起码的学习激励源，怎么能有好的学习状态和取得优秀成绩呢？

教育是"做"的教育，父母不用行为激励唤醒孩子学习的"心力"，用多大劲儿"逼"他也成不了爱学习的孩子。当孩子出了问题，很多家长开始思考，为什么自己成功了，教育孩子却失败了？

教育家陈一筠教授说："人的一生中没有任何成功能够弥补婚姻家庭

的失败，也没有任何成功能够代替婚姻家庭的成功。因为事业的辉煌成功不过是一阵子，而家庭的幸福却是一辈子。”

如果我们能把最大的成功目标放到如何创建一个和谐的学习型家庭上，家庭和谐了，家长主动学习，唤醒人生的心智生活，就会改变全家人的人生状态。人生状态改变了，就会有学习状态、工作状态的改变。这种在人生智慧指导下的家庭和谐氛围的创建，才是激励包括孩子在内的全家人共同走向人生成功的大智慧。显然，没有家长的主动学习，家庭环境是很难和谐的，即使孩子有了进步，也会因为缺乏家庭环境文化氛围而重新归位。遗憾的是，想让成年人变得爱学习比孩子要难得多，他们普遍缺乏学习兴趣、学习动力和学习能力。但是，有的父母在和谐家庭大讲堂中唤醒了智慧心灵，懂得了面对孩子是大人第二次成长的机遇，他们在向孩子学习、与孩子共同成长中迎来了人生的成长和成功。家庭和谐了，人生状态改变了，全家人走上了学习之路。这说明，人生成功比单纯的学业成功和事业成功意义大得多，人生成功还可以为学业成功和事业成功把握方向。

人生成功是以家庭和谐为基础、人生状态改变为突破心灵障碍成长的过程。孩子生活在一个和谐相融的氛围，面对人人成长的心态，在进行人生选择时，就可能成为走出家门能快乐生活、走出校门能创新工作、走向社会能和谐相处的成功者。

人人都应当做终生快乐学习、终生创新工作的人，在人生的春夏秋冬通过学习实现成长。家庭教育不应当是只顾眼前利益，牺牲孩子一辈子幸福成长的教育，而是让孩子终生爱学习、终生创造性工作，要让孩子回归自然，做有智慧的人。如果孩子成为走出家门能快乐生活、走出校门能创新工作、走向社会能和谐相处的人，那才是人生最大的成功。同时也为所有家庭成员的人生成功开辟了一条道路。

人生有苦就有甜，有成功就有失败，就看我们如何面对。人生成功者说："即使生活是一杯苦酒，我们也要把它喝得有滋有味；即使是迎接失败，我们也要把剧情演得有声有色，不失掉其中的悲壮和快慰。"一个在享受学习快乐、享受工作快乐中成为终生快乐学习、终生创新工作的人，他的人生一定是成功的。

终生快乐学习、终生创新工作，才能让人生存好、生活好。显然，一个人是否有素质，能否有终生快乐学习、终生创新工作的智慧，能否在时代环境中通过为社会服务而活出最好的自己，实现可持续发展，才是人生的成功。这种人生的成功，能让任何有特长的人在为社会和人民服务中找到自己的成长点。在学习中成长，在成长中适应，在适应中创造，才是他们的人生状态和人生境界。

观念碰撞：我的未来谁做主

一个饭来张口、衣来伸手，从不为生存与生活操心的人是不会理解人生的。一个不懂得人生的人想为自己的人生做主，不过是天方夜谭。当一个人的心被外边的世界所困扰，一切对未来的做主也便苍白起来。

有这样一个寓言——

那是一个寂寞的秋天黄昏，在无尽广阔的荒野中，有一位旅人步履蹒跚地赶着路。突然，旅人发现杂草丛生的古道上散落着一块块白白的东西，仔细一看，原来是人的白骨。

这些白骨究竟从何而来呢？旅人正在疑惑思考之际，忽然听到前方传来骇人的咆哮声。紧接着，一只凶恶的老虎疯狂地扑了过来。旅人顿时明白了那些白骨的由来，立刻拔腿就逃。

惊慌失措中，旅人迷失了方向，竟跑到一座悬崖边上。紧急之中，他发现断崖上有一棵松树，而他的背囊里还有一段长长的绳索。于是，旅人毫不犹豫地把绳索系在松树上，沿着绳索攀缘而下，逃脱了老虎的利爪。

老虎在崖上狂吼着。好险啊，幸亏有了这棵松树，幸亏带着绳索，终于死里逃生，救了宝贵的一命。旅人万分庆幸地拍打着自己的胸口，惊魂稍定。但是，当他往脚下一看时，不禁再一次惊叫起来。原来，他的脚下竟是波涛汹涌、深不可测的大海。旅人被吓出了一身冷汗。

更恐怖的是，在那根救生的绳索和松树打结的地方出现了一白一黑两只老鼠，正在交替着噬咬那个结。旅人拼命地摇动绳索，想要赶走老鼠。可是，他绝望了，老鼠一点儿也没有要逃开的意思。同时，由于他的摇晃，松树的枝丫甚至发出了断裂的“咔嚓”声。

这时，他发现在前方有几枚红彤彤的野果。他伸手摘了一枚，放在嘴里。哇，好甜哪！旅人顿时被甜蜜的滋味陶醉了，甚至忘记了自己所处的危险境地。他再次伸出手，去摘取第二枚野果……

其实，在世俗的人生中，那个旅人就是你。荒野象征着你寂寞的人生。秋天的黄昏比喻人生的孤寂感，你没有心灵好友，甚至夫妻之间也未必能心心相印，你无法倾吐心中的一切，只能孤单一人奔波在人生的旅途中。饥饿的老虎象征着死亡的威胁，你不知道什么时候会突然死亡。悬崖象征着一条不归的绝路。松树象征着金钱、财产、名誉、地位，你想抓住它作为活命的指望。绳索象征着你的时间，只要那根枝丫断裂，你就走向死亡。不断噬咬着绳索的白老鼠和黑老鼠指白天和晚上，它们在白天和晚上交替着噬咬你的绳索，最后绳索必然会被咬断，你会堕入波涛汹涌的深海而死。红彤彤的野果是诱惑着你的欲望，它让你忘记自己所处的危险境地，你不知道你正是在享乐中走向死亡。

从满目荒凉的原野到红彤彤的野果，是我们浑浑噩噩的世俗生活的写照。只是你有没有想过，在这个过程中，在枝丫或绳索断裂之前，只要你随时醒悟，就可以自我救赎，超越死亡。

正因为死亡让生命变得有限，生命才会变得可贵。当我们开始思考死亡，我们的人生也就开始变得有价值。面对未来，我们的人生由谁来做主，这是需要考虑的问题。

一个饭来张口、衣来伸手，从不为生存与生活操心的人是不会理解人生的。一个不懂得人生的人想为自己的人生做主，不过是天方夜谭。当一个人的心被外边的世界所困扰，一切对未来的做主也便化为泡影。

人生好像一只小船，世界好像大海。我们正驾驶着生命的小船奔向汹涌澎湃的大海。激流汹涌中，我们绕过暗礁，迎接黎明的曙光。

人生好像一条长路，世界好像景观。我们走在人生的长路上，欣赏一片片人生景观。行进中，我们抛掉遗憾、尴尬，迎接收获的季节。

人生好像一团火焰，世界好像燃料。我们点燃生命的火焰，照亮勃勃生机的人间。激情燃烧中，我们跳过沉睡般的死寂，迎接希望的日子。

第二节　爱上学习有思路

人从出生一刻开始，就通过与环境的互动进行学习。婴儿通过视、听、触、嗅、闻感知环境，激活智慧，通过“玩”与“做”的尝试，获知顿悟，成为有自然情趣、人文情感、心灵情操的求知人，并在学习化生存、智慧化生活、意义化生命的人生过程中唤醒爱心、爱好、爱学，为一生幸福奠定良好的人格基础。

早期启蒙是关键

有着丰富的“玩”和“做”实践基础的学习，孩子们都是喜欢的；而缺乏“玩”和“做”体验的学习，尽管靠大脑的记忆能力可以学习，但学习兴趣、学习效果、所掌握知识的运用能力会大大降低。

为了让孩子成为终生享受学习快乐，能走上学习化生存、智慧化生活的人，就要重视早期的“玩”与“做”——早期启蒙正是从这里开始的。

孩子是爱学习的，教育就是把这种爱学习的兴趣激活，把这种爱学习的能力提升，把这种爱学习的潜力发掘出来，把这种爱学习的转化力在理论与实践结合中落实到人的成长发展过程中。

孩子早期成长是有敏感期的，抓住孩子成长的敏感期实施智慧早教，对提升孩子的学习能力有事半功倍的效果。但是如果错过了敏感期的及时培育、引导和影响，要想让孩子在进入学校后提升学习能力，就可能需要付出更多代价，而且效果要差得多。

通过早期启蒙提升孩子学习能力的思路和方法是：通过温暖的拥抱、温柔的话语、微笑的脸庞、轻轻的肌肤触摸……与孩子形成良好的亲情依恋，并使其获得主动探索的安全感。在此基础上，陪伴孩子去散步观景、聆听鸟叫蝉鸣、触摸花草树木、沐浴阳光雨露，让环境激活自然情趣，使孩子成为喜欢专注观察、喜欢倾听分辨、喜欢身体力行的人。陪伴孩子与他人见面、微笑互动，沟通交流，激活孩子的人文情感，使孩子成为喜欢听、喜欢说，在模仿中学会做“小大人”。陪伴孩子读书画画讲故事，调心性、稳情绪，让环境激活心灵情操，使孩子成为喜欢读书画画，爱听故事的“小学人”。通过鼓励孩子做小主人、小老师、小记者、小科技迷、小文化迷，引导孩子在实践中学，用学指导实践，孩子就会在“智”学“慧”思中成为学习兴趣高、学习能力棒、学习毅力强的好孩子。

没有“最好”，追求“更好”

并不是所有的家长都能意识到早期照护是让孩子爱上学习、学会学习的关键期。一旦孩子错过了提升学习能力的关键期，进入学校后就容易感到学业压力过重，并因学习内容缺乏实践体验基础而变得吃力。对于一个早期智慧启蒙不足的孩子，尽管进入小学阶段可以和其他同学一样记忆知识甚至考出好成绩，但随着学习内容的增加和学习难度的提高，缺乏“智”学“慧”思基础，缺乏“玩”和“做”的相似性体验的孩子容易对知识学习产生厌烦，渐渐地把爱学习的兴趣和能力磨灭掉，成为不爱学习，又不得不苦苦学习的人。他们所掌握的知识含金量会大大降低。缺乏自然情趣、人文情感、心灵情操的孩子很难再考出好成绩。

无论由于什么原因使孩子缺乏早期智慧启蒙，造成孩子学习兴趣不高，学习能力不强，如果家长仍然用“横比”的思路让孩子去竞争，孩子很可能在家长过高的期望中丧失自尊和自信，把原本的学习兴趣和能力再度耗尽，出现厌学、辍学就在所难免。

作为家长，能不能在宽容中接纳孩子“横比”的差距，在赏识中发现孩子的优势，用在最优势方面做最优势引导的思路，帮助孩子做到“更好”(而不是逼其“最好”)，就成了保护孩子学习兴趣，提升孩子学习能力的重要选择。

小生上了四年级以后开始有些厌学，考试成绩也不理想，这让小生的妈妈很着急。她认为是孩子本身不努力，于是对孩子实施了“教育”。孩子听后，也表示自己要努力，可学习成绩仍然排在全班的后面。小生的爸爸找到老师沟通。老师说：“其实，小生还是很努力的。只不过他的学习能力不太强，花同样的时间却不如其他同学学习效果好。他也很着急。你们可以反思一下，是不是早期启蒙不够。也希望你们能接纳孩子，不要总和其他同学比，要鼓励他在自己和自己比中找到自信和不足，能有进步就好。”

小生的父母开始反思。当年他们工作忙，很少陪伴孩子玩中学；兴趣班也只是他们认为有用，就给孩子报名。但由于缺乏“玩”和“做”的基础，孩子的学习兴趣受到限制，而他们过高的要求和学习上的误导，让孩子失去了自信，所以学习效果不好。这不应当怪孩子不努力，而是要接纳由于他们的忽视和误导，让孩子的学习能力受到影响。对此，不应当怪罪孩子，让孩子越来越厌学，而是接纳孩子在学习能力方面的差距，鼓励孩子努力做到“更好”。这样既不伤害孩子的学习能力，还可以在他现有的基础上不断进步。

在此后的日子里，即使看到小生的考试成绩不理想，爸爸妈妈也不再怪罪孩子，而是鼓励孩子把做错的题弄明白就行，做到“考后一百分”也很好。当小生有的题不会做时，不再埋怨他没好好听课，而是鼓励孩子请教老师和同学。小生意识到父母接纳了现实又不断鼓励他进步时，不再有精神压力，反而喜欢上学习了。

自立自强境界高

面对新的时代环境，我们既不能用昨天的思路去“适应”，也不能用今天的习惯去固守，唯有改变思路，用新的成长去迎接未来。

首先是从“教学”到“学习”的改变。“教学”是有“教”有“学”，老师“教”，学生“学”。对于老师来说，要想给学生“一碗水”，自己就得有“一桶水”；对于学生来说，要想学习好，就得好好听课，完成好作业，记忆知识点，考出好成绩。而“学习”则不同，是学生主动的“求知”与“求学”过程。老师为学生“学习”提供服务和帮助，让学生爱上学习，学会学习，而且能在主动学习中提升“无师自通”的能力，提升所掌握知识的含金量。

第三节　学会学习有方法

著名科学家钱学森曾讲过三种学习方法。

第一种方法是理论学习。这是通过读书、听课、做作业、参加考试，把前人的知识接受下来，在传承中增长知识的过程。需要强调的是，读书如果不能和思考结合到一起，听课只是做知识的“传声筒”而不能与实践结合，作业只是重复的题型训练，考试只是按统一标准答案去检验记忆知识的多少。这种学习就会成为应付一时，不被淘汰的被动选择，是无法把知识内化为人生智慧的。

第二种方法是实践学习。这是通过经历和体验在实践中提升能力的训练过程。需要强调的是，如果实践训练不能在阅读与思考中升华为一种理论对实践的指导和对事物规律的认识，就可能成为一种枯燥的技能训练，能力提升就会受限。当一种能力适应不了时代环境要求时，就会面临就业困难。

第三种方法是研究性学习。这是理论联系实际的学习方法。作为老师，不是单纯的“教”者——教授知识，作为学生，不是单纯的“受”者——接受知识，而是在亦师亦友中的共同学习和讨论，在包容差异中优势互补的共同学习和研究过程。师者不再是居高临下的知识“流”出者，而是在陪伴学习中帮助学生提升自主学习、研究性学习能力的过程。

“灌输－接受”会用脑

第一种方法是一种理论学习的方法。它通过老师“讲”，学生“听”实现教学，也可以说是一种“灌输－接受”式的学习方法。老师教的是知识，学生学的也是知识，要想实现知识转移，就需要老师掌握更多的知识，并认真备课。也就是说，对于老师来说，想给学生“一碗水”，自己得有“一桶水”的知识储备。对于学生来说，要想学得更多，就要认真听课，认真做作业，有不懂的知识还要向老师请教；为了检验知识掌握的情况，还需要参加考试。考试成绩高，说明学得好；考试成绩低，说明某些知识掌握得还不够好。

建议一：学会听课与表述。听课时，既要跟着老师的讲解思路理解所讲述的内容，还要有重点地做好笔记，便于后续复习时抓住要点。但是有些学生顾得上听就顾不得记，或者只顾得记却无法理解老师的分析过程，以致课后拿出笔记，看来看去却无法理解推导过程。要改变这种情况，就需要有重点的提前预习。提前预习可以抓住要点，在听课时就会特别关注，能在老师讲授的过程中把原来疑惑不解的问题搞明白。显然，课上听懂是比记录全面更重要的事。需要特别注意的是，听课时不仅要听知识、明道理，更要研究传授者（老师）的思维过程，关注结论是怎么推导出来的。有些学生往往关注老师所讲的结论和做题方法，自己套用就是了。可有些学生关注的是老师的思维过程，思维过程的训练才是做到举一反三的关键。

做笔记是一种好的学习习惯，但做笔记不是把老师所讲的知识记得越多越好。如果你提前预习，你会发现有许多内容教科书中都有，根本不用逐字逐句地复制一遍。但是，当老师讲述的课程内容正好和你现有的认知（包括提前预习和阅读课外书时所获知的内容）发生碰撞并产生共鸣时，你就很容易和老师的思想谐振到一起，并让你对知识逻辑和知识体系有特别深刻的认知和感悟。笔记记录的是碰撞中随时出现的火花和要点，是你还要继续认真思考的重点和难点，是你可能还不明白的问题。

一个好的老师不仅是一位知识的“教”者，也是一位肯向学生学习，和学生一起成长的“听”者和陪伴者。一个学生能在教学过程中把自己的理解讲述给老师，是老师检验学生知识掌握情况的机会。对于学生来说，也是一个在导师陪伴中由“学”者变为传授知识的“讲”者的成长过程。一个学生能听懂课、做对题，只是基本要求。能听懂并能表达出来，还能帮助其他同学理解，才是高水平的学习。在与同学共同学习中，学会互相做“小老师”，对提升学习能力有重要意义。在给同学做“小老师”时，如果能包容差异，吸纳他人之长，创造出对课程和专题的新思路、新方法，学习境界又会提升一个层次。

建议二：学会用脑效果好。古人有“学而不思则罔，思而不学则殆”的理念，是说学习的过程是一个“学”与“思”结合的“学而思”“思而学”的用脑过程。学习知识不仅要用左脑进行逻辑思维，明白相关知识的逻辑关系、推理过程，还要用右脑去感悟，把形象思维与逻辑思维相结合，容易更好地理解知识内涵，提升所掌握知识的含金量。于是有了“左脑＋右脑”的学习过程。

一个小学生在学习分数知识时，不仅学会了不同分母的分数相加中运用通分的方法，而且在计算二分之一加四分之一时，用了半块蛋糕加上半块的半块蛋糕等于多半块蛋糕的比喻，不仅理解了算法，而且理解了其意，提升了所掌握知识的含金量。在后续学习更复杂的分数知识时，把这种相似性感知体验放大到更多数学知识的学习，就会提升所掌握知识的含金量，提高学习质量和效果。这种“左脑＋右脑”的学习过程，其实就是构建知识框架，形成良好认知的学习过程。

还有一位中学生平时喜欢无线电，对电容器的充电和放电产生了兴趣，在实验中观察了电容充电和放电的过程。当得知充电过程可以用“积分”曲线表述，放电过程可以用“微分”曲线表述后，立刻对微积分知识产生了兴趣，于是主动学习起微积分知识。他把这种相似性体验过程延伸到其他数学知识点，数学学习的水平得到进一步提高，不仅能举一反三，而且对许多知识的学习能做到无师自通，大大提升了自主学习的能力。

“教练－养成”重思考

第二种方法是一种实践学习的方法，它通过老师（或教练）示范、学生模仿实现教学，也可以说是一种“教练－养成”式的学习方法。老师呈现的是一种能力，学生提升的也是一种能力。要想培养出有某种能力的学生，需要老师所示范的本领有用，能解决实际问题。要想让学生掌握一种本领，就需要经常练习，做到熟能生巧。

社会上有“一招鲜吃遍天”的说法，意思是掌握了某种过硬的本领，有绝招，可以谋生。但是如今，在家庭教育中，有不少家长让孩子什么都别管，一心做好功课，造成孩子缺乏生活能力。这样的孩子一旦学习遇到障碍，又没有什么爱好或特长，就会失去自信。为了孩子的未来，我们需要做好两手准备：不仅要重视知识学习，也要重视实践学习。这种学习需要从做家务开始，发现并鼓励孩子的课外爱好，引导其在训练中提升相应能力。其实这是一项重要的实践学习内容。

在应试教育中，多做作业、多刷题、多补课……其实也是一种“教练－养成”式的学习方法。面对各种复杂变幻的题型，面对考试内容的繁复冗杂，凡是学得多、练得多、记得多的学生，基本可以应对自如。这让许多家长都十分重视应考前的重复训练，学生也容易在熟能生巧中把题做好，考出高分。即使天赋不强，平时考试成绩并不优秀的学生，只要抓住冲刺前的机会反复训练，也能考出比拟优秀学生的成绩。但是从整体上看，这些只靠大量补课和训练，在熟能生巧中才能提高考试成绩的学生，比起那些学习能力强，学习效率高，善于思考，能举一反三的学生来说，学习潜力要差得多。一旦进入高等学校，又没有老师督促进行高强度训练，很难适应高效学习、研究型学习的需要。

无论是“一招鲜”的某种能力掌握，还是“熟能生巧”的考前训练。都需要开动脑筋，善于思考，总结经验教训，才能让训练效果更好。做题训练再多，不如开动脑筋思考，在清晰各个知识点之间的逻辑关系、弄清推导思路基础上的训练效果好。显然，“教练－养成”式的学习方法需要重思考。

“智”学“慧”思成体系

第三种方法是一种理论与实践相结合的研究式学习方法，其目标是通过“智”学“慧”思，构建起完整的知识能力框架体系。因此，也可以说是一种系统框架式的学习方法。在研究型学习中，往往是老师或学生提出问题，共同研究思考，老师与同学在亦师亦友中共同学习，互动交流。在这一过程中，学生成为学习的主角，老师是为学生主动学习、探索式学习、研究型学习提供服务和指导的导师和引路人。在这种情况下，老师不是“一桶水”分给学生“一碗水”的知识转移，而是帮助学生实现无师自通，让学生的天赋在创造性学习中绽放出来。

这种学习方法有几个特点。

一是从学习态度上讲是“为己”学，而不是“为人”学。“古之学者为己，今之学者为人”，是说古代的学者学习是为完善自己，今天的学者学习是为针对别人。“君子求诸己，小人求诸人”，是说君子之学，是在正心、修身，在成长自己中提升素养，担当起为国尽忠的责任的过程。当遇到问题时，总能先从自己身上找原因，靠自己的努力去解决问题；而小人之学则是为他人（为父母、为老师、为达到某种目的）之学，遇到问题不反思自己，却把责任归咎于别人，总想利用别人解决问题，自己却没有解决问题的能力。孩子学习到底是“为己”还是“为人”，是一个值得思考的问题。有的学生天天在家长督促下学习，其原因就在于他们是为父母学——为实现父母望子成龙、望女成凤的期望学。但有的学生却主动学习，大量阅读，勤于实践，在参与生活实践中为兴趣和梦想快乐表演。这是因为他们有兴趣爱好，有心灵阳光，有努力目标，能在“为己”成长中走上学习化生存道路。这才是实现无师自通，进入研究型学习的基础。

二是重视学习上的“智”学“慧”思。知有所合谓之智，智生于忧患。智是理论与实践相结合中的有的放矢之学，慧是领悟道理的敏锐。静能生慧，顿悟增慧。实现“智”学“慧”思离不开家国情怀、忧国忧民的心境，心灵阳光和静下来的阅读思考，融入时代环境的生活体验与感悟。显然，一个整天饭来张口、衣来伸手，什么国家大事也不关心，什么事情也不管的人，是实现不了“智”学“慧”思的。相反，这类人可能会在“愚”学“蠢”思中让人生白白被耗费。实现“智”学“慧”思的过程是一个全生命周期健康成长、幸福发展的过程。在婴幼儿时期，父母通过陪伴“玩”激活孩子的自然情趣、人文情感、心灵情操，为孩子今后融入环境“智”学“慧”思奠定了基础。在少年儿童时期，有“情”的智慧激励，孩子就可以有一个为兴趣和梦想快乐表演的在“做中学”过程。在青少年时期，有在“做中学”培养的兴趣和能力，就可以找到人生自信和自尊，就可以在把握人生方向中将一种或多种兴趣爱好变为能力或特长，这就为学习化生存、智慧化生活做好了准备。在青年时期，通过阅读和思考，把特长或能力升华为一种融入时代环境的信念和意志，就会在与时俱进中进入研究型学习的状态。实现研究型学习，需要有“情”会“爱”懂得“合”。

三是从学习境界上讲，研究型学习不是死记硬背中的熟能生巧，而是举一反三、无师自通中的融会贯通。人的学习境界可以分为五层：死记硬背、熟能生巧、举一反三、无师自通、融会贯通。

在理论与实践结合中学会“玩中学”“做中思”“知中悟”，才能让孩子走上学习化生存、智慧化生活、意义化生命的道路，才能在学习中形成系统性框架体系，提升学习的境界。这是一个提升学习能力的过程，也是一个让知识变为智慧的过程。

提升学习能力需要以心理学与认知科学为基础。重视智能结构、迁移理论学习，不能仅在知识点记忆上耗时间，更要注重搭建科学合理的智能结构，以更好实现能力迁移，而这一素养需要在早期教育中注重培养。

在学习过程中，要提升学习境界。学习者头脑中对新知识相关的概念或原理掌握程度越高，包容范围越广，越有利于新知识的学习；对已学知识巩固程度越高，则越有利于新知识的学习。

应考策略："长板"与"短板"

管理学界有个"木桶原理"，是说一个木桶盛水量的多少取决于桶壁上最短的一块木板，也就是说装水多少不在于"长板"有多长，而是"短板"有多短。

在学习上我们常用"木桶原理"作比喻，要重视自己学习上的"短板"，在弱项学科上下大力气去补齐。对于大多数学生来说，考试前会把重点放到弱项学科的复习上。

其实，除了补齐"短板"的学习策略外，在研究型学习中我们会更重视自己的强项。强项说明我们在理论和实践的结合上做得好，对其中的知识与应用可以做到信手拈来。因此，如果运用好扬长补短策略，常常会获得更好的学习效果。

其要点是：

● 优势学科最好先行：高效发挥特长，如物理好就先行突破；

轻车熟路先达顶峰：增加自尊自信，花较少时间可以拿下；

见缝插针解惑释疑：在热心帮助他人，当小老师巩固知识；

系统思维融会贯通：实现智慧整合，以强带弱，能整合资源。

● 基础学科区别对待：进行相似思维，相近的数学最易带动；

效率优先全力突破：快速延伸优势，数理结合后战功显著；

总结思考形成条理：形成知识框架，知识的条理化有优势；

拾遗补阙无师自通：主动走向成功，相关知识点自我突破。

● 弱势学科依靠老师：借脑完善自我，语文为难别自作多情；

没有最好只有更好：化被动为主动，按老师思路易于把控；

跟进多练熟能生巧：小脑智慧很重要，勤学多练能应对考试；

多思少怠举一反三：思维创造更好，多思也能创精彩文章。

● 最差学科也不放过：全面带动知识，化学不行也要会复习；

基本要求务要记牢：标准不定最高，基本要点公式成表格；

临阵磨枪不快也光：应考也讲策略，考前背背基本题和表；

调整心态增加自信：自信把握成功，快乐争取达基本目标。

优势学科最好先行，等于花很小的代价占领了制高点。

基础学科区别对待，等于抓重点整体布局形成战斗群。

弱势学科依靠老师，等于辅导中整合力量打好攻坚战。

最差学科也不放过，等于拾遗补阙学习中扩大新战果。

总之，我们需要学会学习和成长。伴随人生发展的选择是学习，把握人生命运的智慧是成长，实现人生成功的策划是层次，学会智慧教子的思路是唤醒，通向幸福家园的道路是真爱。通过学习，可以提升人生的层次和境界，并和孩子一起走上学习化生存、智慧化生活、意义化生命的幸福人生道路。

好家风创造好人生

道生之，德畜之，物形之，势成之。是以万物莫不尊道而贵德。

——《道德经》

天行健，君子以自强不息；地势坤，君子以厚德载物。

——《周易》

家风作为一种文化，对家庭成员有潜移默化、持久深远的影响。良好的家风能传承恒定价值理念，丰富人的精神生活，增强人的精神力量，促进人的全面发展。家风文化作为中华民族传统价值观的组成部分，能在人们认识世界和改造世界的过程中转化为精神力量，对社会发展产生深刻影响。良好家风能提高公民的思想道德修养，培育良好社会风尚，推动社会的文明进步，并呈现出代代出英才的景象。人生的成长离不开家文化的滋养，离不开家风建设。一个家庭乃至整个家族的发展，离不开家风建设。国家发展，也离不开家风建设这个基础。因此，要重视家庭文化基因的研究与实践。

第七章
好家风创造好人生

第一节　家风与传承

家风又称门风，指的是家庭或家族世代相传的风尚、生活作风。家风是一个家族代代相传沿袭下来的，体现家族成员精神风貌、道德品质、审美格调和整体气质的家族文化风格。家风的形成往往是家族中的某一个人物因出类拔萃，深孚众望，而为家族其他成员所敬仰、追慕，其懿行嘉言便成为家风之源，再经过家族子孙代代接力式的恪守，流风余韵，代代不绝，就形成了一个家族鲜明的道德风貌和审美风范。

中国历史上曾涌现出许多名门望族，其耕读传家、道德传家的家风对促进中华民族文化的发展起到了重要作用。倡导通过传承好家风搞好家庭建设，可以让千千万万的家庭受益。好家风能幸福千万家，好家风能创造好人生。

什么是家风？家风是家庭（家族）传承下来的风尚和作风，是世代相传、不断延续的家文化智慧，是家庭（家族）成员长期形成的生存习惯、生活方式、生命价值取向和精神追求的总和。

既然是家庭传承下来的风尚和作风，那就必然有传承这种文化的传人。家庭中，一方面能在阅读和思考中感悟祖辈的文化精华，又能在父辈身体力行的生存生活实践中受到影响和引领；另一方面能在陪伴子女一起成长过程中实现以德育人、智慧教子，又能在人生之秋的阅读反思中把丰富的人生阅历点石成金，远离隔代教育尴尬，其实就是具有良好家文化素养的家风传人。家风传人往往自身素养高，在自强不息、厚德载物、知行合一的人生历程中能为国为民作出重大贡献，并绽放出人生绚丽的光彩，成为家族后代得以效仿的楷模和榜样。名门望族之所以呈现出代代出英才的景象，就在于有肯于学习和自省，把家族精神发扬光大，并不断用生命智慧绽放精彩的优秀传人。显然，要想让家族兴旺，能代代出英才，上能向祖辈父辈学习，在悟道明德中做到知行合一走好路，下能在陪伴儿孙健康成长、幸福发展中不断学习和成长，处于“五代”之中心位置的中老年人的素质是家风能否传承好的关键。在老少几代人互动成长的家庭中，父母给孩子的往往是融入时代环境的知识和能力，隔代老人给孩子的往往是传承中的家文化智慧。在良好家风环境中成长的孩子不仅学习能力强，而且文化素养高，有家国情怀，能在融入时代环境的不断成长中绽放出人生绚丽的光彩。

风是一股无形的力量，作为传承下来的风尚和作风也是一股力量，一股因修炼而凝聚起的家族能量。正心修身的学习省悟过程就是提升自身能量的过程。同频共振能量增。融入自然环境、社会环境中的心灵谐振能让能量倍增。家风的传承是一种能量的传递，影响的不是一个人，而是整个家庭和家族，并延续到成为社会和谐的能量激励源。家风环境好，从家庭中走出去的人带给社会的也是满满的正能量，这种能量传递给社区环境、企业环境、学校环境，就会激励环境中更多的人健康成长、幸福发展。这就给我们带来新的思考。选人用人不能只看学历和能力，更要看其家文化素养。重视家风建设，不仅是一家一户的小事，而是关乎国家发展、人民幸福的大事。

好家风体现如何做人、如何做事、如何相处、如何求知、如何思维，具体体现在生活习惯、生活方式、价值取向、精神文化、思想品质等方面。在生活习惯方面的勤俭持家（勤生慧、俭生廉）；在生活方式方面的读书明理（阅读丰盈心灵）；在价值取向上的热情助人（利他服务）；在精神文化方面的尊老爱幼（平等待人、包容差异）；在思想品质方面的诚实守信（悟道明德、知行合一）。

有好的家风做基础，民风也会淳朴，体现在生活习惯上的节约环保、生活方式上的读书进步、价值取向上的互帮互助、精神文化上的包容差异、思想品质上的诚实守信。

既然家风是家庭（家族）延续着的家文化智慧，那就应当有源头、有内涵。发现源头，感悟其内涵，才能提升家文化素养。发现薪火传承中的家文化基因，发扬家文化传承的人文精神，就可以改善家庭的家文化环境，引领家庭成员的文化方向，为代代出英才打好文化基础。

老子、孔子等一批至圣先贤推动家庭文化建设与家风传承，于是有了“家是小国”“国是大家”“家和万事兴”的家文化建设，对中国人的世界观、人生观、价值观产生了重要影响，造就了孔氏家族、钱氏家族、曾氏家族、范氏家族为代表的家风传承文化，不仅让家族呈现代代出英才的景象，也为中华民族的文化发展作出了贡献。

中华智慧体现在天人合一、家国同构的系统观、整体观；以人为本、和谐发展的仁爱观、共生观；尊道贵德、知行合一的正心观、修身观。对中国人世界观、人生观、价值观的形成产生了重要影响，成为家风建设的核心内涵。在好家风传承中，家国情怀、仁者爱人、自强不息、厚德载物、尽忠尽孝、为国为民、舍生取义，先天下之忧而忧，后天下之乐而乐成为重要的家文化素养。在家庭中，爱国爱家、向上向善、相亲相爱、共建共享是好家风传承的集中体现。

家风是一种文化，好的家风文化能为人生奠定良好的文化根基，支撑起具有丰富文化底蕴的人生大厦。好的家风文化能引领人生的方向，形成人生的核心价值，在家国同构中，培养出大批为天地立心、为生民立命、为往圣继绝学、为万世开太平的志士仁人。好的家风文化是一种学习化生存习惯、智慧化生活方式、追求生命意义的价值取向，因而能引领家庭成员走上学习化生存、智慧化生活、意义化生命的幸福人生之路。

一个家庭的家风好坏，对家庭成员的人生会产生重要影响。人生就是人的生存、人的生活、人的生命。好的家风体现在家庭成员有好的人生生存状态、好的人生生活内涵、好的人生生命价值取向和精神追求。显然，好家风创造好人生，不良的家风会毁掉家庭成员健康成长和幸福发展的人生。当你欣赏自己的孩子懂事理、爱学习、自立自强、能为国家和人民作出卓越贡献时，那一定是你们的家风好，你和孩子共同受到了良好家文化的滋养。当你气愤地指责孩子不懂事、不好好学习、不求上进、迷恋网络游戏不能自拔时，那一定是家风出了问题。家文化环境的好坏直接影响着家庭成员的人生状态。

好的生存习惯、生活方式、生命价值取向和精神追求，能引领着包括孩子在内的所有家人走上学习化生存、智慧化生活、意义化生命的幸福人生道路。

好家风建设离不开实践体验。鼓励孩子在做家务、照护弟弟妹妹、帮助爸爸妈妈一起“工作”中学会生存，引导孩子在实践中学会生活，帮助孩子把兴趣爱好升华为信念和意志，并在利他服务中实现人生价值，是家风传承的重要选择。

家风传承方式

家风不是空洞、泛泛的说教，也不需要遥不可及的高深理论，而是从我做起的身体力行，是在潜移默化中影响家人的行为举止，是在践行中形成正确的世界观、人生观、价值观及做人原则、处事方法。家风的形成源于生活中的一点一滴，而好的家风，正是让家庭和谐、人生成长、家族兴旺的文化基础。

◎诗书传家

饱读诗书，修身、齐家、治国、平天下，是古代读书人的志向和抱负。

知书达理，明德正心，于是有了忠厚传家久、诗书继世长的家文化理念。

四书五经是儒家经典著作，是中国传统文化的重要组成部分。无论是王国维、梁启超、陈寅恪、鲁迅，还是钱穆、钱学森、钱三强，都深谙中华传统文化。诺贝尔物理学奖获得者李政道在准备考取芝加哥大学的研究生之时，芝加哥大学规定没有本科文凭的必须读西方名著，可李政道说：“我没读过西方名著，但我熟读孔子、孟子等的作品，他们的作品才是真正的经典。”他用这个道理说服了招生的人，成为芝加哥大学研究生。

阅读中华传统文化经典著作是家风传承的重要选择之一。创建书香之家，引领家人一起读书明理，实现成长，是传承好家风、幸福一家人的正确选择。

对于一个人的人生成长与发展来说，没有情系祖国与人民的家国情怀，缺乏自强不息、厚德载物的奋斗精神和文化素养，不懂得在包容差异、智慧整合中实现共生发展、创新发展，很难在时代环境中实现健康成长、幸福发展，活出精彩人生，甚至可能失去人生方向和做人准则。这就是为什么要重视中华传统文化传播和好家风传承的原因。为什么一大批科学家为国家和人民奋斗，为“两弹一星”事业、北斗卫星通信事业、国防科技事业奋斗，其根本原因是他们心中有“家”。家国情怀的激励，自强不息、厚德载物的奋斗精神鼓舞，支撑起他们与祖国命运同行的人生大厦。

新时代，诗书传家正在被赋予新的内涵。一方面，要实现中华传统文化创造性转化与创新性发展，使之与时代环境相适应，与现代文明相协调；另一方面要努力学习现代科学知识，提升科学技术本领。要做到这一点，就需要家庭、学校、社会三者协同育人。家庭是在好家风传承中的育人过程；学校是在家庭育人基础之上的学科知识学习和能力培养；社会是引领孩子实现社会化进程的场所。在这一过程中，家庭文化的传承是根基，因此要重视诗书传家的文化育人过程。

家风传承的关键是读书明理、知行合一中的道德自律和实践，而不是以圣人之言居高临下地教训别人。家风好的家庭中，一定有一位道德自律、知行合一走好路的模范。

家风的传承需要在融入时代环境中不断赋予新内容，但离不开世界观、人生观、价值观的引领。科学知识的学习、科学技术能力的提升，是我们融入时代环境中必不可少的素质和能力。但是三观不正，就会出方向问题。显然，人的培养需要重视三观。作为家风传承的方式，诗书传家既需要读“有用”的书，提升某种科学技术本领，更重要的是要读“无用”的书，让人生实现健康成长、幸福发展。

诗书传家以中华传统文化智慧为根基。如果能在融入时代环境中悟道明理，在践行中落实，并不断实现创造性转化和创新性发展，就成为一种好的家风传承方式。但是，如果读书只停留在书面上，却不能与“做”的工作实践、生活实践结合，这种读书只能成为谋生手段，读书就会成为一种“无用”的负担，更不可能延续诗书传家的进程。由此可见家风传承之重要。因为只有良好的家风才能创造好的人生。好的人生是学习化生存、智慧化生活、意义化生命的人生，而不是被动学习或者一旦学习受挫就陷入虚拟世界难以自拔的人生。

诗书传家之所以不能在一些家庭中得到很好的延续，就在于其既脱离生活实践，又不能在融入时代环境中把握好方向。而耕读传家则能引领家人在学习化生存过程中走上智慧化生活的道路，道德传家则能引领家人在悟道明德、知行合一中实现“智”学“慧”思，不仅实现学习化生存、智慧化生活，还能在明确方向中实现生命的价值。

◎耕读传家

耕读传家指的是既学做人，又学谋生。耕田可以事稼穑，丰五谷，养家糊口，以立性命。读书可以知诗书，达礼义，修身养性，以立高德。

古人是非常重视耕读传家的。这里所说的“读”，指读圣贤书为的不是做官，而是学点儿关于“礼义廉耻”的做人道理。因为在古人看来，做人第一，道德至上。

在耕作之余读些圣贤书，如《三字经》《百家姓》《千字文》，听老人讲讲家文化故事，掌握琴棋书画“四艺”，练习些谋生的功夫本事，人们就是在这样平平常常的生活中潜移默化地接受着文化熏陶，让家族得以兴旺发达，让人生在学习化生存中实现了成长。如今，如果能在工作之余多读些书，既可以学会如何更好地做人、更好地做事、更好地相处，也可以更好地在实践中提升工作能力。把这种耕读传家的家风传承下去，儿孙们也都能在学习化生存中不断进取，让家族不断兴旺。

值得关注的是，不少家长有一种误解，认为孩子只有多学知识，获得高学历才有前途；学校为了成绩也是不断加码，造成孩子的学习压力巨大。家长对孩子说的最多的话就是：“你什么都别管，只要把功课学好就行了。”老师严格要求的常用手段就是拼命给孩子补课，让孩子大量做题。如果一个孩子的成长道路上只有被动学习的课程和重复到极致的作业练习，没有“做”的实践机会和体验，就失去了理论与实践相结合的相似性体验，一旦取得好成绩，考上好学校，取得高学历，就误以为自己成功了。其实，人生最重要的时期只进行缺乏生活体验的学业学习，尽管可以获得高分、高学历，却错过了联系实际、“智”学“慧”思走上学习化生存道路的机会，一旦眼前目标达到，难有继续学习的兴趣和动力。而要解决这一问题，耕读传家的家风建设就成为重要的选择。鼓励孩子做家务，在和小朋友一起玩耍中学会做人、做事与相处，成为家风传承的重要选择。

有耕读传家文化的家庭绝不会让孩子的全部精力都用到死读书、读死书，只做功课，不学做人上，而是在陪伴孩子“玩”的过程中让孩子成为有自然情趣、人文情感、心灵情操的人。在鼓励孩子“做”的过程中让孩子成为有爱心、有爱好又爱学的人。在引导“知”的过程中让孩子成为悟道明德、知行合一的人。

耕读传家是与生活相融的诗书传家，而不是脱离丰富生活实践，只学功课的苦读传家，于是有了“耕读传家久，诗书继世长”的理念。一些家长把孩子培养成了不爱学习，又不得不苦苦学习，一旦失去管控就陷入虚拟世界不能自拔的人。这些家长一方面自己缺乏生活实践，另一方面所读所研缺乏人生智慧。一个缺乏自然情趣、人文情感、心灵情操智慧，失去爱心、爱学、爱好能力，不懂得合道而行、合德而为、知行合一走好路的人在面对人生时，是很难实现健康成长、幸福发展的。耕读传家不是只引导孩子学知识是为取得好成绩，获得高学历，也不是让孩子学一门生活技能。耕读传家是在“做中学”“学中做”的读书实践中引领家人走上学习化生存、智慧化生活、意义化生命之路的家风传承过程。也许小时候所做所学和未来的所做所学并不一样，但这种在“做中学”“学中做”的耕读体验一旦被相似性复制和创新，就会成为未来“智”学“慧”思的基础。显然，对于一个家庭来说，需要重视耕读传家。

◎道德传家

何谓道德传家？我们需要首先了解何谓“道”，何谓“德”。

何谓“道”？《道德经》中强调“道可道，非常道”。要了解这个玄之又玄之“道”，需要“致虚极，守静笃”，从“无”中去悟“道”；也要从“有”中去观察体会“道”的端倪，才能认识这个“惚兮恍兮，其中有象；恍兮惚兮，其中有物”的世界。

何谓“德”？《道德经》中强调“生而不有，为而不恃，长而不宰，是谓玄德”。

所谓“生而不有”，指作为一个五感健全的生命体，不凭借自己身体的“有”去观察世界，而是设身处地站在他人他物的立场去观察世界。所谓“为而不恃”，是强调努力实践“道”的过程中，可以随时抽离。知道目的地，但不会沉迷于抵达目的地的幻想，可以随时重新评估实践“道”的意义，重新确定方向。所谓“长而不宰”，是用自己实践“道”的行动去引导他人，而不去主宰他人的意志，要包容他人不同的观点。《道德经》中还强调“孔德之容，惟道是从”“道生之，德畜之，物形之，势成之”。所以要“尊道而贵德”，方能在悟道明德中找到方向，走好人生路。

从这个意义上讲，道德传家的内涵可以理解为尊道、贵德，知行合一走好路的文化选择。中华传统文化之所以能传承五千年之久，道德传家是关键。

传承好家风，文明千万家，需要重视源头文化的引领性，感悟系统思维、阴阳辩证、天人合一的“易”智慧，包容差异、优势互补、智慧整合的“龙”智慧，自强不息、厚德载物、知行合一的“魂”智慧，并在新时代环境中实现创造性转化和创新性发展，帮助我们克服思维模式的功利、片面、简单、自我、懒惰、僵化，从而让家风在传承中得到发扬光大。家文化智慧，正是激励我们前行的动力。

“道”与“德”是中国传统哲学中极其重要的两项内容，由这两者生发的各种思想和规则在中国传统哲学中占据了重要地位。关于“道”的最初释义，《易经》中有“一阴一阳谓之道”之说。也就是说，阴阳的交合是宇宙万物变化的起点。所谓“德”，通常指内心的情感或者信念，用于人伦，则指人的本性、品德。儒家所述的“德”包括忠孝、仁义、温良、恭敬、谦让等。

道家以为所谓天地万物之自然为“道”，而各种事物所得之自然为“德”。对人而言，便是品德。也就是说，“道”是天地万物必须遵守的不变的规律，“德”则是天地万物基于这些规律所必须遵行的正确行为方式。道家正是通过对“德”的研究推理，找到了天地万物中潜在的“道”，并运用这些“道”来发展更多的“德”。《道德经》中用大量对“德”的论述来构建起一个基于“德”基础之上的“道”，并为道德传家的家风传承奠定了文化基础。

中华民族尊道贵德。正是道德传家的魅力让中华文明源远流长。

读圣贤书，树君子人格。良好的家风推动着文化的传承与发展。一个国家栋梁之材，其家国情怀和为国尽忠的行为，激励着后代不断学习和完善，让好家风代代相传。

家谱、家训、家书

家风指一个家庭或家族的传统风尚和文化底蕴，是家庭成员的生活习惯、生活方式、价值取向和精神追求。家风传承一方面是由一代一代的传承人以践行者的角色身体力行，为一代代家人作出榜样；另一方面是把家文化智慧以家谱、家书、家训、家规、家文化故事形式为载体记录下来，便于后人认识家族文化，感恩先辈厚泽，领会家风内涵，获得指导启发，并在践行中不断完善。

家谱是以表谱形式、以血缘关系为纽带，记载一个家族世系繁衍和重要人物事迹的图书。家谱是一种承载家族历史的特殊文献，就其内容而言，记载的是同宗共祖血缘集团的世系人物和事迹等方面情况的历史图籍。

家训指对子孙立身处世、持家治业的教诲。家训是中华传统文化的一部分。正是这些富有家国情怀，引导人做人做事、相处认知的传统文化，引领着家风建设的方向，成为家训的重要内容。家训也是家谱的重要组成部分。家训体现出一个家庭的道德标准，一旦违背家训，一个人不仅会受到道德谴责，也会影响其他家庭成员的人生发展。

家规是一个家庭所规定的行为规范，也是家训的重要组成部分。古人把教育子女看成父母重要的责任。养子必教。哪些事可以做，哪些事不可以做，在家规中都有明确规定，一旦违反家规，会受到相应惩罚。

家书是家族中保存的书籍和家人来往的书信。这些由家族成员撰写著述的书籍，既是家族代表人物的文化成果，也是丰富人生经验的总结，能引领和影响家人的成长发展方向，指导家庭成员在仿效先贤中为家族文化的发展作出贡献。家信是漂泊在外的人与家人相互来往的书信，是维系家人情感的一种联系方式，其中包含着浓浓的亲情和做人做事的智慧。

家文化故事（家风故事）是在良好家风环境中践行好家训而涌现出来的典型事例和经验。这些以家庭成员为原型，在生活中形成的具有典型文化意义的小故事，既是践行良好家风的典型经验，也是后人可仿效的方法。家文化故事是家训的重要组成部分，也是"活"的家训内容。

家训是对子孙后代立身处世、持家治业的教诲，其核心内容离不开对先贤圣人悟世之理的感悟及其名言名句，也包括对一些名门望族家风传承宝贵经验的学习和借鉴。而自身家庭发展中的家风践行过程，也会形成许多新的思想和方法，成为家训的组成部分。显然，创建家庭新家训需要在继承中实现发展。

中国人既要在学习传统文化过程中取其精华认真感悟，使其经典理论和文化智慧在创造性转化和创新性发展中形成新的思想和理念，作为新家训的重要内容；也要在继承革命先烈遗志，传承红色文化中把革命文化作为新家训的重要内容；还要把学习和践行社会主义先进文化作为新家训的重要内容。

新家训内容可以包括如何做人与做事、如何相处与认知、如何在新时代环境中实现创新发展。新家训内容可以是成语典故、家训格言，也可以是家书和家文化故事。总之，家训既要有丰厚的文化内涵，又要与时俱进，富于时代特色。

参考家训之一：

×姓众子孙，勿忘家国情，从小怀大志，长大尽国忠；

耕读传家久，诗书继世长，进城学手艺，养家有本事；

仁义礼智信，勤俭谦恕忠，尊道敬天地，贵德正人心；

教育国之本，科学要求真，文化引方向，艺术唤醒人；

在家孝父母，在外善待人，职场慎择业，好学天地宽；

衣食是根本，在世莫要贪，经商贵诚信，为官要正直；

从戎保国防，创业务求实，富贵当怀仁，守业更谨慎；

以德来待人，自爱又自尊，纯朴受人钦，睦邻万事顺；

夫妻要和睦，教子当从严，居家不晏起，事亲得欢心；

学业靠勤奋，职业靠本领，生活有智慧，人生有担当；

慷慨济贫困，造福众黎民，传道解困惑，成就好学人；

人生有智慧，处处好安身，三思而后行，低调有善行；

老实做好人，认真做好事，三百六十行，行行出英才；

为人莫骄横，行事莫盲从，言谈莫放纵，遇事留三分；

知足常为乐，品高德自馨，清名留千古，福泽荫儿孙。

参考家训之二：

◎老老实实做人

①善待他人，反省自己；

②施恩不图报，受恩记在心；

③家有贤妻，男人不做横事；

④做自己生命之船的舵手；

⑤见人之善扬之，见人之恶掩之；

⑥要远小人，不与之谋；要敬君子，并与之学；

⑦学识再高，也要谦虚谨慎，低调做人。

◎认认真真做事

①勤学好问多读书，求知问路多反思；

②把简单的事认真做好了就是不简单；

③把平凡的事认真做细了就是不平凡；

④做事要多动脑筋，没有最好，但要有更好；

⑤做事要有始有终，坚持一下的再努力很重要。

◎和和睦睦相处

①夫妻恩爱、兄友弟恭、尊老爱幼、邻里和睦；

②不挑剔别人，善发现优点；不指责别人，善检讨自己；

③多些宽容，少些狭隘；多些赏识，少些审视；多些关爱，少些敌对；

④送人玫瑰，手有余香；与人方便，自己方便；

⑤害人之心不可有，防人之心不可无；

⑥家门和顺，虽吃穿不济，亦有余欢；

⑦既有人格自尊，又有不伤害他人尊严的高贵；

⑧既读书长学识，又能谦虚谨慎，做人低调；

⑨既能独处静思，又能用心陪伴他人；

⑩对人要以礼相待，不“看人下菜碟”。

◎健康成长、幸福发展

①走学习化生存、智慧化生活、意义化生命之路；

自然情趣是生命之真，生命求真人成长；

人文情感是生存之善，生存求善人发展；

心灵情操是生活之美，生活求美人幸福；

②知人者智，知己者明，知境者活，知世者达；

③嫁女择佳婿，娶妻求淑女，人人懂家教，各个求发展；

④重视家庭建设，提高家文化素养，传承美好家风；

⑤家国情怀心有梦，奋发图强求进取，德行天下和为贵；

⑥读懂人生四部书，实现人生“四季”成长；

读书虽不能使人生变长，却可以使人生变宽；

成长虽不能让幸福速来，却可以让幸福变厚。

无规矩不成方圆。家庭是最小的社会单位，家庭不仅要对孩子和家人负责，也要为社会承担责任和义务。制定家规，是为家庭成员规范行为，当家庭成员走向社会时，也会把对家规的敬畏和执行放大到社会，成为遵纪守法的百姓。古时家族都有家规，一旦违规，要受到惩罚。

国有国法，家有家规。为了维护家庭的和谐发展，制定家规，规范家人行为也是传承良好家风的重要内容。但是，在新时代，旧时的家规往往并不完全适应新的环境需要，这就要有新的家规出现。从内容上讲，古时家规内容重视道德层面的行为规范，这是十分可取的，但也有些内容并不一定适应今天的现实。因此，今天人们应从中国传统文化智慧和社会主义先进文化中汲取营养，制定出新家规。这种家规不是只针对孩子的说教，更是所有家庭成员，特别是长者首先要身体力行的规范。

新家规参考：

（1）全家人无论工作忙闲，都要努力学习，悟道明理，正心修身，学会反躬自省，提升自身的家文化素养，长辈要为晚辈作出榜样。要积极参加家庭阅读交流活动，分享读书反思成长体会，激励家人互相学习、共同成长。

◎奖惩：对好的学习成果由家庭公共基金出资编撰整理成册，作为修订和完善家谱的重要内容，其中特别优秀的成果出版书籍或电子出版物，服务家庭与社会。每年评选优秀读书人和家风传承人，发现和推选家庭文化建设指导师为家人定期授课。对为家庭文化作出突出贡献的家人给予奖励，以促进家庭良好家风得以传承，多出英才。

对不能主动读书反思成长自己；与爱人发生冲突，给孩子造成不良影响；出现家庭暴力，以家长强权说教、打骂孩子等，给予批评、警告，并在工作单位或社区指导干预中予以纠正。

(2) 建立家风传承基金，用于支持家文化建设支出。基金来源可由集资提供。家风传承基金用于完善家文化体系，修订完善家谱，总结提炼家文化智慧，编撰出版家庭著作，开展家庭文化研究和成果推广，支持杰出后代完成学业、改善家庭文化环境等。

◎奖惩：鼓励家长为家风建设提供资金，发现家风建设的优秀受益人和文化传播人予以物质和精神奖励。

对不能为家风建设投入心血的家长，通过长辈约谈、批评指导予以帮助。由于忽视家风建设造成家人出现不良行为，家长要对其负责，并由家族中当家人对当事家长和孩子实施帮助。

(3) 关心孩子健康成长与幸福发展，引导孩子在遵守家规中提升生存能力、文化素养和科学素养。

①尊敬师长，礼貌待人，主动向长辈打招呼问候，分别时主动道“再见”。长辈生病要主动问候，帮助做些力所能及的照护。

②努力做一个有理想、有本领、有担当的好人，唤醒善良、智慧、快乐的美好心灵。主动做家庭“小主人”，帮助做家务、照护好弟弟妹妹，承担至少一样家庭责任；主动做家庭“小老师”，用自己所学为家人讲授科学知识、文化艺术课程；主动做家庭“小记者”，用文笔和口才宣传好的事迹；主动做家庭“小科技迷”，在“悦”读、做手工中提升科学素养，探索科学奥秘；主动做家庭“小文体迷”，提升美学素

养，提高身体素质。

③要在自己的事情自己做，他人的事情帮助做，不会的事情学中做（“三做”）过程中培养爱心、爱好和爱学品质，为一生幸福奠定道德力、智慧力、意志力的人格基础。

④要懂得爱国爱家、相亲相爱、向上向善、共建共享，在正心、修身中提升道德水平和文化素养，为家庭文化建设作出自己的贡献。

⑤有心事或遇到难堪要主动和父母说，取得父母的理解、支持和帮助，避免安全风险；一旦暂时得不到解决也不要发脾气，作出违背道德的事。要用自己的学识、耐心、友善和行动去努力，逐渐得到父母和家人的理解。

⑥被人帮助后要表示感谢，不要以为这是应该的；帮助别人后，得到别人感谢时要回答“不客气”“这是我应该做的”。不要因为帮助过别人就一定要求别人给予回报，更不要作为控制别人的理由。

⑦做错事情要主动承担责任，努力改正。不要找借口，把责任推给别人。受到误会和冤枉可以作出必要的解释。如果一时无法化解矛盾，也要与人为善，不做一时冲动的傻事。

⑧坚持早睡早起，保证正常的学习与生活。早不贪睡影响学业，晚不熬夜玩游戏影响第二天的精神状态。

⑨要多接近勤奋好学、人品良好、积极上进的人并向他们学习，接受他们的指导和帮助。要远离自私低俗、不学无术、自以为是、爱挑拨是非、动不动激化矛盾的人。即使有理，也不和这样的人靠争执解决问题。

⑩当自己的人身安全受到威胁时，保护好生命最重要。

◎奖惩：对在“三做”“三爱”活动中涌现出来的孩子通过授予“五小智慧人”荣誉和宣传其事迹予以表彰奖励。对学习努力自觉，取得优秀成绩的孩子提供家庭资金支持，为其创造更多的研学成长机会。

对违反家规、不努力学习、缺乏礼貌、好吃懒做、耍赖打滚等行为要通过警告、批评、面壁自省等予以惩处。

◎如何写好新家书

现代人的交流方式有很多种，但涉及思想文化层面的东西绝不是一次简单的对话或道德说教就能奏效的。一封既深有内涵又富于情感的书信会成为在心灵沟通中实现交流和互动的好方式。一封家书往往是唤醒智慧心灵，治愈心灵创伤的“香茶”和“良药”，需要在慢慢品尝和静静苦思中领悟。

参考家书：爷爷给孙子写的家书

爱孙阳儿：

你好。爷爷好久没见到你了，很是想念，期盼有时间的话你能来看看爷爷，再教我几招玩手机的技巧。想当初，要不是你的帮助，爷爷用手机还是个“小白”。有了你的帮助，我不仅会打电话，还可以通过微信接收信息和看到你参加体育训练的照片。看到你那么认真训练的样子，爷爷打心眼儿里高兴，知道你是个好学上进的好孩子。你是爷爷的小老师，让爷爷在晚年有了向你学习，和你一起成长的机会。

得知你和爸爸之间发生了一点儿争执，让你挨打受了委屈，爷爷心里很难受。我会批评你的爸爸，相信他也会意识到这样做是不对的。我相信你，不仅爱爷爷，也爱爸爸。

我知道你在学习上遇到了一些困难，心情有些郁闷，我非常理解你。爷爷相信，你是一位聪慧的好孩子，会下定决心好好学习。一个人未来的人生之路能否走好，把握在自己手里，看他是否能自立自强、主动学习。

我听你爸爸说你有许多优点：不仅帮助家里做家务，还帮助弟弟学认字；你的铅笔画画得很好，有机会也教爷爷画几笔。虽然你最近一次考试成绩不太理想，可是能在改卷子时把做错的题一道道做对，成为“考后一百分”的优秀学生。

人生的路需要自己来走。前一段时间你和我说“自己的事情自己做”，这句话说得非常好。但真正做到还需要有意志力。爷爷相信你是一个有意志力的好孩子，不仅有意志力完成体育训练，也有意志力学好功课。爷爷更相信你有意志力拒绝网络游戏的诱惑，下功夫读几本好书，让人生呈现一个新的境界。

每个人都是哭着来到这个世界的。漫长的人生之旅存在着太多的无奈和苦难，我们无法自主，无论你是否接受，你都得面对。但人生中经历的磨难，那一定是上天赐予我们的启迪。一个人只有经历磨难才能够“立”起来。能在磨难中反思自己并改变自己的人才能够“立”起来。躲避磨难，怪罪别人，躺平自己，只会越来越痛苦。

成功的人都是面对人生磨难成长的人，是在磨难中顿悟了的人，是把宝贵经验和失败教训总结出来，让更多的人觉悟的人。

失败的人都是面对人生磨难怪罪别人的人，是不得不忍受磨难苦苦熬日子的人，是把人生经历作为垃圾扔掉的人。

我们真的应该为有此一生而感到庆幸，哪怕人生的路是那么艰难和不可预测。我们只有活出人生的精彩、人生的价值和意义，才对得起天地的厚爱。

学校带给学生的不仅是知识，还有集体生活中的互动成长和友谊，更有让自己融入环境中的觉悟和反思，以及训练化课程中的意志锻炼。

人生中的一个个问题，需要自己去面对，在面对中读书反思，在改变中让自己坚强起来。

爷爷相信，你一定会重新扬起风帆。爷爷愿意与你一起学习和成长，做一个有理想、有本领、有担当的人。

伴随着家庭成员特别是孩子成长的过程，会涌现出许多值得记忆、值得收藏、值得回味的故事。这些富于文化内涵的故事一旦在家庭中传播，既是对家人的激励，也是研究家风传承的活的内容。家风传承并不仅仅是家训和道德说教，一些耳熟能详的家文化故事在家风传承中也能起到重要作用。从古至今，许多生动的家文化故事影响着一代代孩子的成长，成为流传千古的佳话。岳母刺字的故事之所以千古流传，是因为它倡导精忠报国精神，对培养孩子爱国主义精神有现实意义。孟母三迁的故事之所以受到关注，是因为它告知人们环境对孩子心理、行为的影响很大。其现实意义在于教育好孩子不仅需要思路和方法，重要的是创建一个有利于孩子成长的环境。

为了让家庭传承良好家风，编撰好家文化故事，是一种效果很好的方法。中老年人在人生之秋的反思中如果能撰写出一个个家文化故事，既可以让家庭文化得以传承，也能让自己在成长中把丰富的人生阅历点石成金，并远离隔代教育尴尬。为人父母者如果能感悟长辈的家文化智慧，在发现孩子、成长自己过程中写好家文化故事，不仅能让自己实现再成长，也可以启迪孩子的智慧心灵。

家文化故事：秋梦童心婆媳情

每个人的人生中都有鲜花，人人都可以活出生命的精彩。花开总有花落，人生都有夕阳。花开的时候，朵朵绚丽多彩；花落的时候，情况却浑然不同。有的把枯萎送予寒风，流逝于萧瑟，风烛残年苦度日；有的则唤醒童心，实现人生再成长，在乐行、乐思、乐学中活出光彩。

婆婆今年96岁了。她中等偏瘦的身材，耳不聋、背不驼，说起话来爽朗乐观。她思维敏捷，对什么都感兴趣，像个有童心的孩子，一点儿也看不出她是一位进入鲐背之年的老人。

作为儿媳妇的我也已经进入了古稀之年。能和婆婆和睦相处50年，既是婆婆的恩惠，也是我的幸福。她心疼着我，我惦记着她，心心相通。

婆婆爱逛商场，她说："我逛商场不一定是为买东西，我就是愿意走走、看看、听听、想想，这样的生活会更有滋味。"她还说，"人老，心不能老，和年轻人聊聊，和孩子们一起玩玩，能保持一颗童心，让人生更充实。”

婆婆有8个重孙子孙女，每年春节前，她都要去商场给每位重孙子孙女买一身衣服，还要送给每人一个毛绒玩具。她90岁那年，我劝她说：“您90岁了，不要再操心给他们买衣服啦。”婆婆答应了，给了每个孩子200元钱，让他们的爸爸妈妈去买。

有一天，婆婆对我说：“你哪天有时间了，带我去坐一次地铁吧。”我立刻答应了。

当婆婆走进地铁站时，像个小孩子似的东看看、西瞧瞧，说：“这地铁站宽敞明亮，真气派！”

很快，地铁列车进站了，我们随着人流走进了车厢。

当我把婆婆送到家时，公公已经做好了饭等着她。公公又是问这又是问那，在他心中，只要婆婆高兴，他就高兴。别看公公90多岁了，精神头儿还是那样好。他正在写一部书，希望把自己的人生经验进行总结，留给后人。这种终生快乐学习的人生态度让我很受启发。

从公公婆婆身上我懂得了生命力的意义就在于让有限的生命灿烂地活，让无限的生命得到延续。

秋梦童心诗意浓，幸福人生情相伴。与婆婆相处的几十年，让我懂得了幸福人生有起点，出彩人生从家出发。

创建美好家园，传承良好家风

在基层乡镇、街道、社区开展美好家园建设是基层治理现代化的重要内容。目前各地创造出多种形式，创建美好家园，传承良好家风，主要包括如下几点。

① 在基层建立家文化馆

在乡镇基层、街道社区、企业、学校建立家文化馆，是弘扬优秀传统文化，在“两创”中实现传承良好家风的重要举措。家文化馆中既有中华民族同根同源的家文化精华智慧呈现，也有优秀家庭提供的家风传承经验和成果，还有新时代涌现出来的优秀人物的文化传记和奋斗精神呈现。到家文化馆参观，不仅是浏览展板画面，更是在文化熏陶中找到自己幸福成长的新起点。能在有文化氛围的家文化馆中读书交流、论道参学，也是一种文化的滋养过程和享受成长过程。如果能有更多家庭的传承经验和家风史料进入家文化馆展藏，也为各个家庭传承良好家风提供了场所和机会。

② 开展家文化故事征集

每个家庭都有各自的家庭文化，如果把这种家庭文化以家文化故事形式呈现，就可以更有效地传承良好家风。古代的家文化故事中，“孟母三迁”能启发人重视环境对人的影响；“岳母刺字”唤醒的是家国情怀。现代家庭中涌现出许多新的家文化故事，也能激励人健康成长、幸福发展。“第三者插嘴”的故事能启迪人改变思维，从挑剔思维改变为发现思维；“拜子为师”彰显的是向孩子学习，和孩子一起成长的“示范”“示弱”智慧……把这些富有文化内涵和教育意义的家文化故事征集评选出来，并予以传播，就可以在美好家园建设中引领更多的家庭重视家风家文化建设，从而促进百姓素质的整体提升。

③ 撰写好陪伴成长日志

家庭之爱体现在家人之间的互相陪伴。最好的陪伴是心灵的陪伴。如果在陪伴长辈、陪伴爱人、陪伴孩子成长过程中，通过读书学习，撰写出有文化内涵的陪伴成长日志，不仅能提升自身的家文化素养，也能让家人们在心心相印中获得爱的滋养，并把这种心灵陪伴的智慧传递给下一代。从“陪伴 95 岁老人一起养老”，到“诗订姻缘心有家”，再到“我和孩子一起唤醒梦、建好家、走好路”等，既彰显了陪伴成长中的家庭之爱，也为家人回味人生，重新找到幸福起点，再次绽放人生精彩引领了方向。

④ **编撰好文化传记相册**

每个家庭都有成长榜样，即使是平凡的老人，也有“秋梦童心诗意浓”的学习成长意愿和文化积淀。如果能为具有丰富人生阅历的老人编撰好文化传记相册，既是对祖辈父辈文化的深入挖掘，也是激励老人在人生之秋的再成长中获得幸福人生的新成长起点。在此基础之上，也为自己编撰好文化传记相册，不仅是对祖辈父辈文化的继承，也是在他们基础之上发展家庭文化的新起点。编撰的过程，不是简单地为家人树碑立传，而是挖掘出家人为国为民作出一个个贡献背后的文化精神。

有一种精神，让我们一生感动；

有一种力量，让我们勇往直前；

有一种人格，让我们走向完美；

有一种幸福，让我们享受终生。

家文化传记相册中，有这种精神，有这种力量，有这种人格，有这种幸福。

⑤ **创作家庭文化传承相册**

每一个家庭和家族，都有一种文化在潜移默化中传承。只是由于记录不全，中间难免出现中断现象。而创作家庭文化传承相册，正是传承好家庭文化的重要手段。家庭文化传承相册不是简单的辈分顺序图表，更重要的是家庭文化的挖掘和融入新时代环境的转化与实践。而家庭中因重视家文化建设而涌现出优秀人才的成长经验和文化智慧内涵也是传承相册的重要内容。

中华民族同根同源，如果能发现薪火传承中的家文化基因，并在融入新时代环境中实现创造性转化与创新性发展，就可以给家风建设以新的能量和动力。即使是名门望族，如果要实现不断发展，也需要在与中华民族共同的文化基因相比对中不断实现创造性转化与创新性发展，才能创造新的辉煌，培养出面向时代环境的杰出人才。

第二节　感悟曾氏家族的家文化智慧

5000 年来，中华民族有许多家族传承良好家风，呈现出代代出英才的景象，在家文化建设上取得了十分宝贵的经验，堪为传承中华传统文化的典范。

曾国藩是中国近代史上的风云人物，他文能应试，武能打仗，缔造出一支强悍无比的湘军。

曾国藩 28 岁中进士，入翰林院，曾 9 年升迁十级，是一位成功者。其生活方式、生活习惯、价值取向和精神追求，彰显出深厚的家文化素养，以耕读传家的家风造福家族，让家族历经 200 多年，呈现代代出英才的景象。

曾国藩既是一位受到父辈激励刻苦学习的学子，也是一位在隔代教育中实现卓越发展的杰出人才。父辈以身作则、好好学习的榜样激励带给曾国藩的是刻苦精神和学习毅力；而隔代长辈带给他的是顿悟自省素养和家文化智慧。这也为后来曾国藩创建曾氏家文化体系，在家风传承中造就一代代杰出人才奠定了牢固的文化基础。

曾国藩修身处世以“勤”和“俭”著称。勤生慧，俭生廉。曾国藩的人生之所以取得如此大的成就，离不开这两个字。他“侵晨起读，中夜而休，泛览百家”；他为政之勤也让人赞叹。担任两江总督时，曾国藩对奏疏公牍再三斟酌，无一过当之语、自夸之词。最可贵的是，勤俭持家也是曾国藩所崇尚并践行的重要家风。曾国藩衣食极为简朴，平时总穿土布衣，每顿只吃一个荤菜。他曾与一位富商一起用餐，面对满桌子山珍海味，曾国藩只是低头吃自己面前的一点儿菜。下属误以为饭菜不可口，曾国藩却说了这样一句话：“一食千金，吾不忍食，吾不忍睹。”

耕读传家有智慧

君子之泽，五世而斩。而曾国藩家族历经八代、二百多年，共涌现出200多位达者学人，究其根源，在于以传家“八宝”、修身“八德”、家训“八本”为核心的家风传承。

所谓传家“八宝”，即“书、蔬、鱼、猪、早、扫、考、宝”。

书：指读书。知书达理，正心修身。

蔬：指种菜。自种蔬菜，自给自足。

鱼：指养鱼。家建池塘，年年有鱼。

猪：指喂猪。自家享用，增加收入。

早：指早起。早睡早起，辛勤耕读。

扫：指扫地。打扫卫生，环境清洁。

考：指祭祖。追思先人，传好家风。

宝：指睦邻。左邻右舍，互相帮助。

把读书和耕作、饲养、家务结合起来形成的耕读文化，其实是一种学习化生存智慧，其实质是“做中学”“学中做”“做中求生存，求发展”。这种与学习相联系的“做”，可以唤醒爱，引导家人相亲相爱，共建共享。正是耕读“情”，生存“慧”，引领着家风建设的方向，让家庭成员走上了学习化生存道路。

如今，我们可以借鉴传家“八宝”智慧，形成“三做－三爱”理念，引导家庭成员走上学习化生存之路，开启传承良好家风的起点。

坚持自己的事情自己做，就可以唤醒爱好。爱好是成才者之神。

坚持他人的事情帮助做，就可以唤醒爱心。爱心是成人者之慧。

坚持不会的事情学中做，就可以唤醒爱学。爱学是成就者之师。

走好学习化生存之路的人学习能力强，体现在有学习动力、学习能力、学习潜力和学习转化力。

走好学习化生存之路的人学习境界高，体现在学习知识过程中能从死记硬背升华为融会贯通。

走好学习化生存之路的人学习方法对，体现在理论与实践相结合中的“智”学与“慧”思，能构建起知识框架体系。

走好学习化生存之路的人学习习惯好，体现在自动自发，自强不息，自我管理。

所谓修身“八德”，即勤、俭、刚、明、忠、恕、谦、浑。

勤：指勤劳。勤恳耕耘，勤奋读书，不偷懒。

俭：指节俭。俭以持家，俭以养廉，不贪占。

刚：指刚强。自强不息，威武不屈，不懦弱。

明：指明白。明白事理，反躬自省，不糊涂。

忠：指忠诚。诚信相处，与人为善，不欺骗。

恕：指宽恕。宽恕包容，心胸宽广，不算计。

谦：指谦虚。谦虚谨慎，戒骄戒躁，不骄傲。

浑：指含混。难得糊涂，吃亏是福，不计较。

修身“八德”中蕴含着丰富的人生智慧，勤生慧，俭生廉，刚生志，明生理，忠生信，恕生缘，谦生识，浑生安。修身“八德”智慧引领着家风建设的方向，让家庭成员走上智慧化生活道路。

如今，我们想让孩子有一个智慧化人生状态，运用“三玩－三情”理念引导孩子实现健康成长，其实也是传承良好家风的新思路。

陪伴孩子玩泥沙、观虫鸟、望星空、探秘密……可以激发孩子的自然情趣。自然情趣是生命之真。

陪伴孩子做手工、学分享、做家务……可以激活孩子的人文情感。人文情感是生存之善。

陪伴孩子常阅读、勤思考、提问题……可以激活孩子的心灵情操。心灵情操是生活之美。

走好智慧化生活之路需要有智慧力，这是一种综合素质和人格修养，是一种被唤醒了的心力。

走好智慧化生活之路需要有人生境界。我们把人生智慧境界分为忍界（容忍水平）、持界（选择能力）和悟界（悟道自省）三个层次。一个有智慧化生活能力的人聪慧善良，舍得放弃，能反躬自省，大智若愚。他们往往有胸怀接纳那些自己不能改变的，也有勇气改变那些自己所能改变的，更有智慧识别哪些是可以改变的。

一个走好智慧化生活之路的人有这样的好习惯：追求阳光心态，主动成长创新，舍得奉献助人。

所谓家训“八本”，即读古书以训诂为本、作诗文以声调为本、事亲以得欢心为本、养生以少恼怒为本、立身以不妄语为本、居家以不晏起为本、居官以不要钱为本、行军以不扰民为本。

读古书以训诂为本，是因为古代书籍内容丰富，饱含五千年传统文化精华，需要去粗取精，去伪存真，作出解释，并在时代变迁中作出调整和转化。读经典著作只有能解释其意思，才能掌握要领，在融会贯通中服务当今社会生活与实践。

作诗文以声调为本，是因为中国诗文朗朗上口，最讲声调。如在朗诵时铿锵有力、抑扬顿挫，也不失为一种入境品位之唯美境界。

事亲以得欢心为本，是指孝敬父母除了供奉饮食、嘘寒问暖、顺承心意，还要通过创建和谐温暖、其乐融融的家境让父母高兴，并能从父母人生中感悟其丰富的人生智慧，把良好家文化传承下去。

养生以少恼怒为本，指要重视养生健体，不要动不动发脾气。身体健康需要有“动”，散步遛弯是一种动，做些力所能及的家务也是动。心理健康，心灵美好需要“静”，早睡早起睡眠好是一种静，静下心来阅读也是静。有静有动才能“通”，肠胃通、气血通，才能健康长寿。

立身以不妄语为本，指做人要谦虚、低调，具有上善若水的“处下”

智慧，不说大话，不自以为是、随便乱语。病从口入，祸从口出。狂妄自大、信口胡说很容易闯下大祸，让人后悔终生。

居家以不晏起为本，指不睡懒觉，不偷懒，按时起床，好好学习，积极劳作。

居官以不要钱为本，指当官要讲“廉”，不收受贿赂，不见钱眼开，要秉公办事。

行军以不扰民为本，指军队是保国为民的组织，严格治军才能得到老百姓支持。军队爱护百姓，百姓就会拥戴军队；军民一条心，才能击退外敌侵略，取得保家卫国的胜利。

家训“八本”彰显出一种在利他服务中实现生命价值和意义的人生智慧，引领家人走上意义化生命之路。

如今，我们想让孩子有一个意义化生命状态，运用“三知－三合”理念引导孩子实现健康成长，其实也是传承良好家风的新思路。

知人者智，知己者明，知境者活。“三知”智慧引领着人在合道而行、合德而为、知行合一中走好意义化生命之路。

生命力的意义就在于让有限的生命灿烂地活，让无限生命得到延续。

生命的境界体现在珍爱生命，活出价值，实现生命意义。

一个实现了意义化生命状态的人心中有梦（求美），目中有人（求善），手中有事（求真）。

女性智慧魅力与家风传承

曾国藩故居（富厚堂），坐落于湖南娄底市双峰县东部的荷叶镇。富厚堂始建于清同治四年（1865年），整个建筑包括门前的半月塘，门楼，八本堂主楼，公记、朴记、方记3座藏书楼，荷花池，后山的鸟鹤楼、棋亭、存朴亭、思云馆等，占地面积4万多平方米，建筑面积为1万平方米。

富厚堂坐南朝北，鳌鱼山从东、南、西三面把富厚堂围住。远远看去，富厚堂好似坐在一张圈椅中。周围自然环境优美，后山树木茂密，古木参天。门前是一片较开阔的平地，附近有小河向东流去。

进入前大门，有宽广的内坪，坪内种植着奇花异草。通过坪中石板道，直达二进台阶。中厅门上悬挂着曾国藩所书“富厚堂”三个金字。

穿过历史的烟尘，一位年轻女子向我们款款走来。她端庄文雅，灵动美丽，颇具智慧魅力。她就是曾氏家族的文化传人郭筠。

郭筠生于书香之家，父亲郭沛霖与曾国藩是同科进士，同在翰林院做官。郭筠年仅一岁，即由父亲与曾国藩家定下娃娃亲，许配给刚出生的曾纪鸿为妻。郭筠从小聪慧，求知欲强，不仅能写作文章，诗文辞赋也有功夫，郭沛霖甚为喜爱。曾纪鸿自幼聪明过人，悟性极好，很受郭沛霖赏识。

郭筠幼承家训，致力儒学，学识不浅。19 岁时，她与曾纪鸿成婚后，又在曾国藩的指点下通读《十三经注疏》《御批通鉴》等书，成为当时名噪京华的才女。

同治十一年（1872 年），曾国藩去世。两年后，其妻欧阳夫人去世。光绪七年（1881 年）三月，曾纪鸿在京英年早逝，34 岁的郭筠携四子一女从北京回到湖南，此后一直住在富厚堂。她在富厚堂建有“艺芳馆”书斋，一生苦苦护持“芳记”藏书楼。该楼在曾纪鸿充实经、史、子、集、天文、算术等书的基础上，她又补充以医、卜、垦相之书，藏书达 2 万册之多。

郭筠的孙女曾宝荪曾说：“盖吾等对国家如有贡献，悉艺芳老人（郭筠）所赐也。”

郭筠丧夫后，将一切希望寄托在儿孙身上，欲将满腹才学传授给他们。儿子们长大成人离开以后，她又在孙辈中每房留一人从小带在身边，亲自督教，教习《千字文》《诗经》等书。曾氏子孙几十人聚居于此，曾家一切事务皆赖郭筠操持。她秉承先人家训，是曾国藩家教思想的具体实施人。她在富厚堂改革家馆教育，聘请外籍人士教习外文，要求男生习体操，女生习绘画等。她还手书家训《曾氏富厚堂日程》，提出子孙不论男女皆应习一样手艺；皆应有独自出远门之才识；皆应知俭朴，抱至公无私心肠，告诫子孙不染纨绔习气，力求自立自强。她所生四子一女，后来均有所成，孙辈男女也大多成为驰名中外的学者，这与其教育熏陶有密切关系。她能诗善文，有《艺芳馆诗钞》传世。她手书的《富厚堂日程》中有这样六条：

第一条是男女皆应知习一样手艺；

第二条是男女皆应有独自一人出门之才识；

第三条是男女皆应知俭朴，每月收入必敷每月所出，人人自立一账簿，写算不错；

第四条是男女皆应侠义成性，不要行为有亏；

第五条是男女皆应抱至公无私的心胸，外侮自不能入，而自强不求自至矣；

第六条是我家行之，一乡风化，则强国之根，基于此矣。

郭筠的《曾氏富厚堂日程》为曾国藩制定的“八本”“八宝”“八德”家训注入了新的内容。由此我们可以看出，她主张男女平等，强调男女自立自强，要讲侠义不做亏心事，要有大公无私的精神，这对于仕宦世家的曾氏家族成员来说不可谓不严。郭筠在与时俱进中创造性地发展了曾氏家族文化，为曾氏家族代代出英才发挥了极其重要的作用，也为强国之根、修之于乡、其德乃长作出了卓越贡献。

《道德经》中有言：“善建者不拔，善抱者不脱，子孙以祭祀不辍。修之于身，其德乃真；修之于家，其德乃余；修之于乡，其德乃长；修之于国，其德乃丰；修之于天下，其德乃普。故以身观身，以家观家，以乡观乡，以国观国，以天下观天下。吾何以知天下然哉？以此。”

在“修之于家”和“修之于国”之间有“修之于乡”，形成了较为完整的“修身、齐家、安乡、治国、平天下”的家风建设体系，这一点非常重要。郭筠深谙于此，把家庭文化放大到整个“乡”，促进乡风民俗改善，具有重要现实意义，为当今的和谐家园建设提供了有益的启迪。

郭筠是一位具有独特智慧魅力的女性。她与爱人曾纪鸿诗书相伴，琴瑟相和，无比恩爱，并创建了一个以夫妻和睦为核心，尊老爱幼为伦理，平等沟通为心灵智慧，与时俱进传承良好家风为内涵的和谐之家，引领着家族后代走上了学习化生存、智慧化生活之路。

郭筠对于国内外局势十分关注，能用英语与儿孙交谈。“知有所合谓之智”，“智生于忧患”，一个关心国内外时局，忧国忧民，能在合道而行，合德而为中身体力行之人，不仅是家族家风的重要传承人，也是为国家和民族作出贡献的时代人。

曾国藩不仅在事业上走上了辉煌，也为家文化建设和造就一代代国家栋梁之材做好了文化准备。而他的学生，也是他的儿媳，成为担当曾氏家族文化的重要传人。

女性智慧魅力的彰显才是家风得以传承的关键。可以说，一个好学上进，具有智慧魅力的女性在家风传承中的意义是造就代代出英才的重要保证。郭筠在曾氏家风传承中的作用至关重要。

曾宝荪 1893 年生于北京。父亲曾广钧为进士，是曾氏家族中除了曾国藩之外的另一位学者。曾宝荪幼时得祖母郭筠真传，是一位在学问和技艺上得到祖母谆谆教诲的学人。这为她一生的学习化生存、智慧化生活之路奠定了良好的家文化根基，也为她从事教育工作打下了良好基础。

曾宝荪自幼受教于祖母郭氏“艺芳老人”，4 岁入富厚堂家塾。曾宝荪资性颖悟，很受祖母喜爱。但也很顽皮，常带弟弟攀树爬到“芳记”书楼看书，到了吃饭的时候又悄悄地爬出来。

在书海里终日遨游的小姑娘逐渐长大，虽有千般不舍，老祖母还是放手让孙女远涉重洋。曾宝荪来到了举世闻名的剑桥大学专门学习生物学，后又到伦敦大学学习师范教育，在那里，她立定志向，回国后以从事女子教育为终身职业。她创办“艺芳”女子学校，为培养人才作出贡献。

从青丝满头到鬓发如霜，她终身未婚，但并不寂寞。她把自己的爱心献给了每一个学生，献给了女性教育事业。

一个家族之所以能让好家风代代相传，不仅需要有好的家风家训，更重要的是有家文化基因传承的密码。曾氏家庭家风得以传承的“密码”是女性的觉醒。

在曾氏家族中，无论是娶进门的媳妇，还是嫁出去的女儿，都在传递着曾氏家族的家文化基因。

曾国藩的结发妻子欧阳氏来自书香之家，其父欧阳凝祉一生教私塾，从事教育。欧阳氏耳濡目染，写一手清秀小楷。嫁入曾家后，夫唱妇和，勤劳俭朴，言传身教，承担起教育子女责任。

欧阳氏恪守曾家“家勤则兴，人勤则健，能勤能俭，永不贫贱”的家训，带领子女生活在乡间，维持了曾氏家风不坠的美德。

曾国藩身为两江总督，曾家每人每月的零花钱仅两文；半斤鸡油，十来口人要吃三天。在随军期间，欧阳氏每日纺纱到深夜，靠“勤”和“俭”维持着家庭的基本生活。

作为曾国藩最小的女儿，曾纪芬自小就深受父亲的疼爱。在教育上，曾国藩给她的是言传身教。

曾国藩疼爱儿女，却不溺爱。在曾纪芬小时候就以行动给她上了“勤”“俭”这一课。在成长过程中，曾纪芬几乎没有穿过几件新衣服，基本上都是穿姐姐们的旧衣服，还要学会缝补衣服。

父母是孩子的第一任老师，也是孩子最好的老师。很显然，曾国藩做到了。

最令人羡慕的是，曾纪芬的子女各个都是人中龙凤。

曾纪芬长寿健康，儿女成才，拥有了一个圆满的人生。

在曾氏家风文化熏陶中，曾纪芬传承良好家风，并把良好家风带到夫家。她提出“国家兴亡，匹妇尤有责”的理念，强调妻励夫，母诫子，姊妹劝兄弟，时至今日都有其重要意义。她强调“慈母育儿之功，大于丈夫之济世”，并编著《聂氏重编家政学》，让良好家风在聂氏家族得以传承。

曾经芬认为，夫人之于家，犹宰辅之于国……盖育儿之法，如园丁之于花草，培植得宜，则花叶畅茂，不得其宜，虽奇花瑞草，亦归荒败……世间做大事者，皆由慈母精心养育而来。

显然，曾氏家族的家风之所以能代代相传，曾氏家庭之所以英才辈出，离不开女性的智慧魅力与家风传承的贡献。

创建好家风是对道德文明的一种呼唤，是对凝聚家庭之魂的渴望。

家风是以“爱”为底色，以尊道贵德、知行合一走好路为画笔，所绘出的一幅文化山水画，看似古朴的背景中，富有深刻的现实意义。

在家庭中，孩子在老少三代的环境中实现成长，既可以从隔代长辈中感受到绵延流长的家文化智慧，又能在父母引领下获得融入环境的能力，同时可以在兄友弟恭的相处中学会合作共享。而维系这种环境和谐的母亲对孩子实施卓有成效的教育，站在家文化基因传承的高度去思考，成为教育子女的重要责任人。

父母的行为举止、语言谈吐对孩子的影响非常深刻。而母亲对孩子的影响既是首当其冲，又是重中之重。现代社会已将女性在传承家风过程中所起的作用赋予一种社会责任，义不容辞，任重道远。

第三节　道德传家：探寻钱学森成才之道

钱学森为什么会成为杰出人才？他的人生路上有哪些启示？我们今天需要进行哪些教育思考和教育改革呢？当我们沿着钱学森成长足迹追

根溯源时，我们发现，钱学森已经用其成长经历回答了这些问题。钱学森不仅是一位杰出的科学家，也是一位在和谐的家文化滋养中实现了健康成长与幸福发展的人生成功者，其学习化生存、智慧化生活、意义化生命的人生状态，其人生之春夏秋冬“四季”都成长的过程，诠释了钱学森的家国情怀和杰出发展路径，彰显了钱氏家族道德传家的文化魅力。

奠定一生幸福的人格基础

谈到家庭教育，人们往往关注的是知识教育，而钱学森从小接受的却是一种为一生健康成长、幸福发展奠定人格基础的文化教育。正是道德传家的家风文化，让包括钱学森在内的钱氏家族成员一代接一代成为国家栋梁之材，让钱氏家族呈现代代出英才的景象。正是尊道贵德、知行合一走好路的过程，激活了钱学森的生活智慧、情趣智慧、意志智慧，为钱学森的幸福人生奠定了道德力、智慧力、意志力的人格基础，成为一生发展的源源动力，并在人生四季的成长中都活出了人生精彩。

春木有根，植根有“师”。钱学森的人生遇到了包括父母在内的一大批“导”师引领，为一生的发展奠定好人格基础。

夏火有情，燃情有“家”。钱学森创建了一个以夫妻相爱为核心、尊老爱幼为伦理、平等沟通为心灵智慧、融入时代环境不断进取为方向的和谐之家，让人生在提升成长力、文化力、生命力中绽放了精彩，为我国的科学事业作出了伟大贡献。

钱学森的母亲章兰娟是一名大家闺秀，性格温柔，办事谦恭。她的这些优良品质对幼年的钱学森有着重要影响。她教育孩子的方法不是说教，而是用自己的行动去影响孩子。章兰娟喜欢荷花，在自家院子的大鱼缸里养了几枝荷花。在百花中荷花出淤泥而不染，素有清雅高洁之美。养花识情趣，章兰娟的内心情感和情趣也伴随着荷花之美影响着钱学森，唤醒了钱学森的情趣、情操智慧。章兰娟喜爱中国古典诗词，带着钱学森读诗作画，天长日久，潜移默化，培育出钱学森仪态万方、文儒清雅的艺术情怀和爱学习惯。章兰娟还颇有数学天赋，她用趣味数学的方法和钱学森做心算游戏，寓教于乐，使钱学森从小爱上了数学。显然，家长的情趣、情感、情操智慧影响孩子的人生状态，寓教于乐的学习能让孩子远离厌学。

钱学森的父亲钱均夫在教育部供职，虽然工作很忙，却不忘钱学森的健康成长。他没有像其他家庭那样只让儿子在私塾里背诵《三字经》《千字文》《百家姓》，而是把儿子送进蒙养园学习。蒙养园是中国向西方学习引进的先进教育模式，钱学森在中西文化融合的环境中实现成长，对未来的人生发展产生了重要影响。

钱均夫注重培养钱学森的读书兴趣。他的书房里藏书颇多，他鼓励儿子去他的书房翻阅。5 岁时，钱学森翻看了一本《水浒传》，尽管幼小的钱学森看不懂这本书的内容，却对书中的梁山好汉非常喜欢。他天真地问父亲："英雄好汉真的是天上的星星下凡吗？"钱均夫告诉他，那只是传说，只要好好学习、好好读书，你也能成为英雄好汉。书籍中的精彩故事和广博知识帮助幼小的钱学森进入了一个丰富多彩的世界，此后，读书成为他一生的最大爱好。正是：书香家庭书香味，耳濡目染育新人。

钱均夫还非常注重培养钱学森对大自然的热爱。大自然是本永远读不完的书，闲暇之余，钱均夫带着钱学森去郊游，躺在山坡上，闻着花草树木的阵阵清香，听着小河溪水的潺潺流淌，看着蓝天上鸟儿展翅飞翔。钱学森享受到与大自然和谐相融，诗意栖居的情趣和情感。他对父亲说，我要是鸟儿多好啊，也能飞上天。这可能就是钱学森最早的航天情结。

爱心是成人者之慧，爱好是成才者之神，爱学是成就者之师。钱学森所接受的智慧早教唤醒了爱心、爱好、爱学智慧。钱学森能成为杰出人才，离不开早期的爱心、爱好、爱学智慧。正是"三爱"智慧的激励，使他成为有道德力、智慧力、意志力的人，这为他一生幸福奠定了牢固的人文基础。

人生导师——为杰出发展指引方向

在人生成长过程中，除了需要专业知识丰厚的老师解惑释疑，传授知识和技能外，还需要有“高人”指点，贵人相助，友人欣赏。人生导师就是那位“高人”，他教给我们前瞻性思维，审时度势，引导我们的人生实现和谐发展，少走弯路。在人生不同成长阶段中如果能遇上好的人生导师，你的人生将会与众不同。显然，人生导师不同于教授知识和技能的教师，他更多的是引导人生发展，帮助人们活出最好的自己，激励人们走向与众不同的发展之路，使人们成为一个比自己更优秀的人。

在钱学森的一生中遇到了许多位“高人”，这为他的杰出发展起到了十分重要的作用。

钱学森的第一位人生导师非其父母莫属。母亲章兰娟“做”的教育比“说”的教育更彰显“高人”智慧。“做”的教育可以通过影响的力量引导孩子在仿效中培养爱心、爱好、爱学，使孩子成为主动成长的人。“说”的教育却容易误导孩子成为被动听命做事，甚至口是心非的人。而钱学森的父亲创造机会让儿子融入大自然，并引导孩子建立信念和目标，在引发孩子学习兴趣中提升孩子的学习能力，也不失为一位“高人”。在钱学森面临人生选择时，钱均夫总是尊重儿子的意见，并引导儿子选择好自己的人生发展方向。钱学森高中毕业后，尽管母亲章兰娟希望儿子子承父业，考师范大学，毕业后当老师，但是钱均夫却把选择权交给了儿子。钱学森最终选择实业救国，考入上海交通大学机械工程学院。

钱学森的第二位人生导师要算他的小学班主任于士俭了。这位老师的过人之处是引导孩子们广泛求知，用书法艺术升华人生。

钱学森在回忆这位老师时说：“于士俭老师教我们书法课。小学生可以按照自己的爱好，选择颜真卿、柳公权、欧阳修等人的字帖临写。于老师如果看学生写得不太好，就坐下来，照着字帖临写一个字，一笔一画地教。他写什么体的字，就极像什么体的字，书法写得非常好，使你不得不喜欢上书法艺术。”

钱学森手写的文稿书写端正、字体清秀，就是从小打下的基础。于士俭老师的过人之处就在于把看似简单的写字当作美的艺术让学生享受，钱学森在享受书法美中度过了他的童年。

正是包括班主任于士俭、美术老师高希舜（后来成为中国画大师）这样有人生智慧的“高人”引导，钱学森有了一个为兴趣和梦想快乐表演的童年。

钱学森制作的纸飞机飞得最远，飞行时间也最长。同学们都感到奇怪，仔细一看，才发现钱学森做的纸飞机棱角分明，飞机头部还夹着一个小小的铅笔芯。对于他的多方面爱好和兴趣，家人和老师都不担心会影响学业功课，而是理解、赏识、帮助、引导，为他创造更多的机会为兴趣和爱好快乐表演，幸福成长。

进入北京师范大学附中后，据钱学森回忆，傅种孙老师的几何课上得好，他的推理过程让同学们感受到严谨的思维过程，使包括钱学森在内的同学们爱上了几何，提升了科学素养。正是这位老师的引导，使钱学森形成了严谨的科学作风。在交通大学上学期间，钱学森的一份热工实验报告竟长达 100 多页，完整、详尽地记录了他在实验中观察到的各种现象，并且有不少创见，且书写整洁，作图清晰。热工实验老师陈石英看后大为惊叹，给了满分。这份实验报告也成为交通大学机械工程系历史上最佳学生实验报告。

从钱学森的成长经历中我们获得了启迪：在小学期间鼓励孩子们为兴趣和梦想快乐表演，而不是死读书，能让孩子们在享受美中激活情趣、情感、情操智慧，让孩子成为热爱生活的人；初中时将爱好变为特长，让孩子找到人生自信和自尊，发现人生的目标；到了高中，通过阅读，可以把特长和爱好变为人生信念和意志，找到自己未来的工作岗位，树立起人生目标并为之奋斗；到了大学，就可以顺利进入研究型学习状态。

1934 年暑假期间，钱学森考取了清华大学留美公费生。这一年，清华大学总共招收了 20 名，来自全国各地的众多学生角逐，竞争十分激烈。钱学森的考试成绩并不优异，特别是数学成绩还不及格。然而，一位伯乐发现了钱学森。他就是著名科学家，时任清华大学理学院院长的叶企孙。航空工程这门课程钱学森得了 87 分的高分，叶先生从中发现了钱学森的特长和潜力，认为钱学森是个天才，破格录取了他；随后安排王助、钱昌祚、王士倬三位教授组成导师组对钱学森进行出国留学指导，安排钱学森在多个城市实习并亲自指导。显然，几位导师对钱学森的人生发展产生了重要影响，钱学森一直不忘师恩。

1936 年 10 月，钱学森从波士顿前往洛杉矶，他要去见美国加州理工学院的冯 · 卡门教授。冯 · 卡门教授是空气动力学领域的顶尖人物，钱学森这次见他，没有任何导师推荐，而是毛遂自荐。然而正是这次见面，冯 · 卡门成为钱学森人生发展中的一位重要人生导师，而钱学森也成为冯 · 卡门最得意的学生和科研合作人。

正是由于钱学森在人生的不同阶段遇到了一位位“高人”指点，才使钱学森把握住人生方向，走上了杰出发展的道路，也让他在享受学习快乐、享受工作快乐、享受科研创新快乐中获得了自己的幸福人生。如果说人生之初的“高人”对钱学森成长是早期启蒙的话，那么，钱学森主动学习和成长是他有可能遇到更多“高人”的重要条件。在清华留美公费生考试中，如果按照考试成绩，钱学森将丧失留学机会。然而他对航空工程的特殊爱好让叶企孙这位伯乐发现了他。由此可以看出，如果一个人将一项爱好变为特长或能力，也会让我们获得更多的机会。

家道文化——为人生成功增厚底蕴

家道文化是尊道贵德，帮助人在自立自强、厚德载物中走好人生路的家庭文化，是道德传家的内涵之所在，能引领人走上学习化生存、智慧化生活、意义化生命的幸福人生之路。创建和谐的家道文化环境，是引导一家人走向幸福人生之路的关键。钱学森之所以走向杰出发展，获得比其他人更精彩的幸福人生，除了父母为他创造了一个互动成长的早期教育环境外，他与蒋英共同创建的以“夫妻和谐为中心，尊老爱幼为伦理，平等沟通为心灵智慧”的和谐家庭氛围，也是钱学森及其家人能够享受到人生幸福的重要原因。钱学森把这种家道文化放大到国家和社会，形成了具有家国情怀的大家。正是这个大家，让钱学森的幸福人生之路有了更高的境界和更大的社会意义。他在学习化生存中享受着学习快乐，实现了不断成长；他在智慧化生活中活在了最佳的人生状态，活出了人生的尊严，活出了幸福人生；他在利他服务中实现了自己的人生价值。这说明家道文化是一个人的“植根”文化，家庭成员的互动成长、和谐发展是造就一家人幸福人生的源泉。

婚姻并不单单是两个生命结合的过程，也是双方性格互相包容与文化互相渗透中的情感升华过程，是你中有我、我中有你的智慧融合过程。人生旅程证明，钱学森夫妇学习化生存、智慧化生活、意义化生命的人生状态，正是他们幸福人生的生动写照，而家庭文化为他们的幸福人生增厚了底蕴。也正是这种家庭文化的融合，不仅使钱学森在科学上作出了巨大贡献，也在教育学上作出了超越时代的卓越贡献。

把握人生——与祖国命运同行

钱学森的一生是与祖国命运同行的一生。他能为祖国作出巨大贡献，实现人生的卓越目标，在于他坚持将个人命运与国家命运结合，把自己置身于时代之中，用其自强不息、厚德载物的心灵智慧，谱写了一曲气壮山河、感天动地的幸福人生凯歌。把握人生命运的智慧是和谐，“和”祖国兴盛发展之道，“谐”幸福人生之音，就可以在与时俱进中创造出人生的精彩。人不是生而伟大，而是成为伟大。从古至今，无数伟人不是因循守旧，而是在荆棘中用血和汗开辟出一条道路。当一个人把自己的命运与祖国的命运紧紧联系到一起的时候，他就有了人生的方向。钱学森正是在与祖国命运同行中，把握了人生，走上了幸福人生之路。

生活在异国他乡，钱学森最不能忍受的是歧视。一个美国学生耻笑中国人抽鸦片、裹脚、愚昧无知，钱学森立刻向他挑战说：“中国作为一个国家，目前比你们美国落后，但作为个人，你们谁敢和我比一比，期末看谁的成绩好？”在场的美国学生听了都哑口无言。

一次，有位教授考试时出的都是偏题和难题，绝大多数学生都做不出来。学生们气愤不已，向教授抗议。当他们来到教授办公室时，门上贴着一张试卷，卷面干净整洁，每道题的运算过程和答案都清晰正确，没有一处修改或涂抹，可见是一口气做下来的。卷面上方，一个大大的字母“A”。下面的考生名字是：钱学森。本想闹事的学生们看到这份试卷都惊呆了。钱学森用成绩为祖国争了光。

当中华人民共和国宣告诞生的消息传到美国后，钱学森和夫人蒋英按捺不住内心的喜悦，商量着早日赶回祖国，为自己的国家效力。他对妻子蒋英说：“祖国已经解放，我们该准备回国了。”

1955 年 10 月，在党和政府千方百计努力及社会各界人士帮助下，钱学森梦寐以求的回国愿望得以实现！钱学森一家终于踏上返回祖国的旅途。钱学森作为总负责人，把中国导弹与原子弹“两弹结合”实验向前推进了至少 20 年。

人生要有梦，有梦需要“情”相伴，这个情就是家国情；

人和要有家，有家需要“爱”相随，这个爱就是亲情爱；

人生要有路，有路需要“合”相通，这个合就是文化合。

人生就是一个唤醒梦、建好家、走好路的学习成长过程。

第八章

幸福人生“梦-家-路”

人生要有梦，有梦需要“情”相伴。这个情就是“家国情”。于是有了“中国梦·我的梦”的选择，有了人生需要树立理想、目标、信念……的生命意志，有了从小立下一种崇高志向，并把自己的一切行动置身于这种志向之下，实现德智体美劳全面发展的自立自强过程。

人生要有家，有家需要“爱”相随。这个爱就是“智慧爱”。于是有了“创建好家庭，实施好家教，传承好家风”的选择。因为好家庭是个好环境，好家教培养好孩子，好家风创造好人生。

人生要有路，有路需要“合”相通。这个合就是“文化合”。于是有了合道而行、合德而为、合心而美的选择。因为合道而行人发展，合德而为人向善，合心而美人幸福。

中华民族在感悟天地人文化中有了“梦”的追求，有了“家”的起点，有了“路”的选择。天人合一人有梦，地灵人杰心有家，天地同辉行有路。“梦”“家”“路”成了中华文化的三个关键字。

如今，我们已经走进新时代。如何唤醒梦、建好家、走好路，成为每一个人都需要认真思考的问题。

第一节　共享“梦之美”

梦想，是一个国家和民族奋进前行的灯塔，也是每一个人的人生中最天真、最美丽、最可爱的愿望和追求。

一个没有梦想的民族，根本无法在世界民族的竞争中生存。中国这样一个人口大国，要想屡屡在发展道路上有所作为，就要树立自己的目标、坚定自己的梦想。

“梦之美”：“境”中寻，“合”中创

学习，唤醒自己心灵的过程就是追寻“梦之美”的过程。“梦之美”，“境”中寻，“合”中创。人生其实就是在生态和谐、关系和谐、身心和谐的环境中激活自然情趣、人文情感、心灵情操，从而在超越自身的有限，而感知宇宙之无限的主动创造——梦想成真的过程。

◎寻梦“桃花源”

在《桃花源记》中，陶渊明虚构了一个宁静美丽的世外桃源，描绘了一幅没有剥削、没有压迫、人人安居乐业、彼此和睦相处的美好生活图景，以此来寄托作者崇高而美好的社会理想。

陶渊明生活的时代，正是南北朝时期的晋宋之交，且三次改朝换代。而每一次政治风云的变幻都伴随着一次次大杀戮，造成了社会极其恐怖的局面，给人们带来深重的灾难。动荡的年代和黑暗的政治环境对陶渊明的思想发展产生了深刻的影响。他曾怀抱幻想，走仕途之路，可官场的腐败、仕途的险恶，让他渐渐清醒。他不愿随俗浮沉、同流合污，不久就辞官归隐，开始追寻自己的梦想和目标。于是有了桃花源这样一个理想社会和美丽家园的追求。

原文写道：

晋太元中，武陵人捕鱼为业。缘溪行，忘路之远近。忽逢桃花林，夹岸数百步，中无杂树，芳草鲜美，落英缤纷，渔人甚异之。复前行，欲穷其林。

林尽水源，便得一山，山有小口，仿佛若有光。便舍船，从口入。初极狭，才通人。复行数十步，豁然开朗。土地平旷，屋舍俨然，有良田美池、桑竹之属。阡陌交通，鸡犬相闻。其中往来种作，男女衣着，悉如外人。黄发垂髫，并怡然自乐。

见渔人，乃大惊，问所从来。具答之。便要还家，设酒杀鸡作食。村中闻有此人，咸来问讯。自云先世避秦时乱，率妻子邑人来此绝境，不复出焉，遂与外人间隔。问今是何世，乃不知有汉，无论魏晋。此人一一为具言所闻，皆叹惋。余人各复延至其家，皆出酒食。停数日，辞去。此中人语云："不足为外人道也。"

既出，得其船，便扶向路，处处志之。及郡下，诣太守，说如此。太守即遣人随其往，寻向所志，遂迷，不复得路。

南阳刘子骥，高尚士也，闻之，欣然规往。未果，寻病终，后遂无问津者。

作者运用诗一般的笔触描绘了一幅恬静而和谐的生活图景，让读者尽情地享受他那崇高的理想美。这里环境优雅和美，男耕女织，人人平等，老幼皆欢，怡然自乐，没有剥削与掠夺，没有贫富差别……作者所设计的这幅理想蓝图，激起人们对美好未来的向往和追求。桃花源中那理想社会的民俗，那优美的风景，那和谐的民风，那淳朴的社会风尚，不仅能让人获得审美体验，更是一种心灵的震撼，让人流连忘返。透过桃花源人热情好客、真诚待人的淳朴道德风尚，让人领悟到一种人生意义，从而启发人们去追寻、去奋斗。

◎虚静“庄周梦”

在《道德经》16章中强调“致虚极，守静笃”。一个人只有达到“空”的精神境界，守住“静”的心灵状态，才能悟宇宙之大道，聚宇宙之能量，实现成长与发展。万事万物的发展变化都有其自身规律，从生长到死亡，再生长到再死亡，生命生生不息，循环往复，都遵循宇宙之大道。只有在虚静状态下，才能悟道明德，知行合一走好路。

虚以待物方能感悟《庄周梦蝶》之喻义。唯主体虚静，才能与天地生，才能齐万物，才能进入“物化”之境。

庄周梦见自己变成了翩翩飞舞的一只蝴蝶，已不知道自己是庄周。忽然醒了过来，便是直挺挺地躺着的庄周。不知到底是庄周梦见自己变成了蝴蝶呢，还是蝴蝶梦见自己变成了庄周？庄周与蝴蝶一定是有区分的，这就叫作万物的相互为变。

老庄哲学认为，人作为认识的主体，在体认和把握认识的对象特别是玄妙的大“道”时，相当不容易，所以必须排除一切外来干扰，诸如功名、利禄、情爱、生死等世俗的观念，使精神上得到彻底解放，心灵世界达到“大明”，即虚无空明，一尘不染。

只有主体心灵达到虚静状态，才能对客观世界有最全面、最深刻的认识，才能自由地进行审美观照，艺术创造力才最为旺盛，才能创作出和造化天工完全一致的作品。

“虚静”是认识“道”的途径和方法，是进入道的境界时所必须具备的一种精神状态。进入虚静状态之后，人才能抛弃一切干扰和心理负担，忘掉主观我，而达到主体“自然”和客体“自然”的天人合一状态。人类正是在合道而行中实现了一个个艺术美的创造，并呈现出梦之美的人生境界。

◎静思有悟人生美

人和动物的最大区别是有一个思维畅想的心灵世界。他可以超越自身的有限而感知宇宙的无限，在和宇宙能量谐振中激励着人成长与发展。

人与人本质上的区别是思维。思维可以构建起知识的框架，使灵魂找到家，并从家出发通向精神世界的光明之塔。

一个家庭中出现一个出类拔萃的人往往与其长辈的思维改变相关；一个家族呈现代代出英才的景象往往和整个家庭成员的思维改变相关。

一本好书的意义不在于提供了多少可用的知识，而在于能否引发读者的思考，并帮助读者用思维构建起自己人生成长发展的系统框架。

在光怪陆离的环境中，你方唱罢我登场，反认他乡是故乡。我们误以为可以改造这个世界，获得更多物质的满足和享受，却不承想被疯狂运转的市场机器裹挟着一起疯狂旋转，在逐利追名中丢掉了静下来思考的机会。

显然，我们需要重新静下来思考，在明白“为什么活”和“如何活”中唤醒自己的智慧心灵，在知有所合中重建我们的精神大厦，实现社会的和谐发展。

人生要有梦，有梦才能有前进的动力。一个人，只有不断地追逐梦想，生命才会更加精彩。现实中大凡取得显赫成就的人，对梦想的追逐更是坚持不懈，永不言弃。尽管在追梦的路上历尽千辛万苦，却依然无怨无悔，甘愿为梦想鞠躬尽瘁，死而后已。他们的生命也因此升华到让人仰望的高度。

“梦之美”，需要在融入时代环境中去寻找，需要在合道而行、合德而为中去创造。

生命在追寻使命中绽放精彩

钱旭红教授在《改变思维》一书中指出：“引导革命的灯塔是使命，永恒的存在是思维，天时在智能时代，地利在中华文明，人和在爱智慧爱真理的内心。”

经济史学家汤因比早在20世纪70年代就预言，以古罗马、美国为代表的西方“暴力征伐”文明必将衰朽，以道、儒、佛的“柔弱纽带”为代表的中华文明将一统全球，并将影响全人类。他预言，人类的希望在东方，中华文明将为未来世界转型提供无尽的文化宝藏和思想资源。未来最有资格和最有可能为人类社会开创新文明的是中国。他坚信人类只有走向一个“世界国家”，才能避免民族国家的狭隘所带来的人类社会灭亡。防止人类集体自杀的关键，在于如何让人类和平融合。西方的武力征伐将世界带入一个统一的自由经济市场，西方在经济和科技领域影响了世界，而在政治上西方无法为世界提供符合全人类共同利益的永久和平的整合模式，其内部都难统一整合。

在《改变思维》一书中还指出：中华文明在其漫长的历史中，一直保持着人类社会中可贵的天下主义精神，在民族融合中远离了狭隘的民族主义。

儒家的仁爱思想为中华文明提供了能整合人类社会的人文主义价值观。儒家的“己所不欲，勿施于人”，与佛家“不偏于对立的任何一边”的合理主义思想，使中华民族有分寸地建立和坚守着自己的文明。道家对宇宙和人类相互关系的认识和对自然和谐的所示，为人类文明提供了节制性与合理性永续发展的哲学基础。

西方帝国衰败后再无崛起可能，而中国总能不断复兴。因为中国是一种文明，中国文明是一个早就成熟的文明体系。西方推崇决战决胜，强调英雄壮举。中国强调谋划迂回，耐心累积相对优势。西方在经济和科技上影响和征服了全球，影响了世界，却留下民族国家林立世界的政治超级难题，这个真空只有中华文明能以和平永续的方式去补足。因此，汤因比给未来的药方不是武力和军事、不是民主选举、不是西方霸权，而是博大精深的中华文明和文化引领世界。他说，“如有来世，我愿出生在中国。”世界将由物质为中心转向精神为中心。当代人面向世界文明史和科技史，要清醒、平和地面对中华文明史和科技史。中华文明特有的谦逊与智慧，鼓励竞争共生，推动发明，创造文明，通过科学技术发明带动文化和文艺复兴。

不能忘记我们独特的优势——中华文明，不仅是因为我们的文明领先过，有进一步领先的潜力，而且最重要的是，我们是一个由五十六个民族组成的，文明一直没有中断的综合型、包容型国家。

爱因斯坦在《人类生存的目标》一文中强调：我们的犹太祖先和中国古代先贤，了解到并表明，铸就我们人类存在的最重要的因素是目标的产生与确立。这个目标就是通过内心不断努力摆脱反社会的具有破坏性的天性，使人类变成一个幸福的群体。

百年一遇的疫情灾难，犹如来自上天的警示和逼迫，让人们不得不重新认识自己，思考世界观、人生观和价值观。

世上没有从天而降的英雄，只有挺身而出的凡人。一个人立于世，不求闻达于诸侯，但求无愧于天地，得用一生去发现使命、完成使命。

人要么以使命为自己的准绳来思考问题，使自己的理性以及一切理性推理活动都服从于这个使命；要么是以“己”作为终极度量来行事和思考问题。如果没有发现自己的使命，“自己”就会成为自己的“上帝”和权威，进而变成自己的累赘和负担。

使命是为道、为仁，而非“己”，为己就不是使命，而是自命不凡、自命清高、自以为是的宿命、苦命。

没有使命感，只有本能和本能所驱使的行动。没有发现自己的使命，近似于无头苍蝇。

人的高级之处是知道为了生存不得不承担任务和承诺。而这些任务和承诺互不关联，无所聚焦，转瞬而变。使命不是任务，任务不代表使命。使命可以通过连串的、相互关联的任务不断递进而组成。使命不在口头上，而是默默在心里、在肩上。使命就是在内心中抛弃本能，控制本能，在行动上通过成全事情、成全他人而成全自己，最终成为最好的自己，完成超我的承诺。

最可怕的不是死亡，而是临近人生终点时突然意识到，自己好像从没真正活过。人因寻找使命而觉得有魂，人生因使命而神圣。生命中最大的幸运就是尽早发现自己一生的使命，而不是临死前突然觉醒的懊悔，不是终生未悟而赚取别人的怜悯和阵阵叹息。使命可以使人超越有限的时空，展现无限的精彩，重塑命运，创造奇迹。凡人因使命而不凡，也因使命而强大无比。

有使命感的人，会珍惜人生，进退自如，坚忍不拔。没有使命感的人，缺少内在的激情和动力，缺乏责任心与感恩。使命感是内在永恒的核心动力，使人自觉奋斗，百折不挠，任劳任怨，坚强不屈，凤凰涅槃。丢失使命感，就会失去人生意义与价值，不愿意承担责任和任务，成为行尸走肉，抱怨连连，轻生自弃。

决定一个人命运的是源自内心的强大内驱力，是操控人生命运的潜意识，是人生底色。不幸的是，人们总是随波逐流，迷茫焦虑，乃至浑浑噩噩过一生。

人生的意义是各自人生赋予的意义。使命是每个人心中的太阳，人生绕着使命转。推动使命的人生是流星和陨石。让现代人生存下去的内在动能不是物质性营养，而是未来的故事与使命愿景。

普通人也有使命，鲁班技艺精湛，庖丁的游刃有余，其中有耐心、有坚持，是使命感驱使。把手艺看成使命去做，就会成大师，用脑聚精会神，用手精妙绝伦。一个顶尖工匠背后，是技艺和态度的双重修炼。好的产品背后总有信仰使命的精神因素存在。光是看重钱财，欲壑难填的渴望不可能产生大师级工匠，也做不好产品。

使命使人忘却生死，精神永驻。一位老先生 95 岁了，还在坚持工作，为学生授课，修改论文，撰写著述。他说他要到 110 岁再退休，把他正在解决的医学难题解决好。受他的影响，一大批人也投入了共同的使命，从莘莘学子到古稀之年的学者，呈现了春夏秋冬家园美，代代相传坚守使命的景象。我们看到，使命正使生命绽放精彩，使命也让智慧得到延续。

提升人生境界，明确人生方向

人生有了使命，就会在正心修身中提升自己，以适应使命的需要，于是有了“梦之美”的人生境界：既有自尊又不伤害他人尊严的高贵；既有学识又能谦虚谨慎做人的低调；既能独处静思又能用心陪伴的和美。

◎既有自尊又不伤害他人尊严的高贵（高）

古人讲“人无刚骨，安身不牢”“士可杀不可辱”……彰显的是古人的人格尊严。而“人无长幼贵贱”则是对他们尊严的维护，连小孩子都要保护他的尊严，可见其人生有多高贵。

在钱氏家族的家训中强调“尊长者固不可以大压小，卑幼得，尤当戒以下凌上。倘有恃逞强恶、侮慢不逊、凶殴尊长者，旋鸣族户房长，入祠公同责惩”，彰显的也是这种“既有自尊又不伤害他人（无论长者还是幼者）尊严”的高贵品质。钱学森就是一位既有自尊又不伤害他人尊严的智者。在留学期间，看到一些外国学生瞧不起中国学生，他用成绩说话，让许多本来瞧不起他的学生十分佩服。他强调，要让我的同胞过上有尊严的生活。

◎既有学识又能谦虚谨慎做人的低调（低）

古人用“学富五车”形容人有大学问。孔子是一位学富五车的学者，但他却强调“三人行必有我师”，显然，他就是一位既有学识又能谦虚谨慎做人的低调之人。他用“上善若水”的“处下”智慧，发现别人，向别人学习，在包容差异、优势互补、智慧整合中成为一位“集大成而得智慧”之人。

在现实生活中，我们常常看到一些在某一专业领域水平很高的学者，他们是“山登绝顶我为峰”的智者与高人，令人敬仰，引人学习。

我们同时看到，一些在专业领域作出贡献的学者，他们虽有极深的造诣，却仍然谦虚谨慎地倾听他人，向他人学习，在跨学科专业、跨领域中实现创新发展。他们不是居高临下俯视人的“专”家，而是集思广益，智慧整合的“大”家。他们认为“山外有山，人外有人”，“处下”学习和反思，让他们成为与大家合作发展，共同创造精彩的能量激励源。

钱学森正是一个具有这样品质，既有学识，又谦虚谨慎，低调做人的人。正是他的“大”家智慧，让他和他的团队共同为“两弹一星”事业作出卓越贡献，也奠定了大成智慧教育学的基础。

◎既能独处静思又能用心陪伴的和美（和）

曾国藩讲“慎独则心安，主敬则身强，求仁则人悦，习劳则神钦”，体现的正是这种既能独处静思又能用心陪伴他人成长的优秀品质。正是在静思有悟中，形成了他“八宝”“八德”“八本”的家风传承智慧，也实现了“立德、立功、立言”的人生大成功目标。

钱学森独处静思的学习工作好状态，也彰显出这种优秀的品质。

重视提升人生“梦之美”的境界，明确人生方向成为家庭教育和家风传承的重要内容。那么，如何提升这种人生境界呢？其实，从小陪伴孩子“三玩”，从而激活孩子的“三情”，就可以和孩子一起提升这种“梦之美”的人生境界。

陪伴孩子玩泥沙、观虫鸟、望星空、探秘密……可以激活自然情趣。自然情趣是生命之真。

陪伴孩子玩工作、学分享、做家务、照顾人……可以激活人文情感。人文情感是生存之善。

陪伴孩子玩阅读、学反省、做手工、提问题……可以激活心灵情操。心灵情操是生活之美。

第二节　找到“家之慧”

钱旭红教授指出：“因思维差异，虽人格平等，但人品分层；关爱孩子就是关爱未来；内观身心境，做自己健康和成长的主人；改变思维和自我，让精神长相由心而生；以思维施教，用不言之教，因人施教来转变家庭和社会，培育独立自由、理性平和的一代新人。”

人，具有“工具与目的二象性”。在人的培养和成长中，工具性和目的性兼具是教育需要坚持的路线，不能只重视目的性而忘记自己应当承担的社会责任；也不能只成为工具，而忘记应该拥有自由意志与幸福快乐。人能制造工具，但最怕成为工具。可是常有这么一些人，希望别人成为自己的驯服工具，却忘记了，如果存在这样的社会氛围和文化土壤，绞尽脑汁想利用他人者，最终会成为别人利用的工具。望子成龙、望女成凤，典型地反映了人的工具色彩和沉重负担。一个人只铭记自己是工具，就远离了幸福和快乐。

“家之慧”：“化”中育，“做”中悟

《中庸》曰：“惟天下至诚，为能尽其性；能尽其性，则能尽人之性；能尽人之性，则能尽物之性；能尽物之性，可以赞天地之化育；可以赞天地之化育，则可以与天地参矣。”意思是说：只有天下最真诚的人，才是能够充分实现自己天性的人；能够充分实现自己的天性，就能够充分实现他人的天性；能够帮助别人充分实现天性，就能充分实现万物的天性；能够让万物充分实现天性，就可以赞助天地化育为物。化育的过程，

其实是在与天地合一中通过“做”的成长而悟到宇宙之大道，积人生之大德的过程。

“尽物之性”就是顺其自然、道法自然、无为而无不为。这样万物才能欣欣向荣。如果我们能从“尽人之性”达到“尽物之性”的境界，那么生命的运转和天地的运转也就和谐了；如果再接再厉，进一步修身养性，陶冶自己的精神，提升思想境界，那么就可以“参赞天地之化育”了。

帮助天地一起化育万物，是一种神圣和光荣的使命。如果我们的主观能动性能发挥到这一步，那么举手投足间都会体现出天地的大道，人世间更加和谐安宁。一个生态和谐、关系和谐、身心和谐的美丽家园，就是化育之“境”。

一位从事制造业工作的老职工，利用工余时间带着儿孙们在院子里种菜种花、养鸡养兔，还把他的住房变成工作室，准备了各种制作工具和材料。他陪伴孩子们谈天说地讲故事，鼓励孩子们做家务、“玩”工作，还带着孩子们回老家和农村家园的小朋友开展“手拉手”活动。他引导孩子们做家庭小主人、学习小老师、观察小记者、热爱科技制作的小发明家……孩子们在为兴趣和梦想快乐表演中有了诗意栖居的情怀，有了热心帮助别人的爱心，有了自立自强的精神，有了学习化生存、智慧化生活的人生状态。这位有远见的老职工，正是在帮助孩子们找到“家”中实施了“化”中育的教育，让孩子们在“做”中悟过程中找到了幸福的起点。

幸福在爱家得慧中找到起点

幸福人生始于家，爱家方能得智慧。智慧是在融入时代环境，通过“试错”与“顿悟”而形成的一种综合素养，是在阅读和实践中通过思维构建起知识框架体系的格局和能力；是超越知识记忆的一种学习化生存、智慧化生活状态；是在家庭这个人生第一环境中由父母家人陪伴奠定的人格基础和发展潜力。

爱智慧适宜每一个人。哲学就是爱智慧。爱智慧才能使人感悟人生，接近真理，拥有幸福与自由。知识的世界，因分科而相互阻隔；智慧的世界，一切都是相互联通。有智慧的人宽容大度，有上善若水的“处下”智慧，有包容差异、优势互补的集成能力。缺乏智慧的人偏执高傲，自以为是，锱铢必较。

未来是今天的延续，今天是昨天的未来。

科技不断帮助人摆脱大自然束缚，人类不必依赖百万年进化去适应环境，仅通过发明创造即可“腾云驾雾”。然而，科技发展越快，人类进化却缓慢下来。

如今，一场如宇宙大爆炸般的变化正在到来。人工智能与大数据、量子计算、生物技术、基因工程……要求人类必须作出选择和准备。

人工智能让普通工人、农民、教师、医护人员、翻译工作者……失去了工作优势，逼使人类不能再当“工具”，而要当真正的人。成为有心灵畅想情趣，有共生发展情感，有高雅生活情操，有思维和行动创新能力的人。这样的人有梦想目标，有从家出发而培养出来的综合素养，有顽强奋斗、砥砺前行的生命意志。新教育过程就是唤醒梦、建好家、走好路的过程。

人工智能发展似乎让一部分人变成了“无用人类”，因为记忆知识再多，操作水平再高，翻译能力再强，也无法竞争过人工智能。一旦感知到自己成为被“淘汰”的“无用”之人，很容易陷入空虚无聊或穷奢极欲。漫无目标的空闲和无聊，将会是各种恶行的温床。

显然，科技越发展，对教育的要求也越来越需要有“人”性。早些重视家庭环境的建设和家庭智慧教育，通过陪伴“玩”而激活孩子的自然情趣、人文情感、心灵情操，让孩子有一个“为兴趣和梦想而快乐表演的童年”，让孩子从小奠定人格基础而不仅仅是知识基础，更是帮助孩子适应未来时代的重要选择。那种只相信通过说教和驯化，把孩子“教育”成“知识工具”“考试机器”的家长，与其说是帮助孩子出人头地，不如说是催生孩子努力做未来的“无用人类”。

人类如何超越人工智能，而不被分化成工具色彩强烈的超级有用工具，或是可有可无的无用累赘，受到人工智能技术威胁的“工具人”，如何化腐朽为神奇、如何置身于有意义的人生旅程，人类需要认真思考并做好准备。

在人工智能时代，人们更要思考，人因何为人，人如何成为人。

人生旅程中，做自己爱好的、感兴趣的、喜欢乐意的事，让人生活出精彩，那才是非凡幸福的生活。做与功利追求、生存发展、谋生工作没多大关系的有趣事，就会有超凡脱俗、惊天动地、颠覆性的创造性思路。因为此时，人类天生的好奇心、探索精神就会不断萌发出来。我们需要将“无用”的时空变成灵魂安歇升华的地方，使“工具人”成为与时俱进的创新人、幸福人。显然，面对时代环境进步，我们都需要在学习中省悟，在成长中改变，以体现自身的升华，并感悟作为人类一分子的幸福和荣光。

应对闲暇和无聊，最好的升华是阅读和思考，是良好的文体活动，是用“创心”去不断“创造”。人生正是在追寻美中诗意地栖居在大地上，也在创造中实现着人生的发展与进步。

每个人的人生高度，取决于阅历——阅读过的书和遇到过的人，取决于做的实践过程和体验过程的感悟和得益。只读书不阅人是书呆子，只阅人不读书是俗气人。阅历可以提供为人处世的智慧，驾驭心灵的谋略，运筹帷幄的格局。而家庭阅读与家人陪伴中的心灵互动，是提升人生高度的基础。这就要求重视家庭文化的构建与传承。

没有阅历过高级的思维和智慧，就永远不知道如何走出困境。一个人的时间、空间、财力都有限，不可能走遍世界、历经千年，也接触不了各种人，而读书可以便捷地解决这个问题。阅读不在于记住了多少，而在于“智”学“慧”思中的体验与感悟。这些阅历悄悄地成为你得体的言行举止、怡人气质和风貌、智慧的思维和精神。正所谓“腹有诗书气自华”。也正因如此，每一个家庭都应当成为书香之家。不要以为你督促孩子读书，孩子就会爱上读书，你用你的思考代替孩子的思考就能让孩子有智慧。人是环境的产物，家庭的和谐与否，家庭中是否有书香味，将决定包括孩子在内的所有家人的家文化素养高低。然而奇怪的是，有些人自己不喜欢读书反思成长，总想着用自己的“正确”道理说教孩子听话，好好学习。而实际上，却让孩子成为不爱学习，又不得不苦苦学习的厌学人。

阅读是心智锻炼，可汲取无数人的心血结晶和人生精华。一个人的阅读史就是一个人的心灵发育史，一个人的精神发育史就是其阅读史。读深刻的书，可触及灵魂，而不致蜻蜓点水、浅尝辄止。研究型阅读可开阔视野，改变思维。人和人本质上的区别是思维。

长期阅读的人在公众场合偏于安静，发言直戳重点，逻辑清晰，做事专注，不会大声吵闹，学习能力强，接受新事物快。书可以悄悄地让你成为最好的自己。

阅读思考可以改变思维，走近真理，看清真实的自我、真实的世界，进而心情平和，智慧圆通，快乐幸福。阅读是借别人的思考为自己提供营养，而不是让别人的思考代替自己的思考。沉迷简单阅读，盲目用别人的思考代替自己的思考，就容易被别人的思想“殖民”。

深度思考也是最好的养生，因为大脑细胞活跃，需要更多的能量和养分，会自动调节身体各部分多余的能量汇聚大脑，习惯性深度思考能有效缓解脂肪局部富集。多年做重复性工作的工人其寿命往往低于常人，经常深度思考的人，精神状态好，人体消瘦，人能长寿。

人是浓缩的小宇宙，是宇宙的全息，宇宙是放大了的人，是人化的自然。大脑和宇宙相通，在同频谐振中产生巨大能量，创造着一个个奇迹。人的伟大，来源于思维智慧。通过思维，人和宇宙融为一体。人通过逻辑思维、形象思维、顿悟思维感知宇宙大自然，并形成完整的认知体系，指导着自己进一步与宇宙大自然互动，实现着创新发展。

天有日月星，地有水火风，人有精气神。天大，地大，人也大。天大有道，地大有德，人大有思维。天时为时间，地利为空间，人和是人为。把握人生需要天时地利人和。人的高贵之处是自知、有能、悟道。知己者会反躬自省，知人者会自强升能，知境者会悟道正心。

人的全部尊严在于思想，思想形成伟大，好好地思想、提升自己，才符合道德。我们不求助于空间，而求助于自己的思想。宇宙能囊括我、吞没我，而由于思想，我能囊括整个宇宙。

人之所以伟大，在于不仅能认识自己的可悲和弱小，更能认识自己的灵魂之高贵。用学习和思考让灵魂走向神圣就可以获得有意义的人生、幸福的人生。

人和人本质上的区别是思维。人之伟大，体现在人脑潜能的自由发挥和全面发展。一个人只有用一生的时间去认识自己、发现自己，和自己和谐相处，并不断改变自己的思维，才能实现人生的价值和意义。

没有思维的完全自由和解放，没有心灵的自由和解放，没有破除思维偏执和迷信，而单单追求行动和语言的自由与解放，那么新的奴役和愚民就会假借自由解放的外衣去破坏自由与解放。

幸福人生始于家，改变思维始于心，重视家庭文化和家风传承，可以提升家人的人生境界，找到幸福的起点，进而活出有意义的人生。

找到幸福起点，发展幸福人生

人生有起点，需要家庭有智慧。一个和谐的家庭，一个有书香味的美丽家园，是奠定一生人格基础的起点。因此，要重视家庭基点论、文化基因论、人类命运共同体发展论的研究。

一个有“家之慧”情缘的人具有这样的品质：仁者爱人，能替他人着想的善良；自强不息，不用他人提醒的自觉；正心修身，乐于接受约束的自由。

◎仁者爱人，能替他人着想的善良（善）

仁者，意指有德行的人、有恩情的人。古人认为“德不孤，必有邻”“德不配位，必有灾殃”，强调“择其善者而从之，其不善者而改之”。仁者爱人，能替他人着想的善良是一种利他服务中唤醒的爱心和重要的家文化素养，体现在一个人的道德力提升。

孙思邈认为，德行不克，纵服玉液金丹，未能延年……道德日全，不祈善而有福，不求寿而自延。钱氏家族的家训中“修桥路以利人行，造河船以济众渡……兴启蒙之义塾，设积谷之社仓……”都是这种善待他人的家文化素养。

◎自强不息，不用他人提醒的自觉（智）

古人讲“天行健，君子以自强不息”，这种精神体现在不用他人提醒，就能自觉学习，积极奋进的人生状态。韩愈的“书山有路勤为径，学海无涯苦作舟”，正是这种自立自强、自主学习的家文化素养。《钱氏家训》中“贵恒心自励而各勤乃业耳……业精于勤，荒于嬉。事虽勤于始，尤贵励乎终。皇天不负苦心人，尚须自勉之”也强调这种自强不息的精神。自强不息，不用他人提醒的自觉，是一种在“爱好是成才者之神”中唤醒的智慧力素养。

◎正心修身，乐于接受约束的自由（乐）

古人重视正心修身，有“吾日三省吾身”“君子求诸己”之说，并指出“贪如火，不遏则燎原；欲如水，不遏则滔天”，强调“随心所欲而不逾矩”，正是这种家文化素养的体现。乐于接受约束的自由是一种融入时代环境发展出来的爱学素养，需要有意志力支撑。

重视找到人生“家之慧”的情缘，引导家人奠定好人格基础，走上幸福人生道路，也是家庭教育和家风传承的重要内容。那么，如何找到这种智慧情缘呢？其实，从小鼓励孩子“三做”，从而唤醒孩子的“三爱”，就可以和孩子一起找到这种“家之慧”的情缘，发展好幸福人生。

自己的事情自己做，可以唤醒爱好。爱好是成才者之神。

他人的事情帮助做，可以唤醒爱心。爱学是成人者之慧。

不会的事情学中做，可以唤醒爱学。爱学是成就者之师。

第三节　走好“路之遥”

“路遥知马力，日久见人心”，指路途遥远才能知道马的脚力好坏，日子长了才能看出人心的好坏。此句出自宋代陈元靓《事林广记》卷九：“相识满天下，知心能几人。路遥知马力，日久见人心。”

宋朝时，路遥为南京绅士，富甲一方且为人大度，乐善好施。马力是开封府尹包拯麾下马汉的侄子，当时是穷困潦倒的书生。原本赶考顺道投靠叔叔马汉，走至南京时盘缠用尽，身患重病被困客栈。

马力闻得路遥乐于助人，遂去求助。到路府后并未向路遥说明他与马汉的关系，路遥热情接待，为他请医治病，还腾出房屋让马力读书。路遥赏识马力的才学，二人义结金兰。马力病愈后，路遥赠送二百两纹银助他上东京（今开封）赶考，后马力得中。从此路、马也失去联系。

多年后路遥家中失火，家道中落无以为生，一路行乞到达开封求助马力。谁知到马府后恰遇马力不在家中，家人没有接待路遥。路遥以为马力不念旧情，一气之下拂袖而去。

马力回家听家人说后，知是当年恩人来过，一面痛斥家人无礼，一面派家丁日久快马追赶路遥。日久追上路遥后说明原委，二人化解误会。后马力将路遥一家接到开封。于是有了“路遥知马力，日久见人心”的典故。

人生需要走好路，不能只走好走的路，于是有了“路之遥”的精神。

“路之遥”：“担”中行，“苦”中享

屈原名作《离骚》中有“路漫漫其修远兮，吾将上下而求索”的名句，意思是说：在追寻真理方面，前方的道路还很漫长，但我将百折不挠，不遗余力地去追求和探索。

《离骚》是一首宏伟壮丽的政治抒情诗，在中国文学史上有崇高的地位。有说它作于屈原被放逐之时，是诗人充满爱国激情的抒忧发愤之作。

人生的路很长，既有鸟语花香，也有风霜雨雪；既有阳光坦途，也有艰难困苦。人生不仅要做好胜利前行的准备，也要做好失败后退的准备。要走好路，而不要只走好走的路。所谓走好路，就是直面人生的艰难险阻，用生命意志去克服千难万险，向着希望的目标奋进前行。而不是躲避困难，放弃奋斗，通过“走捷径”而获得一时的满足。一个有奋斗精神，在担当中砥砺前行的人，才能在“吃苦”中享受到人生成功的快乐。而要做到这一点，需要走好“学习化生存、智慧化生活、意义化生命”的自立自强之路。

心力在路行致远中获得唤醒

经典思维认为，不同的人，需要采取同样的规范教学模式，同一时间上课，同一时间下课，同一个考核标准，同一份考试试卷，培养同一种能像“工具”一样被利用的人。这样的“工具人”替代性强，你不行，总有行的人。一旦你被淘汰，将会很难堪。

而量子思维的教育认为，不同的人，需要采取不同的教学模式，不同时间上课，采取不同的考核方式和评价方法，用不同的试卷考试，培养成各具特色，有不同特长、能力和优势的人。这样的人具有不可替代性，你这方面不行，总有可行的特长和能力服务社会，并在利他服务中实现各自的人生价值。

如今基于量子论的信息、生物、材料等科技和产业快速发展态势与随之而来的社会急剧变迁相比，现代学校教育严重滞后。我们发现，一旦教育体系日益官僚化、行政化、程式化、模具化、封闭化，围绕高考、考研、升学、就业、出国等育人产品性能指标，形成工业化流水线批量的“目中无人”的生产，就会造成学生课业负担严重、知识体系残缺、人格畸形发展。即使在优胜劣汰中选拔出一大批“量产”人才，也难以适应人工智能时代的需要。这就会造成，一方面大批高学历的知识人才难以就业，另一方面时代环境的发展所急需的优秀人才却满足不了社会需要。而要解决这一需要社会全方位关注的大问题，其实并不简单，而且可能要走很长的路程。我们不仅需要从上到下的思维模式改变，也需要师生家长共同学习和反思，在提升自身素质基础上，搞好家庭建设，加强家校协同育人，以达到培育好时代创新人才的目标。

在时代环境发展面前，量子和经典思维兼有的思维方式，更接近今天的现实。教育是“以人为本”，还是“以书为本”，是我们解决好教育问题，培养好时代创新人才的切入点。

经典牛顿力学的哲学观，在个人奋斗的意义上是非常消极的。因为人眼所见的宏观物体具有静止或运动惯性。即当物体初始状态明确后，物体所有未来运动状态都是可以精确计算出来的。将其推广到人类社会，就容易简单地认为，人一切都是命中注定的，甚至一出生就注定了，忽视了人通过学习思维和努力奋斗而可能让人生活出精彩的可能性。

然而，量子力学的哲学观，在个人奋斗意义上是非常积极的。如果应用于人类社会，当你睁开眼看一看这个世界时，这个世界已经被你影响了，变得和原来非常不一样。也就是说，世界因你而不同。每个人都可以活出自己的人生精彩。即使是“问题孩子”，也可以因思维的改变，在最优势方面做最优秀引导，成为卓越发展的优秀人才。对于普通家庭来说，要想培养出国家栋梁之材，不是在焦虑中通过自以为是的家庭管教，把孩子复制成更优秀的“工具”，而是运用发现思维，在最优势方面对孩子进行最优秀引导的智慧教育。显然，这又是一件不简单的事，没有捷径可走。只有从重视家庭建设开始，实现家长和老师思维的全方位转变。

人和人之间相比有不同的人生层次，我们可以称之为“欲望我”“工作我”“事业我”“使命我”。

欲望我：人是欲望的动物，人异于动物者几稀，处于这个层次的人只求欲望满足，不愿承担责任，拒绝任何压力，及时行乐，如同行尸走肉，是求得赖活的“活死人”。有些家长认为自己受苦一辈子，不能再让孩子受苦受累，在“穷家富养”中把孩子误导成这样的人。即使有再多的财富，也难免掉进富不过三代的陷阱。

工作我：通过标准化考试和训练而获得一种能力，能很好地工作，并在为满足生存需要的辛苦劳作中获得报酬以养家糊口。无论是否喜欢工作，都能作为“劳动工具”去赚钱，但并不清楚自己独特的价值和意义。这样的人一旦自己原有的本事适应不了工作的需要，难免出现被淘汰的下场。特别是在人工智能时代，不仅不清楚明天我拿什么去竞争，也让他们的孩子对“明天我拿什么去竞争”产生困惑。

事业我：一个从小在家庭教育中被激活了自然情趣、人文情感、心灵情操的孩子，很容易有一个“为兴趣和梦想快乐表演的童年”，一旦在青春期有一两项特别痴迷的爱好变为能力，就很容易找到人生自信和自尊，不仅健康度过青春期，而且会成长为有浓厚兴趣爱好和特长能力的优秀人才。当他们把这种在学生时代的相似性体验放大到人生过程中时，就能很快为自己感兴趣并有特长的事去奋斗，并投射人生的价值和追求，成为为某项事业献身的人。科技创新事业中的许多优秀人才，都曾是小时候在小制作、小发明创造中动手能力强，又喜欢读书，并在逻辑思维和形象思维结合中实现健康成长的人。

使命我：一个不仅有兴趣和特长，并在“智”学“慧”思中把这种特长爱好升华为信念和意志的人，就会成为能担当使命的人。这样的人有理想、有本领、有担当，并能在融入时代环境中用“学习化生存、智慧化生活、意义化生命”的人生状态为国家发展、人民幸福担当责任和使命，走向卓越发展的道路。

人和人的本质区别是思维，不同层次的人思维不一样。而要改变思维，需要重视家庭教育和家文化建设。走好家庭建设之路没有捷径可走，唯有从改变思维开始，并通过创建和谐的家庭文化，实施智慧的家庭教育，传承良好的家风才可以奏效。

年轻的时候，人们总以为不读书不足以了解人生，而实际上不了解人生，也是读不懂书的。读书的意义是用生活所感去读书，用读书所得去生活。把阅书和阅人结合，把读书和思维结合，才能正心、悟道、明理，才能提升人生的修养与境界。有修养的人才能实现合道而行人发展，合德而为人向善，合心而美人幸福。

国家的未来取决于今天的教育，用昨天的方法教今天的学生就会剥夺他们的明天。用昨天的知识教今天的学生，去应对明天的挑战，无疑是在为明天准备牺牲的炮灰。专业教育，可以培养有用的机器，但不能培养和谐发展的人。要培养和谐发展的人，一方面需要引导学生走上“学习化生存、智慧化生活、意义化生命”之路，另一方面需要实施全生命周期的健康成长与幸福发展教育。也就是说，人生的春、夏、秋、冬四季都要成长，家庭中老少四代人都要在学习反思中实现健康成长与幸福发展。这就要从国家层面重视家庭建设，并从基层社区和企事业单位开始，实施好家文化工程，让每一个基层环境成为有书香味的和谐家园，帮助美丽家园中的每一位“家人”实现幸福成长。于是有了“读懂人生‘四部书’，实现人生‘四季’都成长”的理念。

读懂自己心灵这部书：这是“知己”的正心修身成长自己过程；

读懂孩子成长这部书：这是“知人”的发现孩子共同成长过程；

读懂家庭文化这部书：这是“知境”的读书反思互动成长过程；

读懂人生智慧这部书：这是“知世”的悟道明德知行合一过程。

知人者智，知己者明，知境者活，知世者达。读懂人生“四部书”的过程正是搞好家庭建设，引导家人实现互动成长的过程。

春木有根，植根有“师”：对孩子来说，家长和老师要在改变思维中为孩子做好人生导师；

夏火有情，燃情有“家”：对大人来说，在书香家园建设中提升成长力、文化力、生命力；

秋金有慧，增慧有“悟”：对中老年人来说，要在读书反思中把丰富的人生阅历点石成金，在家风传承中作出贡献，并通过反思和成长远离隔代教育尴尬。

冬水有福，享福有“心”：对老年人来说，要有一颗乐行、乐学、乐思的心颐养天年，并让孩子们在“四世同堂”的环境中用跨代视野实现健康成长。

走好人生道路，实现生命意义

种好庄稼，既需要有阳光雨露滋润，沃土良田滋养，还需要自身发芽、破土、分蘖、拔节的生长过程。

同样，要走好人生路，既需要有梦想目标，家庭文化滋养，也需要自身实现自主成长。这是一个激活自然情趣、人文情感、心灵情操，唤醒爱心、爱好、爱学，在合道而行、合德而为、知行合一中走好人生路的过程。

一个有“路之遥”精神的人具有这样的品质：历经磨难仍能顽强奋斗的坚毅，心有目标又能脚踏实地的执着，淡化自我勇于成就他人的崇高。

◎历经磨难仍能顽强奋斗的坚毅（意志）

当年圣人曾惶惶如丧家之犬，却仍然游说列国，传播儒家思想。曾国藩屡败屡战，打落牙齿和血吞。屈原放逐乃赋《离骚》，彰显的就是这种历经磨难仍能顽强奋斗的坚毅精神。

钱学森面对山河破碎去西方求学。学成之后，想回来报效祖国，却遭到美国的阻拦和软禁，在多年软禁生活中，他仍然心怀祖国，一方面积极研究自动化技术，另一方面积极为回国做准备，最终回到了祖国的怀抱，为国防工业的发展作出卓越贡献。

◎心有目标又能脚踏实地的执着（智慧）

古人讲“善建者不拔”“天道酬勤”“天下大同”仁人智，强调自强不息、自立自强，正是这种心有目标又能脚踏实地的执着精神的体现。钱学森仰望星空，脚踏实地，为“两弹一星”事业不断进取，作出了伟大的贡献。

◎淡化自我勇于成就他人的崇高（心胸）

古人讲“厚德载物”“仁者爱人”“先天下之忧而忧，后天下之乐而乐”，讲究伯乐相马、上善若水这种淡化自我勇于成就他人的崇高精神。钱学森以他之无我之心、为国之情，发现和培养了一大批国防事业的精英，还创立了大成智慧学，为更多孩子的成长和发展指明了道路。

重视发扬人生“路之遥”的精神，在知行合一中走好学习化生存、智慧化生活、意义化生命之路，需要有“三知－三合”智慧。

知境者活：融入时代环境，通过学习反思和成长，悟宇宙人生之大道，在合道而行中实现人生成长与发展。

知人者智：在爱国爱家、向上向善、相亲相爱、共建共享中与他人实现共生发展，在合德而为人向善中实现健康成长与幸福发展。

知己者明：在读懂自己活明白中实现自身的成长与进步。这是一个读书反思、成长顿悟的“求诸己”过程，也是唤醒自己的智慧心灵，懂得为什么活、如何活出好人生的过程。

上天无意创造生命，它只是创造了一个生命环境。生命因境而生，因境而变，要想改变生命就需要改变生境。重视家庭环境的建设，成为提升人类素质的必然选择。创建和谐的家庭环境，提升家庭成员的文化素养，引导家人在融入时代环境中实现成长，让每一个人都能通过学习、实践、自省、顿悟而获得健康成长、幸福发展的机会。

如今，我们已经走进新时代，如何面对百年未有之历史大变局，实现自身的成长与进步，需要改变思维，需要提升文化素养，需要用新的思路和方法搞好家庭教育，传承优良家风，让孩子的人生有未来，让大人的成长激励孩子进步，这是搞好家庭建设的重要意义之所在。

我们需要担当使命、奋发有为，共同努力创造属于我们这个时代的新文化，建设中华民族现代文明，培养大批有理想、有本领、有担当的优秀人才。

幸福人生有起点，出彩人生始于家。好家庭是所好学校，好家教传承好家风，好家风创造好人生。

附录一　家道文化与幸福人生

好家庭　好家教　好家风

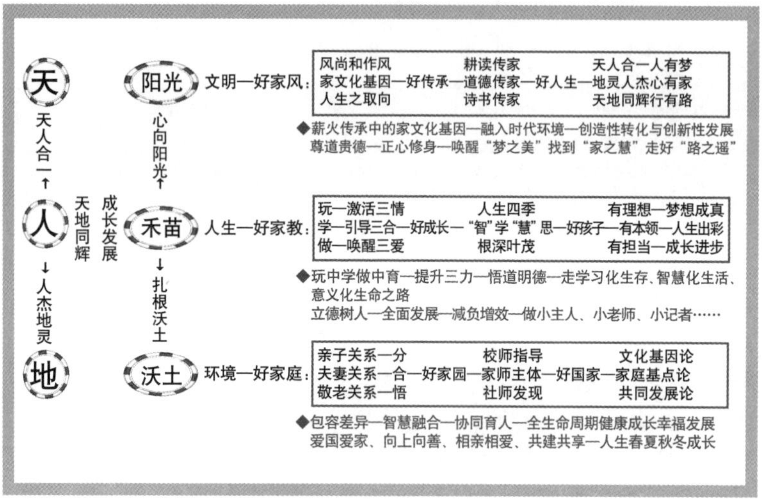

幸福人生“梦－家－路”

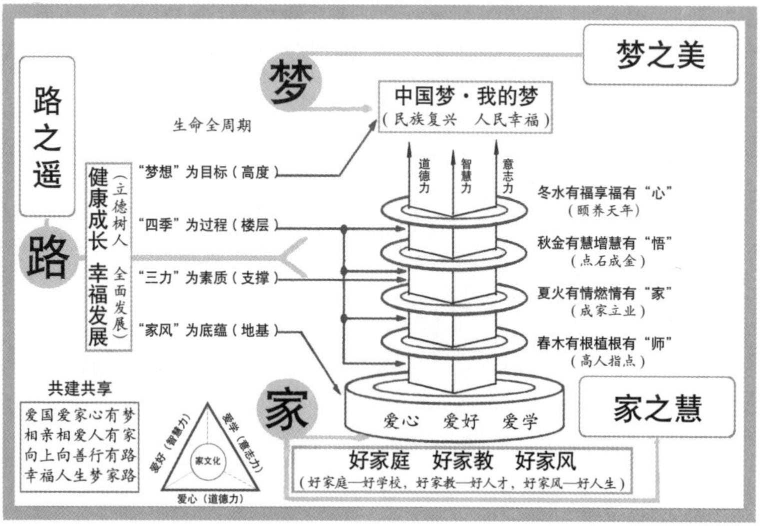

感悟优秀传统文化，发展幸福人生

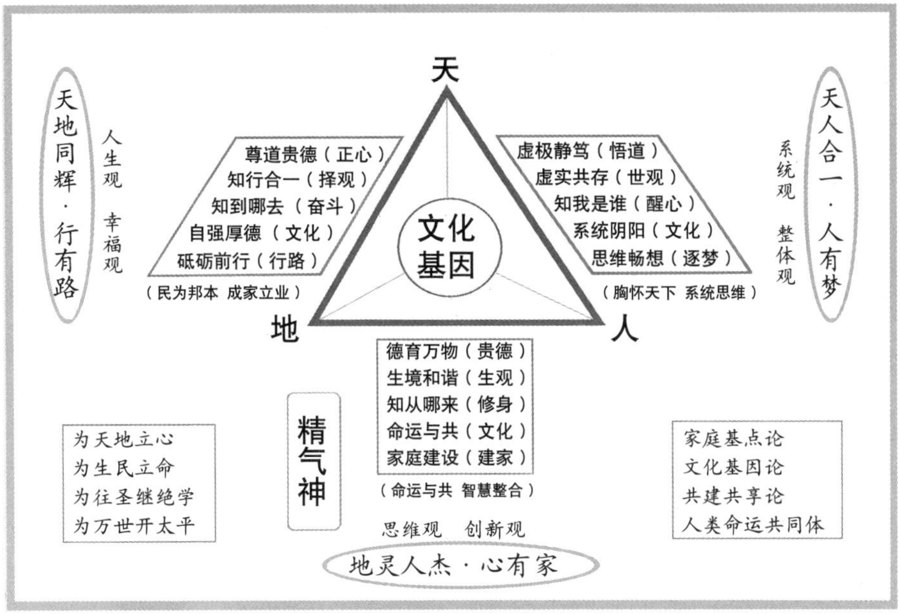

人和人本质的区别是思维。思维是知识的架构，是灵魂的家，是每个人精神世界的通天之塔。思维可以改变人生命运，也可以改变家族命运。

中华优秀传统文化就其精髓而言，就是“道德”二字。“道德”二字并非今日人们所浅知的抽象概念，而是与“天－地－人”相通的宇宙大学问。《周易》系统地提出了“天－地－人”三才之道的学说。这个学说深入中华民族之心，贯穿于中华民族的人伦日用之中，牢固地培育了中华民族乐于与天地合一、与自然和谐的精神，对天地与自然持有极其虔诚的敬畏之心。

感悟“天－地－人”文化的过程，既是形成“三观”（世界观、人生观、价值观）的过程，也是明白“我是谁”“从哪来”“到哪去”的过程。

▲悟道：感悟“天人合一人有梦”，明白“我是谁”

悟道需要“致虚极，守静笃”，虚静归根方能感知“玄之又玄”虚实共存的宇宙能量场。人是浓缩的小宇宙，是宇宙能量的聚合体。我们正是在合天道、心远游、追寻梦中有了诗和远方，明白了“我是谁”，于是有了“梦之美”的境界。正是：天人合一人有梦，同频共振能量增，“系统思维，阴阳辩证，天下一家”的“易”智慧成为我们传统家文化基因的重要组成部分。

▲明德：感悟“地灵人杰心有家”，明白“从哪来”

道生之，德畜之，“上善若水”的“处下”智慧体现在“生而不有，为而不恃，长而不宰”。人与大地的和谐相融，创造了生态和谐、关系和谐、身心和谐的精神家园，使我们明白了“从哪来”，于是有了“家之慧”的情缘。龙图腾集大成，元亨利贞四季行，人们正是在命运与共中诗意地栖居在大地上。正是：地灵人杰心有家，诗意栖居福寿增，“包容差异，优势互补，智慧整合，崇尚人类命运共同体”的“龙”智慧成为我们传统家文化基因的重要组成部分。

▲正心修身：感悟“天地同辉行有路”，明白“到哪去”

天地万象自有其规律，顺应自然方能实现发展。前途是光明的，道路是曲折的，要走好路，而不要只走好走的路。尊道贵德人生有路，自强不息厚德载物。合道而行人发展，合德而为人向善，合心而美人幸福，我们正是在明方向中明白了“到哪去”，走好了奋斗之路。于是有了“路之遥”的奋斗精神。正是：天地同辉行有路，唤醒心力人发展，“自强不息，厚德载物，唤醒心力，发展人生”的“魂”智慧成为传统家文化基因的重要组成部分。

“求木之长者，必固其根本；欲流之远者，必浚其泉源。”中华优秀传统文化是中华民族的精神命脉，是涵养社会主义核心价值观的重要源泉，也是我们在世界文化激荡中站稳脚跟的坚实根基。增强文化自觉和文化自信，是坚定道路自信、理论自信、制度自信的题中应有之义。

——2014 年 10 月 15 日，习近平总书记在文艺工作座谈会上的讲话

薪火传承中“家文化”

《周易》系统地提出了“天、地、人”三才之道的伟大学说。这个学说深入中华民族之心，贯穿于中华民族的人伦日用之中，牢固地培育了中华民族乐于与天地合一、与自然和谐的精神，对天地与自然持有极其虔诚的敬畏之心。

◆感悟一：人生的思考（幸福人生“梦－家－路”）

人生有“三问”：我是谁？从哪来？到哪去？
做人有“三观”：世界观，人生观，价值观。
思维有“三慧”：易智慧，龙智慧，魂智慧。
天人合一人有梦，地灵人杰心有家，天地同辉行有路。
人生就是一个唤醒“梦”，找到“家”，走好“路”的过程。

◆感悟二：文化的启迪（欲流之远者，必浚其泉源）

古代中国梦：黄帝梦游华胥国……一心中国梦，万古下泉诗……系统思维，阴阳辩证，天下一家。
古代文化家：家国同构大一统……家和万事兴，国泰千秋好……包容差异，优势互补，智慧整合。
古代中道路：致中和，天地位焉，万物育焉……守善持中……自强不息，厚德载物，民为邦本。

◆感悟三：时代的呼唤（感悟精华，实现“两创”）

推动中华优秀传统文化创造性转化、创新性发展。
不实现创造性转化，传统还是传统，就不会有新的文化内涵。
不实现创新性发展，历史还是历史，就不能引领前进的方向。

◆感悟四：成长的智慧（全生命周期成长智慧）

元亨利贞四季行，春夏秋冬家园美，全生命周期的成长。
春木有根植根有“师”：唤醒梦，找到家，走好路之师。
夏火有情燃情有“家”：成长力，文化力，生命力之家。
秋金有慧增慧有“悟”：易智慧，龙智慧，魂智慧之悟。
冬水有福享福有“心”：动中行，静中慧，通中利之心。

◆感悟五：读书学习，健康成长（学思行悟求进取）

学习的一条原则：学以致用。
学习的两种态度：为人为己。
学习的三个方法：灌输－接受，训练－养成，系统构架。
阅读的四个层次：基础理解，系统检视，深层分析，高层主题。
学习的五层境界：死记硬背，熟能生巧，举一反三，无师自通，融会贯通。

◆感悟六：家庭建设重学习

爱国爱家心有梦：知有所合谓之智，智生于忧患，静生慧，悟增慧，忧国忧民有初心。
相亲相爱人有家：好家庭是所好学校，好家教培养好孩子，好家风创造好人生。
向上向善行有路：走上“学习化生存、智慧化生活、意义化生命”的幸福人生之路。
幸福人生梦家路：做有理想、有本领、有担当的好人。

●人生要有梦，有梦需要情相伴，这个情就是“家国情”。
自然情趣是生命之真，人文情感是生存之善，心灵情操是生活之美。
●人生要有家，有家需要爱相随，这个爱就是“亲情爱”。
爱心是成人者之慧，爱好是成才者之神，爱学是成就者之师。
●人生要有路，有路需要合相通，这个合就是“文化合”。
合道而行人发展，合德而为人向善，合心而美人幸福。

附录二　把握人生幸福的智慧

在家庭建设中，伴随人生成长的选择是“学习”，把握人生幸福的智慧是“成长”，创造人生幸福的感悟是“三生”，实现人生成功的策划是“层次”，活出人生精彩的秘诀是“三力”，学会智慧教子的思路是“唤醒”，改善心智模式的方法是“反省”，通向幸福家园的道路是“真爱”。

一、伴随人生成长的选择：学习

人生要发展，就要不断学习。学习不是为了教育别人，而是为了成长自己。学习虽不能使人生变长，却可以让人生变宽；学习虽不能改变人生的起点，却可以改变人生的终点。读书是学习，实践也是学习。既要在做中学，也要在学中做。既要读“有用”的书，也要读“无用”的书。实现人生发展，每个人都需要读懂人生“四部大书”。

◎读懂自己心灵这部书

这是认识自己、唤醒心灵、反思人生的知己过程。读懂自己心灵这部书，就要为自己的心灵打开窗口，在大视野观察中形成大环境思维；同时也要能够独处，与自己的心灵实现对话，在反思、顿悟中荡涤灰尘，实现心灵的成长；还要能够让心灵从“家”出发，以自己的家文化素养面对人生旅程。

◎读懂孩子成长这部书

这是认识孩子、发现孩子的知人过程，也是面对孩子实现自己人生第二次成长的机会。要想读懂孩子成长这部书，就要唤醒一颗童心。用

"童心"理解童心，沟通、教育才会变得容易起来。同时，也要发现孩子的成长规律，为孩子创造和谐的家文化氛围，实施好智慧家教。

◎读懂家庭文化这部书

这是认识成长环境，找到文化谐振点，实现差异化生存与生活的知境、融境过程。创建和谐家庭需要读懂家庭文化这部书，实现"中国梦·我的梦"也需要读懂家庭文化这部书。

◎读懂人生智慧这部书

这是与时俱进走向学习化生存、智慧化生活、意义化生命的知世、融世过程。生命求真、生存求善、生活求美，读懂人生智慧这部书的过程就是追寻真善美的过程，也是走上学习化生存、智慧化生活、意义化生命的幸福人生道路的过程。

知人者智，知己者明，知境者活，知世者达。读懂人生"四部大书"的过程就是实现人生成长与发展的过程。

二、把握人生命运的智慧：成长

人生成长过程也可以看作春、夏、秋、冬四季变化的过程。有了"四季"成长智慧，处在人生不同阶段的人就可以实现互动成长，共同发展。

◎春木有根，植根有"师"（导师）

人生之春成长的关键字是"师"，这个"师"是引导孩子们实现健康成长、幸福发展的"导"师。引导孩子们自己的事情自己做，他人的事情帮助做，不会的事情做中学、学中做（"三做"），就可以唤醒孩子的爱心、爱好、爱学（"三爱"）。爱心是成人者之慧，爱好是成才者之神，爱学是成就者之师。人生之春的"师"慧，能为孩子一生幸福奠定良好的人格基础。

◎夏火有情，燃情有"家"（文化）

人生之夏成长的关键字是"家"，成"家"才能立业。有"家"的人成长有“根”。有成长力之根、文化力之根、生命力之根，人生一定会立起来。没“家”的人成长无“根”，成长力不足，文化力不高，生命力不强，很难立业。有“家”的人能认“三师”：孩子，爱人，父母。向孩子学习，可以提升成长力；向爱人学习，可以提升文化力；向父母学习，可以提升生命力。用成长力面对岗位成才，用文化力发展幸福人生，用生命力追寻梦想目标，人生之树就可以立起来。立德、立功、立言，人生绽放光彩。

◎秋金有慧，增慧有“悟”（智慧）

人生之秋成长的关键字是“悟”，即反思和顿悟。有“悟”的人能在反思中实现再成长，把丰富的人生阅历点石成金，为家族的兴旺、家风的传承、社会的发展带来文化智慧。无“悟”的人只能在风烛残年中度日，还会因为自己成长状态不佳造成隔代教育尴尬。

◎冬水有福，享福有“心”（心境）

人生之冬成长的关键字是“心”：乐行、乐思、乐学的心。这是终生快乐学习、快乐生活、快乐工作的幸福能力和状态。乐行需要生态养生，乐思需要文化共生，乐学需要关爱人生。

春天送子一首诗（导师），夏天能演一台戏（家戏），秋天反思一生情（顿悟），冬天奏响一部曲（心曲）。人生四季都成长，共生发展情相伴，春夏秋冬家园美，幸福人生爱相随。

三、创造人生幸福的感悟：“三生”

什么是人生？人生就是人的生存、人的生活、人的生命。什么是幸福人生？学习化生存、智慧化生活、意义化生命就是幸福人生。走向幸福人生的起点在哪里？起点在“家”。好的家风就是好的生活习惯、生活方式、价值取向和精神追求的总和。

◎生命求“真”悟人生：“三知－三和”

生命求真需要“知”：知人，知己，知境。这是一个追求真理，实现生态和谐、关系和谐、身心和谐的生命过程。生命力的意义就在于让有限的生命灿烂地活，让无限的生命得到延续。离开了“三知—三和”的求真过程，生命难出彩，智慧难延续。

◎生存求“善”学文化：“三做－三爱”

生存求善需要“做”：自己的事情自己做，他人的事情帮助做，不会的事情做中学、学中做。正是“做”的行动，唤醒了人的爱心、爱好、爱学。爱心是成人者之慧，爱好是成才者之神，爱学是成就者之师。生存求善的过程就是一个走向学习化生存的过程。

◎生活求“美”追幸福：“三情－三活”

生活求美需要“情”：情感，情趣，情操。培养情感智慧需要与人互动成长，共生发展；培养情趣智慧需要融入自然、激活童心；培养情操智慧需要读书反思。有情感、情趣、情操智慧的人才能活在最佳状态，活出尊严，活得快乐幸福，这是智慧化生活的状态。

心灵之车盛如轿，幸福之人缘相随，成长之心风雅伴，人生之家情谊深。“三生”智慧让我们从家出发，走上学习化生存、智慧化生活、意义化生命的幸福人生道路。

四、实现人生成功的策划：层次

人生成功不单是功利化的学业成功和职业成功，而且是在学习化生存、智慧化生活、意义化生命道路上所获得的人生成功，是活出自己最好的状态，是在利他服务中实现的自我价值，是人生春、夏、秋、冬四季都成长的过程。取得人生成功需要有文化底蕴、有目标方向、有奋斗过程、有机遇相伴。有梦想、有奋斗、有机遇，一切美好的事情都能创造出来，这就是人生成功。

◎“欲望我”变为“精神我”：创建人格三角形

心理学家认为，人是欲望的动物，他就如同燃烧着化学药品的大锅，一旦欲望得不到管控，是会伤害人和环境的。因此要从本我、自我升华为超我。这是一个从“欲望我”变为“精神我”的过程，也是人之为人的本质。从“欲望我”升华为“精神我”的过程就是实现“道德我”“智慧我”“意志我”的过程。而道德力、意志力、智慧力是奠定一个人的人格基础的三大要素。以这“三力”所构成的人格三角形，将决定人一生的发展方向和道路。

◎“工具我”变为“文化我”：形成成功同心圆

以人为本，就要在发展人格三角形中形成以人格基础为中心的成功同心圆。圆心是善智乐的心灵，半径是人的道德力、意志力、智慧力所延伸的人生态度、人生行为、人生素养。

显然，道德力强的人其人生态度表现为有同理心、能积极反省，因而他们的人生行为中体现出与他人友好，并有很强的执行力。意志力强的人其人生态度表现为有勇气、有胸怀，因而他们的人生行为中体现的是有理想目标、有感染力。智慧力强的人其人生态度积极、自信，因而他们的人生行为体现在对学习和工作都十分有兴趣，学习能力极强。

人格三角形和成功同心圆的建立，让人变得学习能力强、思维能力强、行动力强、感染力强、沟通力强、反省力强。这是人生成功的重要素养。

◎“经历我”变为“智慧我”：写出人生智慧书

人都有丰富的人生经历，但没有反思的人生却是毫无意义的。正是学习和反思，让人从“经历我”升华为“智慧我”，使人能活明白，并创造出文化智慧，让无限的智慧生命得到延续。其实，人生就是一个试错和顿悟的过程。人生不在于摔倒多少次，而在于摔倒了能再爬起来。到了中老年，这些经验和教训都可以通过学习和反思点石成金，并成为文化延续下去的经典。写出人生智慧书，既是自身成长的需要，也是生命延续的智慧。

◎“负担我”变为“自然我”：享受人生心中乐

生老病死，自然规律。春夏秋冬，四季轮回。人到老年，就要有一个从“负担我”到“自然我”的心态转变。我们既要接纳病痛与死亡威胁的现实，同时也要在乐行、乐思、乐学中实现人生之冬的再成长。这次成长是改变心态、享受人生心中乐的状态，是浓缩人生智慧精华，用终生快乐学习、快乐生活的行动引领家庭走向幸福人生的选择。家有一老，如有一宝，晚辈在与老人相处中感谢着父母心，感恩着父母情，也感悟着父母慧。老人的生命状态，就是对儿孙最好的家风教育。

五、活出人生精彩的秘诀：“三力”

中国梦从“家”出发，好家庭、好家教、好家风，让所有的人都可以共享人生出彩的机会。

◎用成长力面对岗位成才

观察孩子，发现孩子，向孩子学习，和孩子一起成长，就可以唤醒一颗童心，提升成长力。用成长力面对岗位成才，人人都可以活出精彩人生。有些人之所以人生难出彩，是错过了面对孩子实现人生第二次成长的机遇。在自以为爱的误区中溺爱孩子、控制孩子、管教孩子，不仅把孩子管坏，自己也在放弃成长中使人生之光变得暗淡起来。其实，只要重新唤醒一颗童心，像孩子那样唤醒善良、智慧、快乐的心继续成长，就可以在各自的岗位上实现成才，实现智慧就业与创业。

◎用文化力打造个性品牌

婚姻不仅仅是两个生命结合的过程，而且是双方性格色彩搭配、双方家文化融合的过程。向爱人学习的过程，是在差异化生存中实现共生发展的过程，提升着我们的文化力。家庭婚姻关系好的人走向社会时，也彰显出其文化智慧魅力，成为竞争力强的人。这种竞争力不是你死我活的对抗，而是包容差异、优势互补、互动成长、共生发展的文化智慧。

◎用生命力实现人生目标

生命力的意义在于让有限的生命灿烂地活，让无限的生命得到延续。老人有丰富的人生阅历和经验。在感悟父母人生中，能发现生命力智慧，用生命力追寻人生目标，人生会变得越来越精彩。

六、学会智慧教子的思路：唤醒

教育是一门需要学习的艺术，艺术的魅力在于创新。创新家庭教育的思路就是“创境”和“唤醒”——创造一个和谐的家庭环境，唤醒孩子的智慧心灵。这就是最好的教育。

◎智慧早教，赢在起点（早说“不”，早“激活”，早当“孩子王”）

智慧早教赢在起点。教育的起点是什么？是多学知识还是多参加兴趣班？其实，教育的起点是唤醒孩子的生活智慧、情感情趣智慧、心性意志智慧。而要做到这点，家长做好“孩子王”，实施“做”的教育是关键。

◎“问题孩子”没有问题（问题在环境，唤醒助成长，超越有思路）

孩子是在试错和顿悟中成长的，一旦孩子“犯错”，家长就如临大敌。“问题孩子”让不少家长焦头烂额。其实，“问题孩子”没问题，有问题的是环境。改善环境，唤醒孩子的智慧心灵，人人都可以进步。没有最好，只有更好。对孩子要多些宽容中的接纳，少些狭隘中的拒绝；多些赏识中的发现，少些审视中的挑剔；多些关爱中的给予，少些敌对中的索取。每个孩子的人生都可以绽放出绚丽的光彩。

◎杰出发展，贵在创境（发展母思维，延伸子思维，提升学习境界）

每个孩子都可以走向杰出发展之路，关键是“创境”“唤醒”，激活智慧。镜像神经元的发现为我们引导孩子实现杰出发展带来启迪。如何发展母思维，延伸子思维，提升孩子的学习境界，改善孩子的学习状态，成为我们不得不关注的问题。

七、通向幸福家园的道路：真爱

通向幸福家园的道路是“真爱”：真爱自己、真爱父母、真爱孩子、真爱爱人。

◎真爱自己学“三活”（活在最佳状态，活得有尊严，活出幸福来）

真爱自己就要通过学习和成长，发现自己的潜能，活出最好的自己。真爱自己要活得有尊严。要想自己有尊严，就要给别人尊严。不尊重孩子，不尊重爱人，不尊重父母，不尊重同事和朋友，不可能获得自身尊严。真爱自己要活出幸福人生，就要走学习化生存、智慧化生活、意义化生命之路。

◎真爱父母要“三感”（感谢父母心，感恩父母情，感悟父母慧）

真爱父母要感谢父母心，感恩父母情，还要感悟父母慧。所谓孝敬，不仅仅是物质上的供给和行为上的帮助，还要与父母心灵沟通，感悟父母的人生智慧，让父母在成长中得到快乐和幸福。

◎真爱爱人有“三多”（多些宽容心，多些赏识情，多些关爱慧）

真爱爱人要学会性格色彩搭配和双方家文化的融合，在差异化生存中实现共生发展。这就要对爱人多些宽容心，多些赏识情，多些关爱慧，做一对懂“分”会“合”好夫妻。提升自身的爱能力，需要学习和反思。

◎真爱孩子会“三爱”（爱心帮人格，爱好提素质，爱学成习惯）

真爱孩子要鼓励孩子在做中学、学中做，当好家庭小主人，当好父母小老师，当好家庭小记者，当好小发明家、小艺术家。孩子们正是在体验中唤醒了爱心、爱好、爱学，奠定了一生幸福的人格基础，提升了综合素质，养成了好习惯、好性格。

附录三　唤醒“梦”　建好“家”　走好“路”

梦之美

自然情趣是生命之真
人文情感是生存之善
心灵情操是生活之美

家之慧

爱心是成人者之慧
爱好是成才者之神
爱学是成就者之师

路之遥

合道而行人发展
合德而为人向善
合心而美人幸福

读懂人生“四部大书”

读懂自己心灵这部书
读懂孩子成长这部书
读懂家庭文化这部书
读懂人生智慧这部书

提升“三力”智慧

用成长力面对岗位成才
用文化力创造幸福生活
用生命力追寻人生目标

幸福人生始于“家”

好家庭是所好学校
好家教成就好家风
好家风创造好人生

亲情相处会“三多”

多些宽容中的接纳
多些赏识中的发现
多些关爱中的付出

天人合一人有梦

仰望星空，脚踏实地
美丽家园，幸福人生
虚极静笃，厚积薄发

地灵人杰心有家

生态和谐好家园
关系和谐好家道
身心和谐好家境

天地同辉行有路

尊道：自强不息
贵德：厚德载物
正心：知行合一

实现人生“四季”成长

春木有根，植根有“师”
夏火有情，燃情有“家”
秋金有慧，增慧有“悟”
冬水有福，享福有“心”

走好“三生”之路

学习化生存之路
智慧化生活之路
意义化生命之路

和谐之家会成长

懂分会合好夫妻
有情会爱好孩子
能读会悟好父母

化解冲突懂“三少”

少些狭隘中的拒绝
少些审视中的挑剔
少些敌对中的索取

参考书目

陈鹤琴：《家庭教育》，华东师范大学出版社，2018.

钱旭红：《改变思维》，上海文艺出版社，2020.

钱旭红：《大学思维》，华东师范大学出版社，2020.

陈建翔：《复归于道、爱与心性教育》，学苑出版社，2021.

陈建翔：《有一种美，叫教育》，四川教育出版社，2005.

余秋雨：《老子通释》，北京联合出版公司，2021.

赵刚：《家长教育学》，教育科学出版社，2010.

远之：《生命之境》，社会科学文献出版社，2006.

本书编写组：《中国梦是什么》，广东人民出版社，2013.

弗洛姆：《爱的艺术》，上海译文出版社，2011.

张仲超：《钱氏家训》，线装书局，2010.

周国平：《人生哲思录》，上海辞书出版社，2011.

吴光远：《听大量讲哲学——活着究竟为什么》，中国民航出版社，2003.

周士渊：《人生可以美得如此意外》，清华大学出版社，2012.

许金声：《人格三要素改变命运》，华文出版社，2003.

吴甘霖、邓小兰：《有尊严的生活》，新华出版社，2010.

胡卫平：《曾氏家风与教育》，中国书籍出版社，2012.

汪衍振：《曾国藩发迹史》，上海锦绣文章出版社，2010.

涂元季、莹莹：《钱学森故事》，解放军出版社，2011.

稻盛和夫：《人为什么活着》，中国人民大学出版社，2009.

楚渔：《中国人的思维批判》，人民出版社，2011.

李开复：《做最好的自己》，人民出版社，2005.

姚鸿昌、郭文玲：《好家庭胜过好学校》，中国妇女出版社，2011.

姚鸿昌等：《幸福人生“梦－家－路”》，清华大学出版社，2021.

陈建翔、陈建淼：《由镜像神经元的发现引发的家庭教育变革》，《教育理论与实践》，2012 年第 7 期 .

储朝晖：《论家庭教育研究的集成方向》，《中华家教》，2021 年第 2 期 .

姚鸿昌：《新媒体时代下的家庭媒介素养教育》，《中华家教》，2021 年第 4 期 .

阮莉雯：《原来是我“教”会了孩子打人》，《中华家教》，2015 年第 3 期 .

明天：《三代妈妈的心结》，《中华家教》，2015 年第 3 期 .

孙亚敏：《论积极老龄化视域下祖辈角色在隔代教养中的作用及其表现》，《中华家教》，2021 年第 6 期 .